Dr. Ainslie Meares

Ängstige dich nicht –
lebe und gewinne

Wie man Ängste abbaut,
um glücklich zu leben

Verlag PETER ERD · München

Titelabbildung: Bild-Agentur Mauritius – Nakamura

Aus dem Australischen übertragen und bearbeitet
von Volker H. M. Zotz.
Copyright © der deutschen Ausgabe Verlag PETER ERD, 1986.
Alle Rechte, auch die des auszugsweisen Nachdrucks, der
Übersetzung und jeglicher Wiedergabe, vorbehalten.
Printed in West-Germany
ISBN 3-8138-0051-2

Inhalt

Vorwort

Es sind jetzt gerade zehn Jahre vergangen, seit ich das weitverbreitete Buch *Relief Without Drugs* (»Hilfe ohne Medikamente«) schrieb. In der Zwischenzeit konnte ich ohne Unterbrechung auf diesem Gebiet weiterforschen. Zusätzliche Erfahrungen sowie Zeit zum Überdenken und Auswerten lehrten mich mehr von den Feinheiten innerer Entspannung und den Möglichkeiten, diese dem Laien auf die beste Weise nahezubringen.

Einen solchen Weg zur Entspannung möchte ich hier beschreiben. Dabei soll dieses Buch das frühere nicht ersetzen oder versuchen, es auf den neuesten Stand zu bringen. Das erste Buch richtet sich in seiner Einfachheit an solche Anfänger, die wohl nie zuvor an diesem Thema interessiert waren und denen es um Befreiung von körperlichen Beschwerden geht. Das hier vorliegende Buch soll nun eine Erweiterung und Vertiefung bei der Beschreibung der Entspannungsübungen bringen, damit der Leser weniger Schwierigkeiten hat, eine ganzheitliche Erfahrung zu erreichen, welche erst auf die Entspannung folgt.

Diese angestrebte Erfahrung bringt uns inmitten von Unruhe und Streß des äußeren Lebens innere Stille und geistiges Wohlbefinden. Auf diese Weise führt sie uns weiter als nur zur Befreiung von körperlichen Beschwerden, indem sie uns auch persönliche Erfüllung schenkt.

Im zweiten Teil des Buches werden diese Prinzipien auf praktische Gegebenheiten unseres Alltags bezogen, denn es sollte das tägliche Leben sein, in welchem wir die Früchte unserer inneren Erfahrungen ernten.

Ainslie Meares

Übersicht

Zunächst sei eine kurze Gesamtschau dessen gegeben, was dieses Buch behandeln soll. Denn wenn Sie die Umrisse des großen Bildes, das ich beschreiben möchte, ahnen können, wird Ihnen auch die Bedeutung der Einzelheiten klarer sein.

Unser Thema ist einfach. Es geht um den Weg zu einem besseren Leben. Dabei wird es Ihnen zu einem Verständnis helfen, wenn Sie davon ausgehen, daß ich an die Wahrheit und Bedeutung dessen, was ich Ihnen hier vorstelle, tatsächlich zutiefst glaube.

Zu Beginn möchte ich Ihnen zeigen, wie mehr als alles andere die *Angst* unsere Lebensqualität beeinträchtigt. Jeder erfährt dies durch nervöse Spannungen oder unangenehme Gefühle der Besorgnis. Es ist die Angst, die alle unsere psychosomatischen Leiden und Hemmungen verursacht. Ihr entspringt das flaue Gefühl im Magen oder die Beklemmung in der Herzgegend, wenn wir schwierige Situationen nicht meistern. Die Angst verursacht unsere Magengeschwüre, bereitet dem Blutdruck Schwierigkeiten und greift unsere Herzkranzgefäße an. Die Angst führt Asthma und Kopfschmerzen herbei. Sie stört den Rhythmus der Menstruation und bringt die Verdauung durcheinander. Schließlich raubt sie uns noch den Schlaf.

Obwohl alle diese schlimmen Erscheinungen durch die Angst bedingt sind, glaube ich doch, daß eine andere ihrer Wirkungen noch negativer ist: Angst drängt uns in Abwehrhaltungen gegenüber anderen. Die Folge davon sind Aggressivität, Schüchternheit, Mißtrauen, Gier und Selbstsucht. Diese Eigenschaften lassen uns jedoch nicht zu jenen Menschen werden, die wir sein könnten. Sie machen uns vielmehr zu schwächeren Persönlichkeiten.

9

Selbstverständlich verstärkt die Angst auch unser Schmerzempfinden. Wenn wir ohnehin unter chronischen Beschwerden leiden, wird unser Schmerz bei innerer Anspannung sehr viel intensiver sein.

Unser Leben wäre angenehmer, wenn wir weniger Angst hätten. Zwar besitzen wir in unserem Inneren ein natürliches Vermögen, den Grad unserer Angst zu vermindern, doch können wir davon keinen Gebrauch machen, wenn die Umstände nicht angemessen sind. Und damit sind wir genau bei jener Frage angelangt, um die es hier gehen soll.

Wie schaffen wir die nötigen Bedingungen, damit unser Inneres sein natürliches Vermögen zum Abbau von Ängsten einsetzen kann? Die hierzu notwendigen Vorgänge entsprechen ganz der Weise, in welcher auch unser Körper seine Genesungskräfte gebrauchen kann, um Krankheiten zu besiegen. Wir schaffen ihm dabei die hierfür jeweils günstigen Umstände. Wenn wir hohes Fieber haben, gönnen wir uns Ruhe. Bei einem Bruch geht es darum, die Knochenstücke in die richtige Lage zu bringen. Im Falle der Angst müssen wir unserem Inneren entsprechend erlauben, sich einen Zustand klarer Stille zu gönnen.

Durch das recht einfache Meditationssystem der Mental-Ataraxie können wir unserem Inneren Momente solcher beruhigender Stille verschaffen, was zu einer Minderung der Ängste führen wird.

Die Übung der Mental-Ataraxie kann in der Regel von jedermann ohne besondere Schwierigkeiten und ohne zu großen Zeitaufwand erlernt werden. Zweimal täglich zehn Minuten sind dafür bei den meisten Menschen gewöhnlich ausreichend. Dieser Einsatz wird sich als überaus lohnend erweisen, denn unser Wohlgefühl wird zunehmen, und unsere Fähigkeiten, mit dem Leben zurechtzukommen, werden wachsen. Die Praxis der Mental-Ataraxie wird dabei keinesfalls einen Rückzug vom aktiven Leben zur Folge haben. Regelmäßig übende Männer und Frauen, die im Geschäftsleben stehen, berichten, daß sie nun bessere Ergebnisse durch geringeren Einsatz erreichen.

Beim Erlernen der Mental-Ataraxie gibt es drei wichtige Schritte. Der erste ist sehr einfach. Hier geht es darum, eine vollständige Körperentspannung zu verwirklichen. Mit dem zweiten Schritt dehnen wir diese körperliche Entspannung auf die Ganzheit unseres Wesens aus, damit auch unser Inneres vollständig daran teilhat. Der dritte Schritt ist von wesentlicher Bedeutung. Nun sollen wir sogar unter unbequemen Bedingungen Entspannung erfahren können. Wir setzen, hocken oder legen uns hierzu in einer Haltung, die uns ein leichtes Gefühl der Unbehaglichkeit vermittelt. Dann entspannen wir uns, um dieses unbehagliche Gefühl verschwinden zu lassen.

Derartige Übungen haben selbstverständlich nur dann einen Sinn, wenn wir ihre Ergebnisse in unser tägliches Leben einfließen lassen. Im zweiten Teil dieses Buches werde ich darum Möglichkeiten einer Erleichterung unserer Lebensführung durch die Praxis der Mental-Ataraxie behandeln. Dies soll für die verschiedenen Bereiche des Lebens untersucht werden: die Arbeitswelt, Freizeit und Familie, unser sexuelles Leben, die Bedrohung unseres Daseins durch Streß und die wechselnden Bedingungen der Umwelt. Durch das einfache, natürliche und anstrengungsfreie Training unseres Inneren durch Mental-Ataraxie werden wir an diese Lebensbereiche ungezwungen herangehen. Unser Leben wird angenehmer werden!

Einführung

Es wird wohl gut sein, wenn ich zur einführenden Erklärung einige persönliche Worte vorausschicke. Ich habe über dreißig Jahre lang als Psychiater praktiziert. Doch bin ich in jenem Zeitraum immer weiter von den herkömmlichen psychiatrischen Behandlungsmethoden abgerückt. Zunehmend erkannte ich die Bedeutung der weitaus wichtigeren Methode, Menschen durch Entspannung und meditative Erfahrungen bei der Überwindung leidvoller innerer Zustände zu helfen. Neben der Behandlung meiner Patienten widme ich mich in den letzten Jahren insbesondere auch dem Lehren derartiger Techniken. Um auch größere Gruppen von fünfzig bis sechzig Teilnehmern unterrichten zu können, mußte ich mir einen speziellen Vortragsraum einrichten.

Seither treffen täglich Briefe bei mir ein, die den Erfolg der Methodik bei der Behandlung konkreter Leiden bestätigen: »Mein Leben hat sich verbessert.« »Ich habe dieses Gefühl der inneren Spannung, das mich seit Jahren quälte, verloren.« »Die Schmerzen haben sich erheblich verringert.« »Mein Schlaf ist erholsamer geworden.« »Die gewohnten Asthma-Anfälle sind ausgeblieben.« »Die Kopfschmerzen sind nun seit Monaten nicht zurückgekommen.«

Andere Menschen gehen in ihren Briefen auf noch tiefere Veränderungen ein: »Ich sehe plötzlich alles ganz anders.« »Ich mache mehr aus meinem Leben.« »Wir lieben uns nun in einer Weise, die wir zuvor nicht kannten.« »Entgegen aller meiner Erwartungen hat sich unser Familienleben glücklichst verändert.«

Es besteht kein Zweifel, daß sich das Leben jener Menschen positiv gewendet hat, wofür sie einfache und verständliche Beschreibungen fanden. Doch ist die Lebensqualität eine höchst feinsinnige Angelegenheit. Deshalb gibt es andere Teilnehmer, die mir lediglich schreiben können, daß sich ihr Leben verbesserte. Es vollzogen sich Dinge, die sich nicht mehr durch Worte ausdrücken lassen.

Diese Erfahrungen machen mir Mut, Ihnen die Praxis der Mental-Ataraxie als Annäherung an eine glücklichere Lebensführung darzulegen.

Vielleicht wundern Sie sich, weshalb ich den Begriff »Mental-Ataraxie« geprägt habe, da doch heute Ausdrücke wie »Entspannungs-Training« und »Meditation« den meisten Menschen durch allgemeinen Gebrauch geläufig sind. Doch ich habe gemerkt, daß es für zahlreiche Interessenten verwirrend ist, wenn ich solche geläufigen Begriffe verwende. Denn mein Gebrauch dieser Ausdrücke ist in einigen wesentlichen Punkten anders als der übliche. Das in diesem Buch geschilderte Verfahren ist weit mehr als nur ein Entspannungs-Training, und es weist auch klare Unterschiede zu Meditationspraktiken auf, wie sie im Yoga, in Zen-Texten oder modernen Methoden wie der sogenannten Transzendentalen Meditation gelehrt werden.

Darum prägte ich aus Gründen der Klarheit den Begriff *Mental-Ataraxie*. Das griechische Wort *Taraxie* bedeutet »Störung«. *Ataraxie* heißt somit »Abwesenheit von Störung«. Mental-Ataraxie betrifft also die Ruhe und den Frieden des inneren Lebens.

Zudem gibt es noch eine andere Tatsache: In den meisten klassischen Texten und modernen Büchern über das Thema Meditation herrscht meines Wissens das weitläufige Beschreiben von Nebensächlichkeiten vor. Selten findet man jedoch klare Antworten auf die Grundfragen: »Wie lerne ich Meditieren?« »Wie bringe ich meinen Geist in einen meditativen Zustand?« »Wie kann ich mein Inneres beruhigen?« Doch diese Fragen *müssen* beantwortet werden. Ich bin davon überzeugt, daß sich in der Mental-Ataraxie hierauf tatsächlich klare Antworten finden.

Doch in einer speziellen Angelegenheit muß ich Sie zunächst um Geduld und Verständnis bitten. Bei der Mental-Ataraxie handelt es sich wie bei allen anderen Formen der Meditation um Funktionen des Bewußtseins, die außerhalb des logischen Rahmens unseres Intellektes

14

liegen. Es sind dies zwar völlig natürliche Funktionen des Bewußtseins, doch sind wir uns ihrer im alltäglichen Leben nur selten gewärtig. Da sie außerhalb der logischen Faßbarkeit liegen, wird es zuweilen schwierig für mich sein, Ihnen mittels unserer auf Logik beruhenden Sprache angemessen darüber zu berichten. Doch werden Sie bald durch eigene Erfahrungen sehr leicht verstehen, was logische Studien niemals vermitteln könnten. Ich werde nun folgendermaßen vorgehen: Nach besten Möglichkeiten soll jeweils logisch dargelegt werden, *wie* Sie diese Dinge selbst erfahren können. Das eigentliche Verständnis kann dabei nur Ihrem eigenen Erleben entspringen und nicht dem logischen Inhalt meiner Erläuterungen.

Erster Teil

Mental-Ataraxie

Ein einfaches Meditationssystem
zum praktischen Ordnen Ihres Innenlebens

1. Kapitel

Die Wirkungen der Mental-Ataraxie

Dies ist ein praktisches Buch zur Selbsthilfe. Aus diesem Grunde möchte ich von Beginn an praxisbezogen schreiben. Bei der Mental-Ataraxie handelt es sich um eine einfache Methode entspannender meditativer Erfahrung, die eigentlich jedermann erlernen kann. Schon durch kurzes Üben erreicht man bereits bestimmte Ergebnisse.

Vielleicht wäre es vorzuziehen, diese Ergebnisse hier nicht zu beschreiben. Sie könnten dann an sich selbst erleben, wie sich die Wirkungen allmählich einstellen. Bei mir und bei vielen anderen ist es so gewesen, daß wir beobachteten, wie sich durch das Üben unsere Lebenssituation verbesserte.

Doch nur wenige Menschen, die bereits einen starken Drang nach Veränderung ihres Lebens verspüren, würden ohne Kenntnis der Ergebnisse mit dem Üben beginnen. Da ich Praktiker bin, weiß ich, daß viele unter uns sich nicht auf etwas Neues einlassen, wenn sie nicht ganz klar sehen, was dabei herauskommt. Und aus diesem praktischen Grunde trage ich zunächst einige der Wirkungen vor, die Sie nach kurzem Üben dieser einfachen Methode erwarten dürfen.

Das wichtigste Resultat der Mental-Ataraxie ist die Abnahme der gewohnten Stärke unserer Ängste. Tatsächlich sind alle anderen Wirkungen neben der Abnahme der Angst nur Nebensächlichkeiten. Dabei muß ich einen Punkt besonders betonen: Viele unter uns, vielleicht sogar die meisten, haben sich an die täglichen Ängste bereits so gewöhnt, daß sie schon als naturgegeben hingenommen werden. Man lebt im Irrglauben, die eigene Existenz wäre auf ihre Weise eigentlich ganz normal und natürlich. Erst wenn die gewohnte Stärke unserer Ängste einmal abgenommen hat, werden wir sehen, daß wir gemessen am neuen Zustand zuvor ein zweitklassiges Dasein durchlebten, obwohl die bessere Möglichkeit doch stets erreichbar war.

Ich durfte den Beweis hierfür ungezählte Male sehen. Oft suchen mich Patienten wegen körperlicher Beschwerden, die von nervösen Spannungen begleitet sind, auf. Ein häufiges Beispiel hierfür sind Magengeschwüre. Der Patient wünscht sich dann von mir Befreiung von diesem speziellen körperlichen Leiden, doch er denkt nicht daran, seinen Lebensstil zu ändern. Wenn ich nun zur Behandlung eines solchen Geschwürs die Übung der Mental-Ataraxie empfahl, beobachtete ich häufig, wie sich daraufhin die gesamte Lebenserfahrung des Patienten verbesserte. Es stellte sich ein inneres Wohlgefühl ein, das man niemals erträumt hätte, obwohl man ebenso hart oder sogar noch mehr als zuvor arbeitete.

Es geht einfach darum, unseren natürlichen inneren Kräften den Abbau der Ängste zu erlauben. Dabei besteht nur ein Problem: Dies kann nur dann geschehen, wenn die notwendigen Voraussetzungen geschaffen werden. Die Mental-Ataraxie ist hierzu eine einfache und wirkungsvolle Methode. Sie bringt die richtigen Bedingungen zum besten Einsatz unserer inneren Kräfte hervor.

Als Folge gehen nervöse Spannungen und Sorgen zurück. Die meisten Menschen sind sich im Inneren einer gewissen nervösen Spannung bewußt. Sie ahnen auch, daß sie sich besser fühlen könnten, würde dieser Druck von ihnen genommen.

Solche Spannungen lassen sich im Verhältnis zu den Vorgesetzten am Arbeitsplatz spüren, im gesellschaftlichen Verkehr mit Menschen oder in einer einfachen Reizbarkeit gegenüber dem Ehepartner und den Kindern. Zuweilen nehmen diese Spannungen die Gestalt böser Vorahnungen an, wenn wir das unbestimmte Gefühl haben, bald könnte etwas Schlimmes geschehen. Wir fürchten uns dann vor etwas, doch wir wissen eigentlich nicht wovor. Durch diese Furcht fühlen wir uns unbehaglich, innerlich überdreht und ruhelos in allem, was wir tun.

Bei einigen Leuten zeigt sich die Angst nicht im Gewande der Besorgnis oder nervöser Spannungen. Vielmehr verbindet sie sich hier mit einer speziellen Situation, wodurch die Betreffenden eine jeweilige

Zwangsvorstellung entwickeln. Sie fürchten sich dann vor einer Fahrt mit dem Lift oder dem Fliegen, sie bekommen Höhenangst oder scheuen sich, weit von daheim fortzugehen. In jedem dieser Fälle entspringt das Symptom einer inneren Angst. Wird diese abgebaut, verschwinden auch die entsprechenden Schwierigkeiten.

Alle psychosomatischen Krankheiten entspringen innerer Angst. Ein Heilungsprozeß kann beginnen, wenn wir diese Angst durch Mental-Ataraxie besiegen wollen. Aus der vernünftigen und sehr begründeten Einsicht, daß nur ein innerer Weg von derartigen körperlichen Leiden befreien kann, greifen Menschen zu Büchern wie diesem, um den darin enthaltenen Vorschlägen zu folgen. Ich möchte hier nur drei Gründe aufzeigen, die für einen solchen Weg zur Befreiung von psychosomatischen Leiden sprechen.

An erster Stelle sei hier genannt, daß ein solcher Weg vor den Gefahren eines Medikamentenmißbrauches bewahrt. In meiner Praxis habe ich so viele negative und leidvolle Folgen einer Einnahme von Beruhigungsmitteln und Medikamenten gegen Depression gesehen, um zu wissen, daß diese Gefahren sehr ernst sind. Unglaublich leicht kann man von solchen Mitteln derart abhängig werden, daß es äußerst schwierig wird, wieder davon loszukommen. Darüber hinaus besteht die Gefahr von Nebenwirkungen, zum Beispiel die Schädigung eines ungeborenen Kindes, wenn die Mutter solche Medikamente besonders in den ersten Stadien der Schwangerschaft einnimmt. Allgemein haben solche Mittel eine betäubende Wirkung. Sie nehmen dem Leben seine frühere Wachheit und Spontaneität, rauben ihm seine natürliche Farbe und Frische.

Der zweite Grund besteht darin, daß wir hier nicht die Ursache einer Krankheit kennen müssen, um die Beschwerden zu überwinden. In den vergangenen fünfzig Jahren waren wir wie besessen von der Idee, die genauen Ursachen nervöser Leiden zu erforschen. Dieser Weg wurde auch dann beschritten, wenn man sich dabei mühsam bis zu den Konflikten der Kinderzeit durcharbeiten mußte. Aber selbst wenn es möglich ist, daß wir die Ursachen finden, hierdurch alleine erlangen wir ebensowenig Befreiung von einem seelischen Leiden wie von einem körperlichen. Echte Befreiung erfordert mehr. Ein weiteres

Umfeld muß hierfür einbezogen werden, was durch die Mental-Ataraxie möglich ist.

Der dritte Grund erweist sich durch die Praxis selbst: Bitte glauben Sie nicht, daß ich die Wirkungen des Abbaus von Ängsten durch die Mental-Ataraxie überbewerte. Der Beweis, wie gut dies funktionieren wird, spricht dabei für sich.

Die Wirkungen des Angstabbaues werden alle Bereiche Ihres Lebens positiv beeinflussen. Wenn Sie ängstlich sind, beanspruchen Sie andauernd Ihr Bewußtsein zur Kontrolle dieser Spannungen. Wenn Sie nun entspannter werden, ist dieser Einsatz nicht länger notwendig. Sie können sich dann völlig den wirklich anstehenden Dingen widmen, wodurch auch Ihre geistigen Prozesse erleichtert werden. Sie denken plötzlich klarer. Ein ähnliches Ergebnis wird sich in Ihrem Gefühlsleben einstellen. Die Angst engt Ihre Gefühle ein. Doch wenn Sie weniger ängstlich sind, erleben Sie Ihre Gefühle freier und erfahren so eine Steigerung Ihrer Lebensfreude. Hierdurch wird auch Ihre Fähigkeit zur Liebe und zum Mitempfinden wachsen.

Das Sexualverhalten des Mannes und der Frau kann auf diese Weise gleichfalls freier und ganzheitlicher werden. Die Angst läßt uns übermäßig rege werden, wodurch es zu Überreaktionen des Nervensystemes kommt. Bei ängstlichen Männern äußert sich diese Überreaktion im sexuellen Bereich darin, daß sie zu schnell ansprechen, während Frauen durch diesen nervösen Druck die Fähigkeit zur Entspannung verlieren, wodurch natürliche sexuelle Reaktionen gehemmt werden.

Wenn Sie entspannt sind, können Sie mehr Arbeit durch weniger Einsatz leisten. Das kommt daher, weil Sie dann frei von den beschränkenden Einflüssen der Angst sind. Im entspannten Zustand zeigen Sie auch dann keine Überreaktionen, wenn Sie enttäuscht werden. Aggressive Tendenzen, etwa Zorn oder Reizbarkeit, lassen sich dann nicht so leicht ansprechen. Sie werden in einer natürlichen Weise reagieren, die es Ihnen dann erlaubt, sich mit Freunden und den Kollegen am Arbeitsplatz wirklich wohl zu fühlen. Auch schöpferische Fähigkeiten werden gesteigert, sobald die aus Angst geborene übertriebene Wachsamkeit Sie nicht mehr übervorsichtig im Denken und Fühlen sein läßt. In der Tat wird sich Ihr Leben fortschreitend verbessern, wenn Sie mit dem Abbau Ihrer Ängste beginnen.

Bitte denken Sie in der Folge daran, daß diese praktischen Möglichkeiten in Ihrer Reichweite liegen! Ich werde nun fortfahren, indem ich den dahin führenden Weg beschreibe. Es gibt zwar neben den genannten Ergebnissen noch weitere, feinere Wirkungen der Mental-Ataraxie, doch sollen diese erst später angesprochen werden. Es fällt Ihnen leichter, diese Dinge zu verstehen, wenn Sie nun zunächst selbst einige Kenntnisse und Erfahrungen bezüglich der Übung gewinnen.

2. Kapitel

Die körperliche Entspannung

Verschiedene Experten erklären den Begriff »Meditation« auf sehr unterschiedliche Weise. Üblicherweise versteht man unter *Konzentration* das Festhalten eines bestimmten Gegenstandes im Geiste, während die Meditation oft als innerer gedanklicher Fluß um diesen Gegenstand, den man so von allen Seiten beleuchtet, betrachtet wird. Wenn man es derart sieht, beinhaltet Meditation ein bewußtes Handeln des Geistes, was notwendigerweise auf einen bestimmten Inhalt gerichtet sein muß. Je nach seiner inneren Einstellung wird sich der Meditierende dabei Themen wie Gott, Jesus, Shiva, Buddha, OM, Liebe oder Mitempfinden zuwenden. Nach diesem klassischen Vorgehen gelangt der Meditierende dadurch zu einem tieferen Verständnis, daß er seinen Geist um alle Aspekte des Themas fließen läßt.

Zum Zwecke unserer Übung betrachte ich das Wesen der Meditation von einem etwas *anderen Standpunkt*. Ihre hauptsächliche Bedeutung sehe ich in dem Prinzip, daß unser Geist im Vorgang der Meditation auf eine Weise arbeitet, die sich vom normalen Bewußtsein des Alltags unterscheidet: Die Aktivitäten des Geistes werden im Fortschreiten der Meditation in ihrer Natur zunehmend einfacher und unkomplizierter.

Zuerst wird die logische und kritische Haltung vermindert, bis sie schließlich verschwindet. Dann tritt eine Veränderung unserer Wahrnehmung auf: Lärm wird einfach als Geräusch mit wenig oder keiner Bedeutung gehört. Im Fortschreiten des Prozesses regen sich nur noch wenige oder keine Gedanken, und auch die Aktivitäten um uns herum verlieren ihre Bedeutung. Schließlich finden wir eine tiefe

Ruhe. Es ist dieser Zustand, in welchem die natürlichen Kräfte unseres Inneren frei wirken können, um unsere Ängste abzubauen.

Schon aus dieser kurzen Beschreibung läßt sich erkennen, daß mein Verständnis der Meditation von den klassischen Konzepten abweicht. Denn es handelt sich hier weder um einen allmählichen Abbau aller geistigen Aktivitäten, noch um die Abwesenheit aller Objekte, auf die der Geist gerichtet sein könnte. Vielmehr geht es um einen Prozeß völliger Einfachheit und Natürlichkeit. Wegen dieser Unterschiede von herkömmlichen Vorstellungen bezeichne ich die hier dargelegte Methode als Mental-Ataraxie.

Wir lassen unser Bewußtsein die natürliche Weite aller Dinge begreifen, indem es zunächst die Entspannung des Körpers erfährt. Nachdem uns dies gelungen ist, werden wir weitergehen, erheblich weiter! Doch ist stets am Anfang der erste Schritt zu leisten. Und dabei geht es darum, unserem Inneren eine Erfahrung seiner eigenen Natürlichkeit, Weite und Zwanglosigkeit zu vermitteln.

Die Entspannung des Körpers ist jedoch nur das Vorspiel zur Entspannung unseres gesamten Wesens. Somit ist sie noch kein eigentlicher Teil der meditativen Erfahrung. Vielmehr ist die Körperentspannung das Tor, durch das wir in die Meditation eintreten: Sie eröffnet uns den Weg zur Entspannung des Geistes und zu inneren Erfahrungen, die noch weit darüber hinausgehen.

Den ersten Schritt zur Mental-Ataraxie wagen Sie aus der Bequemlichkeit eines Lehnsessels. Aber denken Sie daran, daß Mental-Ataraxie ein dynamischer Prozeß ist, der mit Ihnen wächst! Zwar beginnen Sie in einem Lehnsessel, doch sobald Sie es hier beherrschen, üben Sie in weniger bequemen Haltungen weiter. Schließlich wird das Entspanntsein zu einer Grundeigenschaft Ihres Wesens, die sich als unabhängig von äußeren körperlichen Bequemlichkeiten erweist.

Der erste Schritt geschieht also durch das Sitzen in einem Lehnsessel, bequem und doch zugleich aufrecht und gerade. Ich möchte Sie dabei bitten, auch wenn Sie schon andere Meditationsübungen erlernt haben, dennoch allen hier beschriebenen Einzelheiten zu folgen. Die Bedeutung mancher Aspekte läßt sich oft solange nicht erkennen, wie Ihnen etwas praktische Erfahrung damit fehlt.

Sie sitzen nun bequem in Ihrem Lehnsessel. Doch Sie lassen sich dabei nicht einfach so gehen, daß Ihr Körper in irgendeine krumme Lage kommt. Vielmehr sitzen Sie, obwohl ganz bequem, doch in einer ebenmäßigen Haltung: Ihre Arme ruhen parallel auf den Seitenlehnen des Sessels, die Knie sind gewinkelt, die Fußsohlen stehen am Boden, und der Kopf liegt bequem an der Rücklehne. Sie fühlen sich vollkommen angenehm und sitzen dennoch in einer natürlich geraden Haltung.

Die Ebenmäßigkeit Ihrer Haltung im Sessel ist wichtig! Sie bringt von Beginn an einen Sinn der Kontrolle in das scheinbar unkontrollierbare Gefühl vollkommener Entspannung. Dieser Sinn wird sich zunehmend entwickeln, wenn Sie in der Mental-Ataraxie fortschreiten. Auf diese Weise erlangen Sie allmählich eine ungezwungene Übersicht und eine anstrengungsfreie Disziplin über Ihr gesamtes Wesen. Zunächst versuchen Sie nur, sich möglichst leicht und natürlich zu entspannen. Doch gleichzeitig behalten Sie die ebenmäßige Haltung bei, indem Sie Ihrem Körper nicht gestatten, in den Sessel zu sinken.

Um eine anfängliche Entspannung Ihres Körpers zu erreichen, sollen Sie nun einige Muskeln anziehen, um dann im Loslassen deren Entspannung zu empfinden. Dies macht Ihr Inneres mit dem Gefühl der Muskelentspannung vertraut. Im täglichen Leben können Sie meist beobachten, daß Ihre Muskeln angespannt sind. Nur selten ist es möglich, sie entspannt zu erleben. Nach meiner Erfahrung glauben darüber hinaus viele Menschen, daß ihre Muskeln schon entspannt wären, wenn sie doch in Wahrheit noch verkrampft sind. Darum ist der Zweck des Anspannens und Entspannens Ihrer Muskeln in der Übung auch jener, Ihr Inneres darauf zu trainieren, daß es wahrheitsgemäß erkennen kann, ob Ihre Muskeln nun tatsächlich entspannt sind.

Es ist für den Beginn der leichteste Weg, das An- und Entspannen nicht mit einzelnen kleinen Muskeln sondern mit ganzen Muskelgruppen zu üben. Beginnen Sie mit Ihren Oberschenkeln. Wenn Sie mit angewinkelten Knien bequem im Sessel sitzen, legen Sie Ihre rechte Hand auf den rechten Oberschenkel. Dann heben Sie Ihren Fuß ein paar Zentimeter über den Boden. Sogleich werden Sie mit der Hand die Anspannung der Muskeln im Oberschenkel fühlen können. Nun setzen Sie den rechten Fuß langsam wieder auf den Boden, und ertasten Sie dabei mit der Hand, wie Sie jene Muskeln gehenlassen. Wiederholen Sie dies einige Male, bis es ganz einfach wird. Dann nehmen Sie die Hand wieder vom Oberschenkel, um sie auf die Seitenlehne des Sessels zurückzulegen. Fahren Sie nun mit den leichten Hebungen Ihres Fußes fort. Sie können jetzt das An- und Entspannen der Muskeln empfinden, ohne die Hilfe der Hand zu benötigen. Mit anderen Worten: Ihr Inneres ist aufnahmebereiter für das Wahrnehmen von Muskelentspannung geworden.

Nun bringen Sie Ihre Muskeln zum An- und Entspannen, indem Sie lediglich an den entsprechenden Vorgang denken, den Fuß dabei jedoch nicht tatsächlich bewegen. Zunächst denken Sie, daß Sie gleich Ihren Fuß heben werden. Sie denken es nur, aber Sie tun es nicht! Dabei können Sie bemerken, wie sich die Muskeln Ihres Oberschenkels zusammenziehen. Dann denken Sie, daß Sie nun den Fuß auf den Boden zurückstellen. Sogleich können Sie daraufhin die Entspannung der entsprechenden Muskeln spüren. Versuchen Sie das gleiche Experiment auch mit anderen Muskeln! Wenn Sie an die Bewegung denken, wie Sie die Fußspitze zu Boden drücken, können Sie ein Anspannen der Wadenmuskeln beobachten. Diese entspannen sich wieder, sobald Sie diesen Gedanken aus Ihrem Inneren entlassen. Versuchen Sie es auch mit den Bauchmuskeln. Wenn Sie in Ihrem Sessel sitzen, wird es leicht sein, diese Muskeln anzuspannen und wieder gehen zu lassen.

Der abschließende Schritt im Training des An- und Entspannens der Muskeln gilt der Fähigkeit, diese nur durch einen einfachen inneren Impuls zur Reaktion zu bringen, ohne sich dabei überhaupt noch eine körperliche Bewegung vorzustellen. Dies wird der selbstverständliche Fortschritt Ihres Übens sein. Sie können dann die Muskeln des Oberschenkels dadurch zum Zusammenziehen bringen, daß Sie nur kurz an jenes Körperteil denken. Sie werden sich dann dessen bewußt sein, wie sich die Muskeln anspannen, obwohl keine Bewegung des Beines stattfindet. Dann entspannen Sie die Muskeln wieder durch einen kurzen Gedankenimpuls. Dabei sollen Sie sich erneut der

Reaktionen der Muskeln bewußt sein. Doch wichtiger noch: Sie sollten sich darüber hinaus eines anhaltenden Entspannungsempfindens bewußt werden. Üben Sie dies einige Male, bis Sie es wirklich empfinden! Dann versuchen Sie das Experiment wieder mit anderen Muskelgruppen, wie den Waden, den Oberarmen und den Bauchmuskeln.

Bitte glauben Sie nicht, daß Ihre Entspannungsfähigkeit schon weit genug entwickelt ist, damit Sie diese einführenden Abschnitte übergehen können! Der für Ihr Leben sehr bedeutende Erfolg der Mental-Ataraxie hängt zu einem wesentlichen Teil von einer Beachtung aller anfänglichen Einzelheiten ab. Nur wenn Sie zunächst die einfachen Dinge meistern, können Sie in der Folge jene Unbeschwertheit und Natürlichkeit erlangen, die es Ihnen erlaubt, das zu erreichen, wonach Sie letztlich streben.

Das An- und Entspannen der Muskeln ist dennoch nur ein vorübergehendes Training zur Entwicklung eines inneren Sinnes für derartige Vorgänge. Sobald Sie diesen Sinn erweckten, lassen Sie diese Übungen hinter sich. Das ist aus folgendem Grunde wichtig: Das An- und Entspannen der Muskeln ist eine viel zu mechanische Tätigkeit, um Ihnen wirkliche meditative Erfahrung zu vermitteln. Das Wesen dieser mechanischen Tätigkeit besteht darin, daß sie auch den Verstand aktiv hält. Dieser muß wachsam sein, um zu erkennen, was jeweils geschieht, wenn sich die verschiedenen Muskeln an- und entspannen. Dies läßt den Geist ausschließlich auf der verstandesmäßigen Ebene arbeiten, weil er sich der jeweiligen körperlichen Gegebenheiten bewußt bleiben muß. In der fortschreitenden Mental-Ataraxie gehen Sie weit über derartige geistige Tätigkeiten hinaus. Ein Festhalten am An- und Entspannen der Muskeln würde diesen inneren Fortschritt verhindern.

Sie sollten bald einen Übergang vom Anziehen und Loslassen der einzelnen Muskelgruppen zu einer ganzheitlichen Erfahrung körperlicher Entspanntheit finden. Dabei lassen Sie dann das An- und Entspannen der Muskeln hinter sich. Sie sitzen nur bequem in Ihrem Sessel, die Arme ruhen an den Seitenlehnen, der Kopf an der Rücklehne, und Ihr ganzer Körper ist entspannt, völlig entspannt! Dieser ganzheitliche Entspannungszustand wird für Sie dadurch erreichbar, daß Sie zuvor einen Sinn zur Wahrnehmung der Entspannung entwickelten. Wenn zum Beispiel die Muskeln Ihrer Schultern sich entspannen, kommt dadurch das gesamte natürliche Gewicht Ihrer Arme auf den Seitenlehnen des Sessels zur Ruhe. Indem Sie das wahrnehmen können, wird automatisch die Entspannung der Schultermuskeln und der Arme gefördert, wodurch sich der ganze Vorgang fortlaufend vertieft. In der gleichen Weise spüren Sie das Gewicht Ihrer Beine, das die Füße auf den Boden drückt. Sie spüren dann das Gewicht des ganzen Körpers, das auf dem Sessel ruht. Sie scheinen so entspannt in Ihren Sessel zu sinken, daß Sie fast meinen, ein Teil davon zu sein. Die umfassende Entspannung Ihres Körpers ist eine ganzheitliche Erfahrung. Sie erstreckt sich auf alle Ihre Muskeln, geht vollständig durch Sie hindurch, betrifft Ihren gesamten Körper. Diese Erfahrung wird für Sie tatsächlich tief und ganzheitlich werden! Am Anfang schon kann es scheinen, als würden Sie förmlich in diese Entspannung eintauchen, tiefer und tiefer, immer mehr und schließlich vollkommen. Dann hüllt Sie die Entspannung ganz ein, wie Sie ein Nebel in den Bergen zart einhüllen würde. Alles ist ruhig, angenehm kühl, frisch und still. Sie sind völlig entspannt. Sie empfinden dies nicht nur, es ist tatsächlich so!

Obwohl die vollkommene Entspannung den ganzen Körper umfaßt, ist die bequeme Übungshaltung auf dem Lehnsessel keine unabdingbare Voraussetzung dieser Erfahrung. Selbstverständlich braucht der Anfänger zunächst noch die bequeme Ausgangssituation, bis er gelernt hat, in dieser Übung die vollkommene Entspannung zu erfahren. Schon die Bequemlichkeit alleine schafft eine gewisse Entspannung. Doch die Praxis der Mental-Ataraxie unterscheidet sich gänzlich von der Entspannung durch Bequemlichkeit. Die Bequemlichkeit eines angenehmen Sessels erleichtert es zwar dem Anfänger, die ganzheitliche Entspannung des Körpers zu verwirklichen. Doch sobald er diese Erfahrung gemacht hat, sollte er diese Übung nicht mehr ausschließlich in bequemen Ausgangshaltungen praktizieren. Nun folgt der Versuch, diese Entspanntheit unter weniger angenehmen Umständen zu erleben.

Entspannung durch äußere Bequemlichkeiten hat keine wesentlich positiven Auswirkungen auf Ihre nervösen Spannungen. Sie ruhen sich dadurch zwar etwas aus, was hilfreich sein mag, aber das ist auch schon alles. Die Entspannung, die aus äußeren Annehmlichkeiten kommt, kann Sie nicht von psychosomatischen Leiden und Schmerzen befreien. Auch ist sie nicht in der Lage, Ihnen eine heilsamere Bewußtseinshaltung zu vermitteln. Nur weil das Angenehme oft sehr einfach ist, glauben viele Menschen, sie könnten auf diese Weise auch wirklich entspannen. Man glaubt, durch den Kauf bequemer Sessel schon etwas gewonnen zu haben.

Vor einigen Wochen kam ein neuer Patient, ein erfolgreicher Geschäftsmann, zu mir. Er klagte über schwere Verspannungen und wünschte sich sehnlichst, endlich einmal richtige Erholung zu finden. Einer seiner diesbezüglichen Versuche hatte ihn zu mir geführt. Im Gespräch erwähnte er, daß er an sein Schwimmbad ein besonderes Becken anbauen ließ, in welchem man das Wasser angenehm aufheizen kann. Er glaubte, daß ihm dies eine innere Erleichterung verschaffen könnte. Ich erzählte ihm darauf, wie meine Erfahrungen mit dem Schwimmen völlig gegenteilig sind: Ich kann selbst im Winter völlig entspannt und ruhig im kalten Wasser schwimmen, ohne jedes Empfinden von unangenehmer Kälte. Der Gedanke, daß man durch rein äußerlich angenehme Umstände schon wirklich entspannen kann, ist ein großer allgemeiner Irrtum unserer Zeit.

Jedoch ist die äußere körperliche Entspannung ein wesentliches Ausgangsstadium für etwas weitaus Größeres. Sie müssen Ihre Experimente mit der Entspannung in einer angenehmen Lage beginnen, um später darüber hinauszugehen. Wenn Sie sich auf ein bequemes Bett legen, können Sie schon einen bestimmten Grad der Entspannung erreichen, der recht beachtlich sein mag. Doch in diesem Fall bleibt das Entspannen ein rein körperlicher Vorgang, wobei Arme, Beine und andere Körperteile dem Gehirn die Nachricht senden, daß sie sich in einer angenehmen Lage befinden.

Das ist nicht der Weg, um den es hier geht. Sie sollten nach einer anderen Art der Entspannung suchen, die aus dem Inneren kommt und nicht von angenehmen äußeren Lagen abhängig ist. Folglich beginnen

Sie zwar auf einem bequemen Sessel, doch zugleich mit ebenmäßiger Haltung Ihres Körpers. Eine Entspannung, die einzig durch angenehmes Liegen auf dem Bett kommt, könnte Ihrem Fortschritt in der Mental-Ataraxie nicht dienen.

Obwohl Ihre Entspannung ganzheitlich und vollständig ist, bleibt dennoch eine angemessene Spannung in bestimmten Muskeln, um Ihre Haltung zu bewahren. Sie lassen Ihrer körperlichen Entspannung nicht derart freien Lauf, daß Sie tatsächlich in Ihren Lehnsessel sinken. Der Kopf bleibt an der Rückseite des Sessels aufrecht, die Arme behalten ihre Ruhelage auf den Seitenlehnen, und die Füße stehen gerade am Boden. Ihr Körper, der von der Rückseite des Sessels gehalten wird, ist vollkommen entspannt. Ebenso verhält es sich mit Ihren Armen und Beinen, denn es besteht durch die klare Haltung hier keine Notwendigkeit einer willentlichen Muskelanspannung. Betreffend dieser Körperteile verhalten Sie sich tatsächlich völlig passiv. Doch bei Ihrem Kopf, der an der Rückseite des Sessels anliegt, ist es etwas anderes. Sie müssen eine angemessene Spannung in der Nackenmuskulatur halten, um zu verhindern, daß der Kopf nach einer Seite oder nach vorne fällt. Sie werden jedoch die Erfahrung machen, wie diese aufrechte Haltung Ihres Kopfes als etwas völlig Natürliches erscheint, wozu es keines bewußten Einsatzes und keiner Willensanstrengung bedarf.

Sie können Entspannung nicht »machen«. Ein gezwungener Willensakt kann nicht zur Entspannung führen. Ihr Üben sollte vollkommen frei sein von jeglicher Anstrengung und Mühe. Wenn Sie sich zwingen, Entspannung zu erfahren, dann hält gerade dieser Zwang Sie von der gesuchten Erfahrung ab. Sobald Sie sich zur Entspannung drängen, wird Ihr Inneres sofort vom Bewußtsein der tatsächlichen Situation Ihres Körpers in Beschlag genommen. Dadurch wird natürlich die Erfahrung innerer Ruhe unmöglich. Aus diesem Grunde sollten Sie nicht versuchen, willentlich Entspannung zu »machen«. Ein gezwungener Willensakt wird Ihnen hier nicht helfen.

Zwar kann ein Willensakt die Entspannung nicht direkt auslösen, doch kann er dazu beitragen, die notwendigen Voraussetzungen zum Entspannen zu schaffen. Es ist ein Willensakt, wenn Sie sich entscheiden, meditative Erfahrungen anzustreben. Es ist gleichfalls ein Willensakt, der Sie dazu bringt, sich in ebenmäßiger Haltung auf Ihren Sessel zu setzen und andere Vorbereitungen zu den Übungen zu treffen. Doch dann lassen Sie alle Bemühung, jede Anstrengung und jeden Versuch, Ihren Willen zu aktivieren!

Ihre Augen schließen sich, sobald die körperliche Entspannung eintritt. Dieses sanfte Zufallen der Augen ist ein wesentlicher Teil des gesamten Vorganges. Erst wenn die Muskeln Ihrer Augenlider entspannt sind, schließen sich die Augen auf diese Weise. Es geschieht dann ganz von selbst, ohne jedes bewußte Zutun. Sie brauchen sich hierüber auch keine Gedanken zu machen. Von selbst werden sich die Augen in einem leichten Gehenlassen langsam schließen, was dem Entspannungszustand anderer Muskeln entspricht. Dabei werden Sie einen erheblichen Unterschied zum willentlichen Schließen der Augen, das sehr hastig vonstatten geht, wie auch zum plötzlichen Blinzeln bemerken.

Zwar schließen sich die Augen beim Eintreten der Entspannung zunächst vollständig. Doch wenn sich der Entspannungszustand vertieft, öffnen sie sich wieder geringfügig, wodurch sich die Ränder der Lider nicht mehr berühren. Dies ist lediglich das Ergebnis einer nun vollkommenen Entspannung der Augenlider. Sind deren Muskeln völlig gelöst, hört das feste Schließen der Augen automatisch auf. Die Lider können jetzt ihre natürliche Stellung nach Aufhebung aller Spannung einnehmen. Sie bemerken dies, wenn Sie einen Lichtschimmer wahrnehmen, der durch den Spalt in Ihre Augen dringt. Vielleicht können Sie sogar konkrete Gegenstände in Ihrer Blickrichtung erkennen. Eventuelle Störungen, die hierdurch entstehen, werden mit zunehmender Erfahrung verschwinden. Sie können dann in jedem Falle innere Ruhe beibehalten, auch wenn noch eine leichte, ferne Wahrnehmung von Licht oder Gegenständen bleibt.

Zuweilen wird der Anfänger durch plötzliche Zuckungen der Augenlider gestört. Er spürt, wie sie zittern und kann sie doch nicht beruhigen. Dadurch wird er leicht enttäuscht, denn die bebenden Lider nehmen seine ganze Aufmerksamkeit in Anspruch, wodurch innere Ruhe unmöglich bleibt. Es handelt sich hierbei um eine ängstliche Reaktion angesichts der neuen Erfahrung. Auch Sie besitzen einen angeborenen Mechanismus, Ihre Augen dann offenzuhalten, wenn Sie etwas Neues tun. Im Akt des Entspannens wollen sich die Augen nun schließen, doch jener Mechanismus möchte sie offenhalten. Durch diesen Konflikt beben nun die Lider. Mit nur etwas Übung wird dieses Problem bald verschwinden.

Sehr ängstliche Menschen können vielleicht grundsätzlich mit dem Schließen der Augen Schwierigkeiten bekommen. Hierbei handelt es sich um den gleichen Mechanismus, der jedoch in verstärkter Form auftritt. Wenn Sie von derartigen Schwierigkeiten geplagt werden, sollten Sie Ihr meditatives Streben deswegen nicht aufgeben! Diese Probleme zeigen, daß Sie starke Ängste in sich tragen. Daher könnten gerade Sie aus diesen Erfahrungen größten Nutzen ziehen. Drängen Sie sich nicht, die Augen zu schließen! Hierdurch würde Ihre Angst nur gesteigert. Lassen Sie die Augen einfach geöffnet. Wenn dann Ihre anderen Muskeln von der Entspannung erfaßt werden, besonders jene des Gesichtes, werden Sie bemerken, wie sich Ihre Augen von selbst schließen, wovor Sie dann keine Furcht mehr haben werden.

Kürzlich suchte mich eine Frau auf, die über außergewöhnlich starke Angstzustände klagte. Stets litt sie unter quälenden Vorahnungen. Eigentlich hätte sie sich in die Obhut eines Krankenhauses begeben müssen. Nicht einmal für einen kurzen Moment war sie in der Lage, ihre Augen zu schließen. Als ich meine Finger leicht über ihr Gesicht legte, um das Schließen der Augen anzuregen, reagierte sie mit starker Panik. Schließlich überwand auch sie ihre diesbezüglichen Probleme, nachdem sie meinem Rat folgend, ihre eigenen Hände beim Einsetzen der Entspannung auf das Gesicht legte. Doch derart ernsthafte Schwierigkeiten treten nur in sehr seltenen Fällen auf.

Nicht alle Körperteile sind für die vollständige Entspannung gleichermaßen wichtig. Jene Teile unseres Körpers, die ein größeres Nervennetz besitzen, sind für unsere Übung bedeutender als solche mit nur wenig verzweigtem Nervennetz.

Darum sind die Hände und das Gesicht hier wichtiger als der Rücken. Auch jene Körperteile, die wir normalerweise nur unter geringer Kontrolle haben, sind dabei bedeutender als solche, die stets

34

unter fast vollständigem Einfluß unseres bewußten Willens stehen. Zum Beispiel haben wir in der Regel weniger Kontrolle über die Muskeln unseres Gesichtsausdruckes als über jene der Arme und Beine. Deshalb ist deren Entspannung besonders nötig.

Der Entspannung des Gesichtes kommt besondere Bedeutung zu. Wenn Sie Ihren ganzen Körper entspannen, empfinden Sie auch eine Lösung der Entspannung im Gesicht. Sobald Sie in dieser Übung etwas fortschreiten, tritt diese Entkrampfung der Gesichtsmuskeln automatisch auf, ohne ein besonderes Zutun Ihrerseits. Doch am Anfang wird es Ihnen eine große Hilfe sein, wenn Sie durch bewußtes Beobachten mitvollziehen, wie sich die entsprechenden Muskeln lockern: Ihre Wangen verlieren an Spannung. Die Muskulatur des Kiefers lockert sich, worauf der Unterkiefer leicht nach unten sinkt. Auch die Lippen sind ganz entspannt und vollziehen die Bewegung des Kiefers leicht mit, wenn sich die Entspannung allmählich vertieft. Im Entkrampfen der Stirnmuskeln glättet sich Ihre Stirn. Dieser Vorgang ist besonders wesentlich, zeigt er doch an, daß nun eine wohltuend beruhigende Wirkung der Entspannung auch für Ihr Inneres eintritt.

Auch die Hände sind wichtig. Wenn Sie mit dem Üben beginnen, sollten auch diese zunächst eine bequeme Haltung einnehmen. Lockern Sie die Handgelenke, und lassen Sie die Finger geschmeidig werden. Sie können die Handgelenke auch an den vorderen Rändern der Armlehnen des Sessels so anliegen lassen, daß die Hände durch ihr eigenes Gewicht nach unten hängen.

Am Anfang ist es noch wichtig, daß Sie das Entspannen durch bewußtes inneres Beobachten begleiten. Doch wenn Sie in der Mental-Ataraxie weitere Fortschritte gemacht haben, wird dieses innere Beobachten nicht mehr nötig sein. Wer einmal die Fähigkeit zur ganzheitlichen Entspannung entwickelt hat, braucht sich diesen Zustand nicht mehr eigens bewußt zu machen. Unser Inneres hat sich dann nicht mehr um alle Einzelheiten der Körperentspannung zu kümmern, wodurch es für höhere Aspekte der Entspannungserfahrung frei und offen wird. Beim Autofahren ist es ganz ähnlich: Auch hier sind wir uns bei fortgeschrittener Fahrpraxis nicht mehr jeder einzelnen Handlung, die wir vorzunehmen haben, vordergründig bewußt. Dies ist ein weiteres Beispiel dafür, wie die eigentliche Mental-Ataraxie durch einen vorausgehenden Weg vorbereitender Erfahrung verwirklicht wird. Jeder einzelne Schritt ist dabei für sich sehr wichtig. Doch wenn er einmal getan ist, dann lassen wir ihn hinter uns.

Während Ihres Übens können Sie auch eine Entspannung der Muskeln des Damms erfahren. Das sind jene Muskeln zwischen den Beckenknochen, die auch die unteren Organe an ihrem Platz halten. Unter normalen Bedingungen sind Sie sich dieser Muskeln eigentlich nicht oder kaum bewußt. Wenn Sie nun das An- und Entspannen der Muskeln üben, können Sie dies auch mit jenen des Damms versuchen. Dabei ziehen Sie den Anus bewußt nach oben, um ihn dann nur durch das Gewicht der darüberliegenden Organe wieder nach unten zu bringen. Aber auch dann, wenn Sie dies nicht üben, werden Sie die Entspannung jener Muskeln als Teil Ihrer ganzheitlichen Körperentspannung wahrnehmen können. Die Lockerung der Muskeln des Damms wird Ihnen dann durch eine leichte Bewegung bewußt werden, die durch deren Entspannen entsteht. In Ihren Armen und Beinen wird es während der Übung kaum Bewegungen geben. Doch in der sitzenden Haltung werden die Damm-Muskeln, wenn die Spannung aus ihnen weicht, durch die darüberliegenden Organe nach unten gedrückt. Es ist diese leichte Bewegung, die Ihnen deren Entspannung bewußt machen wird.

Fragen Sie sich nicht während der Übung, ob Sie nun schon in der erforderlichen Weise entspannt sind. Sie sollten sich auf Ihrem Lehnsessel nun nicht selbst fragen: »Bin ich schon richtig entspannt?« Wenn Sie dies tun, dann setzen Sie jenen lauernden und überkritischen Geist ein, den Sie im meditativen Vorgang eigentlich zeitweilig überwinden möchten. Erst wenn Sie Ihre Meditationsübung beendet haben, sollten Sie sich fragen: »War ich vorhin vollständig entspannt?« Doch stellen Sie diese Frage schon während der Meditation, steigert sich nur Ihre innere Angst, was dann eine zunehmende Verkrampfung der Muskeln zur Folge hätte. Anstatt sich selbst mit Fragen zu behelligen, sollten Sie während der Übung die Entspannung auf natürliche und vollständige Weise erfahren.

36

Wenn Sie entspannen, wird Ihre Atmung tief und regelmäßig. Der Atemvorgang ist Ihnen nicht bewußt, wenn Sie zu Beginn der Übung Ihre Sitzhaltung einnehmen. Auch in Ihrem gewöhnlichen Bewußtseinszustand sind Sie sich des Atmens und der dadurch bedingten leichten Bewegungen von Brust und Zwerchfell nicht gewärtig. In der Ruhe der Entspanntheit kann Ihnen nun der Atemvorgang plötzlich ins Bewußtsein treten. Ein besonderer Umstand trägt dazu bei: In der vollkommenen Entspannung lassen Sie sich einmal ganz gehen. Der Anfänger kann davon etwas beunruhigt werden, und aus dieser Furcht heraus beschäftigt er sich nun mit dem Atmen. Doch wenn die Entspannung weiter fortschreitet, wird sich auch der Zwang zu einer derartigen Beschäftigung mit dem Atemvorgang verflüchtigen.

In der Mental-Ataraxie ist es nicht notwendig, sich auf den Atemvorgang zu konzentrieren. Am Anfang Ihres Übens kann eine Konzentration auf den Atem gewiß förderlich sein: Sie erfahren dabei seinen grundlegenden Rhythmus, das Einatmen, Halten der Luft, das Ausatmen, dann einen Augenblick der Leere vor dem erneuten Einatmen. Durch diese Konzentration entsteht ein Gefühl innerer Zeitlosigkeit, welches das Üben am Anfang erleichtern kann. Ihr Bewußtsein wird von diesem Gefühl vollständig eingenommen und hat somit keinen Raum, sich in unangebrachte Gedanken zu verstricken, die den Übungsverlauf enttäuschend für Sie werden lassen könnten. Unter diesem Gesichtspunkt ist eine Konzentration auf den Atemvorgang im Beginn hilfreich. Doch sollten Sie schließlich darüber hinausgehen, denn diese Konzentration hält Sie auf Dauer von jener grundlegenden Einfachheit ab, die wir in unserer Art meditativer Entspannung anstreben. Auch wenn die Beobachtung des Atems nur eine einfache Form der Bewußtheit hervorbringt, es handelt sich dabei doch um eine Bewußtheit herkömmlicher Wirklichkeit. Das ausschließliche Wahrnehmen dieser normalen Wirklichkeit hält Sie aber vom Erlebnis der wesenhaften Stille in Ihrem Inneren ab, wonach Sie in der Mental-Ataraxie streben.

Geben Sie während des Übens der Körperentspannung jede Abwehrhaltung auf! Diese innere Haltung könnte plötzlich Ängste wachrufen. Seit zahllosen Generationen hat der Mensch sich angewöhnt, stets wachsam auf der Lauer zu liegen, um jeder Gefahr begegnen zu können. Wenn Sie sich nun in der Entspannung ganz gehenlassen, läuft dies jener uralten biologischen Bedingtheit zuwider. Wenn Sie daher mit der Entspannung beginnen, wird sie das eigene Innere immer erneut zur Wachsamkeit rufen, wodurch die Erfahrung der Entspannung zeitweise unterbrochen wird. Dieses automatische Verteidigungssystem, das Sie vor Gefahren bewahren soll, wird mit fortschreitender Übung lernen, daß die Entspannung nicht gefährlich ist, wodurch solche Unterbrechungen allmählich verschwinden.

Manche Menschen entspannen sich zunächst gut, werden dann aber ängstlich und fallen erneut in einen Spannungszustand, obwohl sie äußerlich doch ganz gelockert erscheinen. Hierbei handelt es sich um eine einfache Furchtreaktion. Wenn der Anfänger bemerkt, daß erneut Spannung in seine Muskeln einzieht, kann er dem oft dadurch begegnen, daß er durch einen bewußten Gedankenimpuls seinen Muskeln erlaubt, sich wieder zu entspannen. Wenn dies nicht gelingt, mag er sich durch leichte Bewegungen der Arme und Beine von der Spannung befreien. Wenn auch dies fehlschlägt, sollte er aufstehen, um seine Übung für ein paar Minuten zu unterbrechen. Dann kann er es nochmals versuchen. Doch dieses Mal übe er nur kurze Zeit, vielleicht zwei Minuten oder weniger. Er sollte dann in der Folge zunächst nur ganz kurze Übungsphasen vornehmen, in denen nicht genug Zeit für eine neuerliche Verkrampfung bleibt. Auf diese Weise wird er sich langsam an die Erfahrung der Entspannung gewöhnen, ohne dabei Furcht zu empfinden, die zu Muskelverkrampfungen führt. Doch derartige Maßnahmen werden nur in seltenen Fällen notwendig sein. Die meisten Menschen können die Erfahrung der Entspannung auf leichte und natürliche Weise erlangen.

Woran sollen Sie denken, wenn Ihr Körper entspannt ist? Die Lehrer traditioneller Schulen der Meditation raten gewöhnlich, daß das Denken auf einen speziellen Punkt gerichtet sein soll. Dabei entsteht jedoch das Problem, daß es für den Anfänger äußerst schwierig ist, seine Konzentration auf einen Gegenstand zu richten, ohne dabei die Gedanken in andere Richtungen fließen zu lassen. Andere Lehrer, die moderne Varianten klassischer Meditationsmethoden vertreten, empfehlen, man möge sich innerlich eine angenehme und erholsame Situation vorstellen, vielleicht einen Spaziergang an einem ruhigen Seeufer. Dies ist etwas leichter, denn man kann dabei seinen Geist mit verschiedenen Einzelheiten dieser Szene beschäftigen.

Doch all dies würde an der wesenhaften Einfachheit vorbeizielen, die von der Mental-Ataraxie erstrebt wird. Darum möchte ich Ihnen raten: *Versuchen Sie einfach, an nichts zu denken!* Wenn Sie einfach nur die Entspannung Ihres Körpers empfinden, wird diese Erfahrung ganz von selbst Ihren Geist beruhigen, wodurch es dann nicht zu einer Störung durch unerwünschte Gedanken kommt.

Nützt das Wiederholen eines Mantras der Entspannung? Ein Mantra ist eine Silbe oder ein Satz, der inhaltlich bedeutungslos sein kann. Doch wenn in der mystischen Tradition ein Lehrer seinem Schüler ein Mantra gibt, erhält dieses für jenen eine besondere persönliche Bedeutung. Es wird zu seiner geheimen Übungsformel. Der Meditierende wiederholt dieses Mantra still in sich. Viele Formen des klassischen Yoga ebenso wie die moderne Transzendentale Meditation stützen sich auf diese Methode. Hierdurch wird das Innere erfüllt, was keinen Platz für zusätzliche Gedanken zuläßt. Unter anderem läßt die Monotonie des Mantras auch die normale Verstandestätigkeit des Geistes zur Ruhe kommen, wodurch höhere Fähigkeiten leichter zum Durchbruch gelangen können. All dies ist durchaus positiv. Doch um wirkungsvoll nach der Methode der Mental-Ataraxie zu meditieren, ist ein Mantra nicht notwendig. Es würde hierdurch ein zusätzliches mystisches Element eingeführt, welches für unsere einfache und unkomplizierte Vorgangsweise keinesfalls erforderlich ist.

3. Kapitel

Die Bewußtheit der Entspannung

Sie haben nun gelernt, wie Sie Ihren Körper entspannen können, wenn Sie bequem im Lehnsessel sitzen. Der nächste Schritt besteht darin, eine tatsächliche Bewußtheit dieser Entspannung zu gewinnen.

Die Bewußtheit Ihrer körperlichen Entspannung ist etwas anderes als das Entspanntsein selbst. Diese Bewußtheit wird der folgende Schritt auf Ihrem Weg zur inneren Ruhe durch Mental-Ataraxie sein. Ich bin Australier und sehe während der Sommermonate Zehntausende meiner Landsleute beim Sonnenbaden an den Küsten. Sie liegen da mit braungebrannten Körpern und tanken die Sonne. Viele von ihnen haben dabei einen völlig entspannten Körper. Innerlich fühlen sie sich dann schläfrig, leicht und wohlig. Doch sie besitzen keine Bewußtheit davon, wodurch sie die Körperentspannung nicht so erfahren, wie es die Mental-Ataraxie anstrebt. Dieser Unterschied ist leicht zu verstehen, wenn man ihn erfährt, doch er läßt sich nur schwer erklären. Es gibt keine wirklich zutreffenden Worte oder Ausdrücke, die uns dabei helfen könnten. Deshalb müssen wir uns nun damit etwas ausführlicher beschäftigen.

Die Körperentspannung ist zunächst ein rein körperlicher Zustand. Die sonnenbadenden Menschen erreichen ihn, fast jeder erreicht ihn unmittelbar vor dem Einschlafen nachts im Bett. Viele kommen durch die Hilfe einer guten Massage soweit. Sie selbst haben gerade gelernt, diesen Zustand zu erreichen, wenn Sie in Ihrem Lehnsessel sitzen. Nun müssen Sie einen Schritt weitergehen.

Die tatsächliche Bewußtheit der Körperentspannung ist mehr als das bloße Wissen: »Ich bin entspannt.« Dennoch ist dieses Wissen eine wesentliche Stufe Ihres Übens. Darauf haben Sie sich schon vorbereitet, als Sie zuvor das An- und Entspannen der Muskelgruppen probierten. Sie haben sich so bereits ein Wissen um den jeweiligen Spannungszustand Ihrer Muskeln erworben. Dann sind Sie vom Üben mit den einzelnen Muskelgruppen zu einer ganzheitlichen Entspannung des Körpers fortgeschritten. Dadurch haben Sie ein Wissen um den Spannungszustand des ganzen Körpers gewonnen.

Doch diese Art des Wissens um Ihren Körper ist eine Funktion des Verstandes. Es gehört zu jener Gruppe geistiger Aktivitäten, mittels derer Sie alle wichtigen und unwichtigen Aspekte der Sie umgebenden Wirklichkeit einordnen. Sie sollten ihr Inneres jetzt dazu bewegen, darüber noch hinauszugehen. Dabei fordert die Mental-Ataraxie keinesfalls, daß Sie sich nun nicht mehr mit der normalen Wirklichkeit auseinandersetzen sollen. Ganz im Gegenteil: Die gewöhnliche Wirklichkeit wird Ihnen in einem vollends neuen und klareren Licht erscheinen, wenn Sie deren Grenzen überschreiten.

Ihr nächstes Ziel ist deshalb das Erfahren Ihrer Körperentspannung, auf eine Weise, die über das bloße Verstandeswissen hinausgeht.

Wenn Sie die Entspannung Ihres Körpers empfinden, ist dies ein erster Schritt zur tatsächlichen Bewußtheit. Zunächst müssen Sie zwischen bloßem *Wissen* und *Empfinden* unterscheiden lernen. Das erste ist eine Funktion des *Verstandes*, während das zweite der *Wahrnehmung* zugehört.

Wenn Sie ab jetzt übend in Ihrem Sessel sitzen, führen Sie keinerlei willentliche Bewegungen mehr aus. *Empfinden* Sie lediglich die völlige Entspannung! Lassen Sie sich in Ihrem Empfinden von der ganzheitlichen Entspannung fast überwältigen! Ihre Stirn soll sich von selbst glätten, und Sie haben das Gefühl, ganz locker in Ihrem Sessel zu versinken. Doch da ist *nur das Empfinden* unsagbar tiefer Entspannung. Ihr Kopf liegt zur gleichen Zeit gerade an der Rücklehne des Sessels; er fällt weder nach vorne noch zur Seite. Ihr Inneres gibt sich währenddessen vollends dem Empfinden tiefster Entspannung hin.

Wenn es um Entspannung geht, können Sie leicht Wissen und Bewußtheit verwechseln. Aus echtem Empfinden entspringt die Bewußtheit der Entspannung. Es ist seltsam, aber es stimmt: Fast jeden Tag höre ich von einem meiner Patienten folgende Worte: »Aber ich weiß, daß ich entspannt bin. Ich kann doch empfinden, wie entspannt ich bin.« Zu gleicher Zeit ist es für mich jedoch offensichtlich, daß er in keiner Weise entspannt ist, was mir dann auch ein Test mit dem Arm des Patienten beweist. Unser Unterscheidungsvermögen bezüglich *Wissen* und *Empfinden* gründet sich auf unsere vergangenen Erfahrungen im bisherigen Leben. Wenn Sie nun, was in der Regel der Fall sein dürfte, seit vielen Jahren gewohnt sind, mit Spannungszuständen zu leben, fehlt Ihnen einfach die Fähigkeit zwischen bloßem Wissen über Entspannung und dem tatsächlichen Empfinden zu unterscheiden. Doch nur dem wirklichen Empfinden kann die Bewußtheit der Entspannung entspringen.

Leider erkennen die meisten Menschen nicht, daß sie freiwillig ein sehr trauriges Leben führen, welches sie durch etwas richtige Anleitung erheblich verbessern könnten. Für den Augenblick sollten Sie für sich selbst sicherstellen, ob Sie lediglich ein Wissen von Ihrer Entspannung haben oder ob es zu echten Empfindungen dieses Zustandes kommt.

Glauben Sie nur zu wissen, daß Sie entspannt sind? Oder sind Sie es tatsächlich? Sie können dies testen, indem Sie einen Freund bitten, Ihren Arm anzuheben und dann wieder loszulassen. Sie sitzen hierzu wieder in Ihrem Lehnsessel. Die Arme ruhen auf den Seitenlehnen. Ihr Freund ergreift nun einen Unterarm und hebt diesen ein paar Zentimeter in die Höhe. Dann läßt er ihn plötzlich wieder los. Wenn Sie tatsächlich entspannt sind, fällt Ihr Arm unverzüglich und schwer nieder. Wenn Sie nicht völlig entspannt sind, verhindert die verbliebene Muskelspannung, daß Ihr Arm sogleich schwer niedersinkt. Statt dessen fällt er langsamer als er sollte. Auch wird vermutlich, wenn der Arm losgelassen ist, für den Bruchteil einer Sekunde ein Zögern erkennbar sein, bevor der Arm tatsächlich fällt. Dies kommt daher, daß nervöse Menschen dazu neigen, ihre Glieder in einem solchen Falle in der bestehenden Lage zu verkrampfen. Schon beim Heben des Armes könnte Ihr Freund Ihnen verraten, ob Sie verkrampft oder entspannt sind. Wenn Sie wirklich entspannt sind, wird er das Eigengewicht Ihres Armes zu heben haben, doch solange noch Spannung in Ihren Muskeln ist, wird diese ungewollt dem Heben des

Armes nachhelfen, was Ihr Freund an einem entsprechenden Gewichtsverlust feststellen kann.

Auch wenn Ihnen hierfür kein Freund zur Verfügung steht, können Sie sich selbst auf ähnliche Weise prüfen. Doch ist das Verfahren dann etwas schwieriger. Sie versuchen dabei zunächst, sich so gut wie möglich zu entspannen. Während Sie die volle Entspannung beibehalten, heben Sie mit Ihrer einen Hand den anderen Arm an. Der gehobene Arm sollte dabei völlig entspannt und passiv bleiben. Sie beobachten die Schwere des Armes während des Hebens. Dann lassen Sie ihn plötzlich los, damit er mit seinem ganzen Gewicht zurückfallen kann. Nach meiner Erfahrung ist es dabei günstig, den Arm anzuheben, indem man mit dem Zeigefinger der aktiven Hand in den Ärmel des passiven Gliedes fährt. Auf diese Weise können Sie das passive Glied nach oben ziehen. Dann fahren Sie mit dem Finger aus dem Ärmel. Dadurch kommt es sicher zu einem plötzlichen Loslassen des Armes, wodurch Sie ein eventuelles Zögern vor dem Fall leichter beobachten können.

Empfinden und Bewußtheit der Entspannung sind notwendige Stufen Ihrer Übungspraxis. Doch wenn dies erreicht ist, können Sie auch diese Stufen hinter sich lassen. Dies ist wieder ein Beispiel dafür, daß die Mental-Ataraxie ein Weg fortschreitender einfacher Erfahrungen ist. Hat eine Erfahrung ihren Sinn dabei erfüllt, wird sie durch eine bessere ersetzt. Kein Gipfel kann erreicht werden, wenn man nicht zuvor die anfänglichen Steigungen nimmt. Doch wenn Sie auf die Dauer mit dem Empfinden und der Bewußtheit einer Entspannung zufrieden sind, werden Sie nicht zur größeren Erfahrung innerer Ruhe gelangen.

Es besteht ein Unterschied zwischen der Bewußtheit körperlicher Entspannung und umfassender innerer Entspannung. Hier handelt es sich um zwei verschiedene Erfahrungen. Sie haben nun gelernt, die Entspannung Ihrer Muskeln zu empfinden. Es ist dies das Empfinden oder die Wahrnehmung einer rein körperlichen Entspannung. Hiervon ausgehend können Sie die nächste Stufe erklimmen: Die umfassende innere Entspannung.

Dabei soll sich nicht nur Ihr Körper entspannen, vielmehr wird hier

Ihr gesamtes inneres Wesen in diesen Vorgang einbezogen. Wenn Ihnen dieses umfassende Einbeziehen des Inneren gelingt, sind Sie der eigentlichen Mental-Ataraxie einen Schritt näher gekommen. Es geht hier nicht mehr bloß um die Muskeln Ihres Körpers. Unterschiede zwischen dem Körper und Ihrem eigentlichen Wesen spielen nun keine Rolle mehr. Sie empfinden sich nun als Ganzheit. Entspannung wird auf dieser Stufe zu einer alles einschließenden Erfahrung, die Ihr gesamtes Dasein erfaßt.

Die umfassende innere Entspannung ist tiefgründiger als das Empfinden oder die Bewußtheit körperlichen Entspanntseins. Wenn Sie sich körperlicher Entspannung bewußt sind, setzt diese Bewußtheit zwei Wesensaspekte voraus: Auf der einen Seite steht Ihr wahrnehmendes Inneres, auf der anderen Seite die wahrgenommene Entspannung. Auch das Empfinden der Entspannung erleben Sie durch diese beiden Aspekte.

Es wäre nun naheliegend, wenn Sie meinen, auch bei der Erfahrung der *umfassenden inneren Entspannung* müßte es so sein: Auf der einen Seite stünde der erfahrbare Zustand, auf der anderen Seite Ihr Inneres, das diese Erfahrung macht. Doch dem ist nicht so! Es vollzieht sich in dieser Erfahrung etwas, das sich durch Worte nicht mehr beschreiben läßt: Die vorhergehenden Gegensätze werden aufgehoben. Die zwei verschiedenen Aspekte hören auf, verschieden zu sein. Es gibt jetzt nur noch eine Ganzheit: Die Erfahrung, Ihr Wesen und das Entspannen sind im Bewußtsein nicht mehr voneinander unterschieden.

4. Kapitel

Die Entspannung des Geistes

Sie haben nun, während Sie in Ihrem Lehnsessel saßen, die körperliche Entspannung verwirklicht. Dabei haben Sie nicht nur das Empfinden und die Bewußtheit dieser Entspannung erlebt, sondern Sie haben diese sogar als Teil Ihres Wesens gesehen. Entspannung ist nun ein untrennbares Stück Ihres Lebens. Die nächste Stufe soll die Entspannung Ihres Geistes betreffen.

Sie können sehr entspannt sein, ohne jedoch wirklich daran teilzuhaben. Die Körperentspannung ist in solchen Fällen zwar echt, doch bleibt der Geist wachsam gespannt. Dieser Zustand entspringt innerer Ängstlichkeit. Sie fühlen, daß es nicht gefährlich ist, sich zu entspannen. Doch wollen Sie sich dabei vorbehalten, in Sekundenbruchteilen wieder ganz wach zu sein. Selbstverständlich können Sie auf diese Weise den Zustand der Mental-Ataraxie nicht erreichen. In meiner ärztlichen Praxis erkenne ich solche Fälle, wenn ich die Teilnehmer einer Gruppensitzung am Ende auffordere, ihre Augen wieder zu öffnen. Jene, die auch mit ihrem Inneren völlig in der Entspannung waren, schlagen die Augenlider ganz langsam auf. Ist ein Teilnehmer jedoch geistig gespannt und wachsam geblieben, öffnet er die Augen unverzüglich, sobald ich die entsprechende Anweisung gebe.

Die Erfahrung umfassender innerer Entspannung führt auch zu einer Entspannung des Geistes. Nur die Bewußtheit Ihrer körperlichen Entspannung führt noch nicht zu einer geistigen Erholung. Wenn Ihr Geist der körperlichen Entspannung gegenüber eine beobachtende Stellung bezieht, dann wird er sich aus dieser wachsamen Haltung heraus auch völlig anderen äußeren Objekten zuwenden.

Erst wenn auch der Geist die Entspannung des Körpers vollends mitvollzieht, wird er sich nicht mehr anderweitig ablenken.

Geistige Entspannung muß nicht alleine von körperlichem Wohlgefühl abhängig sein. Wenn unser Körper sich entspannt, kommt es zu einem angenehmen Gefühl der Bequemlichkeit. Sie erfahren dieses stets vor dem Einschlafen im Bett. Kurz bevor Sie der Schlaf überkommt, ist Ihr Geist wirklich entspannt. Doch die Art der geistigen Entspannung, die Sie jetzt verwirklichen sollen, geht über ein solches Gefühl weit hinaus. Körperliche Entspannung und daraus folgende Bequemlichkeit ist nur eine Station auf dem Weg zur noch umfassenderen, tieferen und vollständigeren Entspannung Ihres Geistes. Wenn Sie diese erst einmal verwirklicht haben, werden Sie keine äußeren Annehmlichkeiten mehr nötig haben, um sich wohlzufühlen. Wahre geistige Entspannung ist davon gänzlich unabhängig.

Die Entspannung Ihres Geistes hat nichts mit Schläfrigkeit zu tun! Wenn Sie in der Nacht der Schlaf überkommen möchte, sind Sie sich zuvor einer gewissen Schläfrigkeit bewußt, die den Geist in einen bestimmten Entspannungszustand bringt. Dadurch wird schließlich das Einschlafen ausgelöst. In der Mental-Ataraxie jedoch ist Ihr Geist vollständig entspannt, obwohl er keineswegs müde oder schläfrig wird. Auf der anderen Seite bleibt er gänzlich ruhig und leer von Gedanken.

Anfänger vermuten manchmal, daß ein ruhiger und leerer Geist entweder im Schlaf oder unbewußt sein müßte. Doch das stimmt nicht. Da gibt es noch den ganz anderen Zustand: Das tiefe Loslassen des meditierenden Geistes. Ein unbewußter Mensch erfährt gar nichts. Im Schlaf macht das Bewußtsein keine Erfahrungen bis auf die verzerrten Wahrnehmungen des Traumes. Im inneren Loslassen der Meditation erfahren Sie die Stille. Dieses Erleben ist eine sehr einfache und ursprüngliche Funktion Ihres Geistes, die nicht dem Bewußtsein des begrifflichen Denkens entspricht.

Viele Leute erklären mir nach dem ersten Ablauf: »Ich kann meinen Körper sehr gut entspannen, doch mein Geist bleibt einfach unbeteiligt.« Wie sooft, erwartet auch mancher hier zu viel in zu kurzer Zeit. Verfallen Sie nicht auch diesem Irrtum! Zwar ist die Mental-Ataraxie keine schwierige Angelegenheit, die erst nach monatelanger Anstrengung gelingt. Doch es ist trotzdem unangebracht, schon sofort nach dem ersten Versuch gigantische Resultate zu erwarten.

Es gibt da noch einen anderen Irrtum: Manchem gelingt die Entspannung des Körpers sehr leicht. Grundsätzlich ist das positiv. Doch es erweist sich dann als schlecht, wenn man nun glaubt, daß so rasch schon alles gewonnen wäre. Man begnügt sich dann vielleicht mit dem ersten leisen Anklang innerer Stille oder glaubt, alles Weitere nicht mehr nötig zu haben. Versuchen Sie nicht zu rennen, bevor Sie laufen gelernt haben! Nehmen Sie regelmäßig übend Stufe um Stufe! So wird ein Fortschritt in der Mental-Ataraxie tatsächlich möglich sein.

Ihre Muskeln »entspannen« sich wirklich. Im Falle des Geistes ist »Entspannung« nur ein symbolischer Ausdruck. Körperlich betrachtet gibt es weniger Spannung in einer entspannten Muskelfaser. Doch es existiert kein entsprechendes Entspannen der Nervenzellen Ihres Gehirns. Ihre inneren Spannungen sind vielmehr die zahlreichen Angstzustände des Geistes. Entspannung des Geistes bedeutet also Abbau von Ängsten. Fast jedermann trägt mehr unbegründete als berechtigte Ängste in sich. Ihre Möglichkeit, diese zu vermindern, öffnet Ihnen das Tor zur Entspannung des Geistes. Dies ist das besondere Anliegen der Mental-Ataraxie.

Ihr Geist kann gemeinsam mit dem Körper vollkommene Entspannung erfahren. Dies wird durch das wahrhafte *Erleben* der Entspannung möglich. Sie sollen nicht nur wissen oder empfinden, daß Sie nun entspannt sind, Sie sollen sich dessen nicht nur bewußt sein, Sie sollen es *erleben!* Sobald dieses echte Erleben erreicht ist, kann sich der Geist gemeinsam mit dem Körper in einem ganzheitlichen Prozeß entspannen.

Einige Meditationssysteme verlangen intensive Konzentration des Geistes. Doch die Mental-Ataraxie kennt keinerlei Anstrengung. Zwingen Sie sich zu nichts! Treiben Sie sich nicht selbst an! Nötigen Sie sich nicht! Versuchen Sie auch nicht angestrengt, ohne Anstrengung zu bleiben! Suchen Sie beim Üben nicht nach etwas Bestimmtem! Alles ist schon da. Sie werden es erfahren, wenn Sie jeden inneren Zwang beiseite lassen. Es ist ganz einfach. Unsagbar leicht. Und es ist einfach wunderbar.

Es ist wesentlich für die Mental-Ataraxie, wirklich ohne Anstrengung zu üben. Mancher begeht den Fehler, beim Üben den Gedanken festzuhalten, daß man sich jetzt nicht anstrengen darf. Doch alleine schon dieser Gedanke läßt eine wirkliche Freiheit von Anstrengung nicht zu. In diesem Gedanken kommt ein Streben zum Ausdruck, und Streben macht die Freiheit von Anstrengung unmöglich. Bitte denken Sie nicht, dies wären bloße Worte. Durch eigenes Üben werden Sie selbst erfahren, worum es hier geht.

Die Freiheit von Anstrengung und Zwängen führt Sie zur inneren Geistesruhe. Diese grundlegende Wahrheit ist offensichtlich, auch wenn ihr manche Autoren und Meditationslehrer gerne ausweichen möchten. Solange Sie sich innerlich abmühen oder zum Konzentrieren zwingen, kann sich keine Geistesruhe einstellen. Das Freisein von Anstrengung ist der Pfad zur wahren Natur Ihres Geistes, auf dem sich die innere Ruhe leicht einfinden kann.

Durch die Anstrengungsfreiheit der Mental-Ataraxie gewöhnen Sie sich eine natürliche Leichtigkeit an. Ihre hier geübte Freiheit von Anstrengungen wird einen Lernprozeß von großer Bedeutung einleiten. Tatsächlich tun Sie ja jetzt etwas, das man sich sehr schwermachen könnte, auf sehr leichte Weise. Diese Haltung soll mit der Zeit vorbildlich für Ihren Alltag werden. Auch im täglichen Leben könnten Sie viele Dinge, die Sie sich heute unnötig schwermachen, besser durch eine natürliche Leichtigkeit meistern.

Die Freiheit von Anstrengung wird in der Mental-Ataraxie als etwas wahrhaft Wunderbares erfahren. Der Grund dafür ist, daß hierdurch das Tor zu einer neuen Dimension menschlichen Erlebens aufgestoßen wird, was zu einer Konfrontation mit bisher Unbekanntem führt. Seit Ihrer Schulzeit hat man Ihnen beigebracht, um das, was Sie sich wünschen, zu kämpfen. Ihr ganzes Leben ist so zu einer einzigen Anstrengung geworden. Doch hier stehen Sie erstmals vor etwas sehr Wichtigem, das ausschließlich ohne Anstrengung erreicht werden kann. Welch gewaltiger Unterschied! Und das gleiche Prinzip der Anstrengungsfreiheit könnten Sie auf zahllose weitere Belange des

Lebens anwenden. Wenn Ihr Geist einmal geschmeidig geworden ist, brauchen Sie nur noch das zu tun, was wirklich getan werden muß. Und dies ohne jeden Zwang! Auf diese Weise kann die Mental-Ataraxie Ihrem Leben eine neue Dimension der Leichtigkeit und Freiheit schenken.

Sie können immer nur rückblickend feststellen, ob Ihr Geist tatsächlich entspannt war. Vielleicht merken Sie manchmal, daß Sie sich während der Übung fragen: »Ist mein Geist jetzt entspannt?« Wenn das vorkommt, ist natürlich kein Entspannungszustand eingetreten. Die Tatsache einer solchen Frage zeigt, daß in Ihnen der kritische Verstand arbeitet, wodurch eine Entspannung unmöglich wird. Erst dann, wenn Sie nach einer meditativen Erfahrung wieder zur Wahrnehmung Ihrer Umgebung gelangen, kann auch Ihr denkender Verstand wissen, ob Sie zuvor eine geistige Entspannung erreichten.

Sie sollten es während der Übung vermeiden, Ihren Geist zu analysieren. Zu Beginn Ihrer Erfahrungen wird der Geist zwischen Momenten vollkommener Entspannung und relativ wachen Zuständen hin und her pendeln. In den wachen Augenblicken wird eine kritische Analyse der gegenwärtigen Situation Ihres Geistes nicht dabei helfen, den verlorenen Entspannungszustand zurückzugewinnen. Wahrscheinlich wird der Gedanke auftauchen: »Ich muß diese Entspannung wieder erreichen!« Doch dieses Streben nach Entspannung verhindert natürlich ihre Verwirklichung. Üben Sie frei von jeder Anstrengung! Erinnern Sie sich stets an diesen Grundsatz.

Die jeweiligen Erfolge Ihrer einzelnen Übungsperioden werden sich unterscheiden. Einmal gelingt die Entspannung besser, dann wird es wieder schwieriger sein. Gewöhnlich kommt das daher, daß man den einmal erlangten Übungserfolg nun unbedingt wiederholen möchte. Doch hierdurch werden Anstrengung und Bemühen in die Übung eingebracht, was den gewünschten Erfolg ausschließt.

Der Schlüssel zur Entspannung des Geistes ist die vollkommene Verwirklichung der Körperentspannung. Es ist die Vollkommenheit dieser Erfahrung, die hier alles bedeutet. Die Entspanntheit des Körpers soll dabei auf das gesamte Wesen übergehen.

Wenn der Entspannungszustand alle Aspekte der Persönlichkeit umfaßt, ist auch der Geist in diesen Vorgang eingeschlossen. Das muß selbstverständlich so sein. Sie werden selbst erfahren, daß dies stimmt, wenn mit Ihrer umfassenden Entspannung auch der Geist sich lockert.

Dabei gehen Sie so vor, daß Sie dem Entspannungszustand erlauben, sich über Ihren Körper hinaus auf alle Aspekte Ihres Wesens auszudehnen, bis Sie ganz davon eingenommen werden. Es handelt sich dabei dann um weit mehr als nur um einen körperlichen Vorgang. Eine innere Ruhe und Leichtigkeit wird alles durchdringen, Ihre Gedanken, Ihre Gefühle, Ihr ganzes Wesen. Dies wird sich ganz natürlich aus dem Empfinden der Körperentspannung entwickeln. Sie brauchen dieser Erfahrung nur zu gestatten, vollständiger und umfassender zu werden. Dann verschwinden alle störenden Gedanken, Sie lassen gewöhnliche Gefühle hinter sich und Ihr Geist ist entspannt wie Ihr ganzes Wesen.

Diese Entspannung des Geistes wird erreicht, wenn Sie lernen, sich bei der Körperentspannung innerlich loszulassen. Bei diesem Loslassen geht es darum, innerlich in völliger Freiheit am Prozeß der Körperentspannung teilzunehmen. Dieser Prozeß wird sich dann einfach und natürlich vom Körper auf Ihr ganzes Wesen und damit auch den Geist ausdehnen. Wenn Sie das ohne innere Anstrengung einfach geschehen lassen, kann die Erfahrung Ihrer Entspannung ein wahrhaft schrankenloses Erleben sein.

Dadurch werden Sie schließlich zu einer tiefen inneren Wesensruhe gelangen. Auch diese ist eine Frucht des Loslassens. Auf ganz natürliche Weise erschließt sich Ihnen eine innere Stille, die Ihr ganzes Wesen durchdringt. Diese Erfahrung ist ein Aspekt der Entspannung des Geistes.

Verschiedene Menschen beschreiben dieses Erlebnis auf unterschiedliche Weise: »... eine Stille ohne jeden Zwang.« »Es war großartig, ich war ganz bewußt und dabei vollständig entspannt.« »Eine Ruhe des Geistes, die ich nie zuvor erlebte.« »Es war, als hätte ich zu einer neuen erholsamen Ruhe gefunden, einem erfrischenden Teich der Ruhe.« »... etwas von dieser Ruhe ist in mir geblieben.« »Diese angenehme Ruhe gehört jetzt zu mir.« »Es ist unglaublich, wie beruhigt ich mich fühle.«

Zu Beginn des Übens wird der Grad der Entspannung Ihres Geistes schwanken. Vollständige Entspannungsphasen und Augenblicke, in welchen der Geist sehr wachsam und gespannt ist, werden einander abwechseln. Der Grad Ihrer Entspannung wird ab- und zunehmen. Aber lassen Sie sich durch diese Schwankungen nicht stören! Mit zunehmender Übung werden die Erfahrungen der inneren Ruhe von längerer Dauer sein, und grobe Schwankungen verschwinden schließlich.

Beim Anfänger können während des Übens plötzliche Angstzustände auftreten. Lassen Sie sich davon nicht verunsichern! Es handelt sich hierbei lediglich um vorübergehende Angstreaktionen. Ihr Geist hat sich aus Gründen der Selbstbehauptung angewöhnt, stets wachsam zu sein. Wenn sich Ihr Geist nun allmählich übend an die Entspannung wagt, kann er plötzlich bemerken, daß er nicht wie gewohnt über Ihr Wesen wacht. Dann wird er sich rasch zur vollen Bewußtheit rufen, um seine Wächterfunktion zu erfüllen. Wenn eine solche Störung in Ihrem Üben auftritt, dann fahren Sie einfach ruhig weiter, indem Sie sich sagen, daß diese Schwierigkeit bald verschwinden wird, wenn sich Ihr Geist an den Entspannungszustand gewöhnt hat.

Sie haben die Entspannung Ihres Körpers auf Ihren Geist ausgedehnt, indem Sie diese zu einer umfassenden Erfahrung werden ließen. Jetzt können Sie diesen Vorgang durch das Erlebnis Ihrer inneren Stille intensivieren. Durch meine zahlreichen Gespräche mit Patienten weiß ich, daß nur sehr wenige Menschen diese Möglichkeit einer inneren Geistesruhe kennen. Viele Menschen wissen zudem nichts über die Erleichterungen einer vollkommenen körperlichen Entspannung. Schon diese rein körperliche Erfahrung ist für sie eine erfreuliche Entdeckung, und sie sind hoch erfreut, wenn ihnen die Verwirklichung gelingt. Doch für Sie ist es *jetzt* an der Zeit, eine noch umfassendere Erfahrung zu machen: *Dabei geht es nicht nur um den Körper, auch der Geist ist vollständig einbezogen.*

Die natürliche Ruhe in Ihrem Inneren unterscheidet sich von der Schläfrigkeit. Natürliche Ruhe zeigt sich in leichtem und geschmeidigem Funktionieren Ihres Körpers und Geistes. Dies mag sehr nüchtern klingen. Nur wenige Menschen erfahren, was ein geschmeidiges Funktionieren körperlicher und geistiger Vorgänge bedeutet. Doch wenn Sie es verwirklichen, lernen Sie damit ein Erlebnis höchster Art kennen, das weit über die möglichen Erfahrungen des täglichen Lebens hinausgeht. Viele Menschen, die ich in die Mental-Ataraxie einführen durfte, haben mir bestätigt, wie wunderbar diese Erfahrung ist. Dabei konnte ich von ihren Gesichtern ablesen, daß diese Menschen wahrhaftig erstmals die tiefe innere Ruhe ihres Wesens verwirklicht hatten.

Auch Sie können sich Ihrer inneren Stille bewußt werden, wenn Ihr Geist völlig frei von Ängsten geworden ist. Genau dies wollen Sie durch die Mental-Ataraxie bewirken. Das Empfinden dieser Stille ähnelt dann jenem der Körperentspannung, wenn alle Härte aus den Muskeln gewichen ist. Doch ist es umfassender, weil es auch den Geist einbezieht.

Obwohl die innere Ruhe erst durch den völligen Abbau der Ängste umfassend verwirklicht wird, kann sie doch auf förderliche Weise schon im Ansatz erlebt werden, wenn Sie während der Übung innerlich loslassen. In welchem Umfang Ihnen die körperliche Entspannung am Anfang auch gelingen mag, versuchen Sie, sich während des Übens innerlich völlig loszulassen. Auch dann, wenn die Körperentspannung nur in ganz bestimmten Bereichen auftritt, geben Sie sich dem damit verbundenen Empfinden vollständig hin. Begleiten Sie dann mit Ihrem Geist die Entspannung der entsprechenden Muskeln. Auf diese Weise werden Sie bereits einen Vorgeschmack der großartigen inneren Stille erleben. Dieses innere Gehenlassen fördert das endgültige Entfalten jener tiefen Wesensruhe.

Was Sie vielleicht zunächst noch getrennt als Entspannung Ihres Körpers und Ihres Geistes erfahren, wird sich bald zu einem ganzheitlichen Erleben Ihres Wesens zusammenschließen. Durch das innere Loslassen verschwinden für Ihr Empfinden die vormaligen Grenzen zwischen körperlichem und geistigem Erfahren. Dadurch bricht die sichere Gewißheit einer tiefen inneren Einheit auf, von welcher Körperliches und Geistiges nur unterschiedliche Aspekte sind. Die Entspannung des Körpers und des Geistes führen somit zu einer angenehmen Beruhigung und Erleichterung für das gesamte Wesen. Immer dann, wenn es Ihnen gelingt, sich vollständig loszulassen, können Sie die tiefe Wirklichkeit der inneren Wesensruhe erfahren.

In der Mental-Ataraxie sind Sie einfach das, was Sie sind. Es ist dies tatsächlich die einfachste und ursprünglichste Tätigkeit des menschlichen Körpers und Geistes: Sie sind einfach das, was Sie sind, ohne Zutaten, in aller Natürlichkeit. Dabei tun Sie nichts, Sie wollen auch in diesem Augenblick nicht irgend etwas sein oder werden. Sie machen eine ursprüngliche und unmittelbare Erfahrung Ihres eigenen Daseins. *Sie sind einfach nur da.* Natürlich sind auch unbelebte Gegenstände einfach nur da, doch können diese im Gegensatz zu Ihnen ihr Dasein nicht erfahren. Wenn Sie Ihr bloßes Dasein erleben, wird diese Erfahrung auch Ihre gesamte nähere und weitere Umgebung einschließen. Solche Augenblicke einfachen Daseins kennen Sie vielleicht aus Traumzuständen, Momenten tiefer Erholung und Situationen, in welchen der Schlaf über Sie kommt. Doch sobald Sie in solchen Augenblicken beginnen, über diese Erfahrung nachzudenken, verschwindet sie auch schon.

Das Erlebnis, einfach nur da zu sein, ist ein Zustand ohne jede Abwehrhaltung. Aus diesem Grunde können unbewußte Reaktionen, welche äußere Gefahren abwehren sollen, diese Erfahrung hindern. Wenn Sie zu Beginn Ihres Übens das Erlebnis des bloßen Daseins anstreben, werden Sie häufig bemerken, wie Sie entgegen Ihrem bewußten Wunsch innerlich aufgeregt und wachsam bleiben. Hierin zeigt sich eine unbewußte Schutzreaktion, die unterschiedliche Ausdrucksformen annehmen kann. Der Geist mag plötzlich ungewöhnlich rege werden und Gedanken aller Art produzieren. Oder aber Sie fühlen sich auf unbestimmte Weise unruhig: Sie fühlen sich dann unangenehm, obwohl Sie ganz genau wissen, daß Sie sich alles ganz bequem eingerichtet haben. Diese Unruhe läßt Ihren Geist wachsam auf der Lauer liegen. Er fürchtet nicht vorhandene Gefahren, wodurch die Erfahrung des bloßen Daseins verhindert wird. Wenn Sie bei der Übung mit dieser Schwierigkeit zu kämpfen haben, sollten Sie sich ganz ruhig sagen, daß mangelnde Wachsamkeit zwar im täglichen Leben zu zahlreichen unvorhersehbaren Gefährdungen führen wird, jedoch im Loslassen der meditativen Übung keinerlei Risiken liegen.

Je weniger ängstlich Sie sind, um so geringer werden Ihre Hemmungen sein, sich in der Übung wahrhaft loszulassen. Die Angst dagegen aktiviert alle Ihre natürlichen inneren Abwehrreaktionen. Alles, was Ihre Angst abbaut, trägt dazu bei, der wunderbaren Erfahrungen des bloßen Daseins näherzukommen.

Es kann dem Anfänger leicht passieren, daß er gerade dann, wenn die innere Ruhe der Meditation einsetzt, durch ein ruckartiges Muskelzucken des ganzen Körpers in die äußere Wirklichkeit zurückgerufen wird. Auch dies ist eine Schutzreaktion. Wer die meiste Zeit seines Lebens körperlich verspannt war, wird an diesem gewohnten Zustand festhalten wollen. Auf diese Weise glaubt er, sich fest im Griff zu haben. Diese Spannung wird unbewußt aufrechterhalten, um jeden Angstzustand, der innere Unruhe verursachen könnte, abzuwehren. Wenn ein solcher Mensch mit der Meditation beginnt, wird er plötzlich das Gefühl haben, daß er sich nun nicht mehr im Griff behalten kann. Sofort wird der Geist überall Gefahren wittern und durch das plötzliche Muskelzucken veranlassen, daß wieder volle Wachsamkeit eintritt.

Dieses plötzliche Muskelzucken am ganzen Körper ist nicht sehr verbreitet. Doch wenn es bei Ihnen auftritt, dann fürchten Sie sich nicht, denn es ist gänzlich ungefährlich. Nach einiger Erfahrung mit der Meditationsübung wird Ihr Geist gelernt haben, daß im inneren Loslassen keinerlei Gefahren lauern.

Zuweilen kann der Anfänger auch von Angstgefühlen plötzlich übermannt werden, wenn die innere Ruhe gerade am Eintreten war. Hierdurch kommt das Meditieren zu einem unmittelbaren Ende. Auch dies ist ein Ausdruck unbewußter Schutzmechanismen, der mit zunehmender Meditationspraxis verschwinden wird.

Vor einiger Zeit tauchten solche Angstgefühle bei einem meiner Patienten, einem Geschäftsmann, plötzlich während der Übung auf. Dieser Mann war seit erdenklicher Zeit immer nur verspannt gewesen, und die beruhigenden Medikamente, die er schon jahrelang nahm, konnten ihm nicht oder nur wenig helfen. Während der zweiten Sitzung bei mir wurde er ganz weiß und begann übermäßig zu schwitzen. Danach berichtete er mir von einem plötzlichen Angstzustand. In der folgenden Sitzung hatte er nochmals einen kurzen und rasch vorübergehenden Angstanfall. Seither sind solche Ängste ausgeblieben. Dieser ehemalige Patient bezeichnet sich heute als vollkommen neuer Mensch, da seine drückende Angst von ihm genommen wurde.

Die Gegenwart eines Lehrers, dem Sie vertrauen, kann erheblich zum Abbau Ihrer Ängste beitragen. Wenn Sie in Gegenwart einer Vertrauensperson üben, werden Sie unbewußt deren Anwesenheit empfinden. Sie werden dann eine innere Sicherheit empfinden, denn Sie wissen, daß dieser Mensch während ihres Übens darüber wacht, daß äußerlich nichts geschieht. Über dieses Sicherheitsempfinden brauchen Sie dann während des Übens nicht eigens nachzudenken. Es ist einfach da. Weil viele Ängste dadurch schon von Beginn an vermindert werden, fällt es Ihnen so leichter, sich innerlich loszulassen. Doch auch ohne die Anwesenheit eines vertrauten Lehrers können Sie erfolgreich üben! Der Beweis hierfür sind Hunderte von Briefen, die mir Menschen aus aller Welt geschrieben haben, nachdem sich ihre Gesundheit und ihr Allgemeinbefinden erheblich verbesserte, nachdem sie die einfachen Übungen, die ich in meinem Buch *Relief Without Drugs* beschrieben habe, praktizierten.

Am Anfang kann Ihr Üben also durch unbewußte seelische Schutzmechanismen behindert werden. Vielleicht mag mancher Leser dies nicht glauben. Vielleicht sagen auch Sie sich: »Selbstverständlich kann ich das tun, was ich will!« Aber das stimmt natürlich nicht immer. Reaktionen auf der einen Ebene unseres Bewußtseins hindern uns daran, Dinge zu tun, die wir uns auf einer anderen Ebene wünschen. In unserem Falle erweist sich die Gegenreaktion als stärker. Die Willensebene unseres Bewußtseins wird von der tieferschichtigen urtümlichen Schutzreaktion zurückgehalten. Während zahlloser Generationen hat der Mensch gelernt, immer wachsam zu sein. Diese Tendenz hat sich im Menschen bis auf den heutigen Tag fortgepflanzt, denn jene, die nicht wachsam waren, konnten im Kampf ums Dasein nicht überleben. Es ist nun nicht möglich, diese Tendenz beiseite zu stellen, als wäre sie nicht vorhanden. Wenn Sie sich innerlich loslassen, so ist es ein unwachsames Verhalten. Ihrem unbewußten Schutzmechanismus erscheint das als gefährlich, und er wird Sie zurückhalten. So werden Sie bemerken, daß Sie sich nicht einfach gehenlassen können, obwohl Sie es sich doch wünschen.

Doch Sie können diese für die Meditation hinderlichen Schutzreaktionen umgehen. Das gelingt Ihnen durch wiederholtes Üben. Vertrautheit schafft stets ein Empfinden der Sicherheit. Jedes Mal, wenn Sie sich entspannen, wird Sie Ihr Unbewußtes etwas weiter freigeben. Schrittweise wird es bemerken, daß durch Ihr Meditieren keine Gefahr droht. Sie werden plötzlich bemerken, daß Sie sich nicht mehr selbst zurückhalten. Sie können sich jetzt während der Übung ganz loslassen.

Wer verspannt und ängstlich ist, wird sich am Anfang bei der Mental-Ataraxie eher gegen das Loslassen sträuben als ein selbstsicherer Mensch. Das ist erwartungsgemäß so. Je ängstlicher Sie sind, um so mehr Schutzreaktionen werden Sie in sich wachrufen. Hierdurch wachsen auch die Schwierigkeiten bei den Anfangsstufen der Mental-Ataraxie. Aber lassen Sie sich nicht entmutigen, wenn Sie auf diese Weise verspannt sind! Ein verspannter Mensch, der größere Anfangsschwierigkeiten hat, wird auch größere Anfangserfolge haben, denn seine Befreiung von der Spannung wird gleich als ein wesentlicher Schritt zu einem besseren Leben empfunden.

Das häufigste Hindernis für eine Entspannung des Geistes sind stets auftauchende ungewünschte Gedanken. Man kann mit dem Denken nicht willentlich aufhören. Die Gedanken lassen sich nicht abschalten. Stets bewegt der Geist in sich Dinge. Es können dies auch ganz alltägliche Fragen sein: Was haben wir im Büro zu erledigen? Was gibt es heute zum Abendessen? Wann sehen wir unsere Freundin wieder? Was müssen wir noch für die Kinder tun? Solange solche Gedanken auftauchen und weitergesponnen werden, ist es klar, daß es zu einer Entspannung des Geistes nicht kommen kann. Vielleicht versuchen auch Sie sich zu entspannen, indem Sie solche Gedanken verhindern wollen. Doch je mehr Sie sich darum bemühen, um so beharrlicher zeigen sich jene Gedanken. Vielleicht werden Sie dann enttäuscht und verärgert über sich, daß Ihnen diese einfache Sache nicht gelingt.

Es gibt zwei unterschiedliche Arten solcher ungewünschter Gedanken. Da sind einmal die realistischen Gedanken, die sich um tägliche

Probleme drehen. Diese drehen sich um sinnvolle Inhalte, und sie sind folgerichtig. Die andere Art von Gedankenfluß kann auftauchen, wenn unser Geist ungehemmt fließt. Er wandert dann von einem Inhalt zum anderen, wobei meist keine klare Verbindung zwischen den berührten Themen besteht. Wenn das während der Meditationsübung geschieht, wird es erst dann bemerkt, wenn der Gedankenfluß für einen kurzen Moment aufhört. Dann erst kann es dem Übenden bewußt werden, daß er mit seinen Gedanken in Alltagsproblemen verstrickt war oder sein Geist unkontrolliert von einem Thema zum nächsten sprang.

Sie sollten nicht zornig über sich selbst werden, wenn Sie diese unerwünschten Gedanken nicht zur Ruhe bringen können. Denken Sie daran, daß dies eine sehr verbreitete Schwierigkeit ist, die jeder Anfänger in den ersten Stadien der Meditation kennt. Selbst asiatische Mystiker wie Yogis und Zen-Mönche haben mir von derartigen Schwierigkeiten berichtet. Auch wenn Sie mit solchen Problemen im Augenblick konfrontiert sind, dürfen Sie sicher sein, daß diese mit etwas mehr Übungspraxis beim Erlernen der Mental-Ataraxie vergehen werden. Der wichtigste Punkt hierbei ist, daß Sie sich von diesen unerwünschten Gedanken nicht stören lassen sollten.

Sie können das ungewollte Nachdenken über Alltagsprobleme aufhören lassen, indem Sie einfach nur die Entspannungsvorgänge am Körper beobachten. Wenn in der Mental-Ataraxie die vollkommene Entspannung des Geistes gelingt, beachten Sie die Lockerung Ihrer Glieder nicht besonders. Alles ist Bestandteil eines umfassenden Entspannungsprozesses. Doch sobald Gedanken über alltägliche Probleme Ihren Geist nicht zur Ruhe kommen lassen, sollten Sie Ihre Aufmerksamkeit auf das Entspannen der Glieder lenken, wodurch für jene Gedanken kein Raum mehr bleiben wird. Versuchen Sie, das Entspannen der Arme, die auf den Seitenlehnen des Sessels liegen, zu empfinden. Diese sind so gelockert, daß Sie deren natürliches Gewicht spüren. Und diese Schwere wirkt entspannend.

Versuchen Sie auf die gleiche Weise das Gewicht Ihrer entspannten Beine zu spüren, das auf den Boden drückt. Spüren Sie auch die Entspannung Ihrer Gesichtsmuskeln. Auf diese Weise wird Ihr Geist völlig vom Empfinden der Entspannung eingenommen. Die störenden Gedanken können daher nicht auftreten.

Diese Möglichkeit, ungewolltes Nachdenken zu verhindern, ist höchst wirkungsvoll, denn sie führt in die richtige Richtung. Sie werden rasch feststellen, daß dieses Beobachten der Entspannung immer weniger notwendig wird, weil die Beharrlichkeit der störenden Gedanken merklich nachläßt. Schrittweise wird es Ihnen dann möglich sein, zunächst vom Beobachten körperlicher Entspannung zu einem ganzheitlichen Empfinden zu kommen, um schließlich die ungestörte Entspannung Ihres Geistes zu erfahren.

Wenn Ihr Geist ohne sinnvolle Linie von einem Gedanken zum nächsten springt, lassen Sie ihn einfach gewähren! Ihre innere Wesensruhe braucht dadurch nicht gestört zu werden. Dies wird durch die unkontrollierte Natur jener Gedanken ermöglicht. Es ist ein ähnlicher Vorgang wie bei Traum oder Tagtraum. Sie sollten die inneren Inhalte einfach fließen lassen, ohne sich darum zu kümmern. Wichtig ist dabei, daß Sie sich nicht über sich selbst ärgern, wenn Sie merken, wie in Ihnen solche inneren Vorgänge stattfinden, obwohl Sie doch eigentlich die vollkommene Stille erfahren wollten.

Wenn die Entspannung einmal wirklich bis in Ihren Geist vordringt, brauchen Sie sich keine Gedanken mehr über die Körperentspannung zu machen. Alle vorangegangenen Schritte, die zuvor besprochen wurden, sollten Ihrem Geist beibringen, wie er zur Entspannung finden kann. Sind diese Vorübungen einmal gemeistert, dann brauchen Sie nicht immer wiederholt zu werden. Sie wissen dann, worauf Sie hinauswollen, und Ihr Geist hat gelernt, wie er das erreichen kann. Wenn Sie dann in Zukunft Ihren Geist entspannen wollen, dann wird der Entspannungszustand leicht und einfach eintreten.

Wenn Körper und Geist ganz entspannt sind, dann hat der meditative Zustand Ihr ganzes Wesen erfaßt. Sie erfahren dann mit allen Teilen Ihrer Persönlichkeit die Wirkungen umfassender Entspannung. So gelockert wie die Muskeln sind auch die Gedanken und Gefühle. Es bleibt ein einziges Bewußtsein des Loslassens: Die Arme, die Beine, die Schultern, der ganze Körper ist nun gelöst. Es herrscht eine angenehme Gedankenstille. Auf diese Weise erleben Sie einen tiefen inneren Frieden, der auch Ihr ganzes Gefühl einnimmt.

Die Tatsache, daß nicht der Körper und der Geist jeweils für sich entspannt sind, sondern daß die Entspannung Ihr ganzes Wesen umfaßt, schenkt Ihnen ein Empfinden tiefer innerer Wesenseinheit. Dabei gibt es keine unterschiedlichen Teile mehr. Sie erfahren sich selbst als eine umfassende und ganzheitliche Persönlichkeit, wobei Sie nicht mehr analytisch verschiedene Aspekte getrennt betrachten wollen. Hierdurch läßt die Mental-Ataraxie all jene Systeme weit hinter sich, denen es nur um eine mechanische Entspannung verschiedener Muskeln und Körperteile geht.

Vor einer Gefahr muß ich Sie warnen: Glauben Sie nicht, daß die Mental-Ataraxie etwas Kompliziertes ist. Das Gegenteil trifft zu: Es handelt sich hierbei um eine äußerst einfache Angelegenheit. Nur die Bezeichnung, die wir diesem Übungssystem geben mußten, läßt es vielleicht kompliziert erscheinen. Nachdem ich dieses Kapitel gerade nochmals gelesen habe, erscheint mir diese Warnung nun angebracht. Bedenken Sie bitte: Die Erfahrung der Mental-Ataraxie ist wirklich äußerst einfach. Es ist nur schwierig, diese zu beschreiben. Es ist wie mit vielen Dingen des täglichen Lebens. Wie einfach ist für uns das Aufstehen am Morgen. Doch wollte man die anatomischen, physiologischen und neurologischen Vorgänge beschreiben, die beim Aufstehen eine Rolle spielen, müßte man damit ein sehr umfangreiches Buch füllen. Dennoch bleibt die menschliche Erfahrung des Aufstehens eine einfache Sache. Ähnlich verhält es sich bei der Mental-Ataraxie, für die jedoch im Gegensatz zum Aufstehen zunächst eine gewisse Anleitung notwendig ist.

5. Kapitel

Die Körperhaltung zur Mental-Ataraxie

In Ihrem Lehnsessel haben Sie inzwischen gelernt, Ihren Körper zur Entspannung zu bringen. Diesen gelösten Zustand haben Sie dann innerlich auf Ihr gesamtes Wesen ausgedehnt, wodurch es auch zu einem Entspannen des Geistes kam. Der nächste Schritt im Üben der Mental-Ataraxie besteht nun darin, daß Sie Ihr Inneres auch dann diese Entspannung erfahren lassen, wenn Sie sich in weniger angenehmen Körperhaltungen befinden.

Es gibt viele Gründe, weshalb Sie zum Üben der Mental-Ataraxie eine bestimmte Stellung einnehmen sollten. Sie haben mit Ihren Übungen in einem bequemen Sessel begonnen. Sicherlich erinnern Sie sich noch an meine diesbezüglichen Warnungen, daß Sie nicht in den Sessel sinken sollen. Ich betonte die Wichtigkeit einer ebenmäßigen Sitzhaltung und des aufrechten Kopfes. Daher kennen Sie bereits einige meiner grundlegenden Gedanken über die Körperhaltung. Es wird jetzt Zeit, den Lehnsessel zu verlassen, um die Mental-Ataraxie unter Umständen zu üben, die etwas mehr von Ihnen verlangen.

Zur weiteren Übung der Mental-Ataraxie benötigen Sie eine bestimmte Stellung, die Ihnen das Empfinden leichter Unbequemlichkeit verschafft. Es ist äußerst wichtig, daß Sie dies beachten. Auch wenn eine nähere Erklärung hierzu erst im folgenden Kapitel gegeben werden kann, sollten sie jetzt schon festhalten, daß diese leichte Unbequemlichkeit für Ihr weiteres Üben der Mental-Ataraxie notwendig ist. Wenn Ihre Meditationspraxis dann fortschreitet, werden Sie diese Unbequemlichkeit schließlich nicht mehr als solche empfinden. Dieses Hindurchgehen durch leichte Unbequemlichkeiten ist ein wesentlicher Aspekt der Mental-Ataraxie. Er läßt sich am leichtesten verwirklichen, wenn Sie eine solche Haltung wählen, die Ihren persönlichen Erfordernissen entspricht.

Durch das Einnehmen dieser bestimmten Haltung stellen Sie sicher, daß die Entspannung Ihres Geistes tatsächlich aus dem Inneren und nicht durch äußere körperliche Bequemlichkeit kommt. Dies ist ein wichtiger Punkt. Auch wenn Sie sich nur in Ihr warmes und bequemes Bett legen, erfahren Sie schon eine gewisse innere Entspannung. Unter diesen Umständen sind es die Nervenenden Ihrer Arme, Beine und des restlichen Körpers, welche durch Reizleitung dem Gehirn melden, daß alles angenehm und bequem ist. Der Grad der nervlichen Erregung Ihres Gehirns wird dadurch vermindert, und somit erfahren Sie eine bestimmte Art geistiger Entspannung.

Solche Situationen schenken Ihnen Erholung und jene wohltuende Ruhe, die im begrenzten Bereich derartiger Erholung möglich ist. Doch hat die hieraus folgende innere Entspannung keine bleibenden heilenden Einflüsse auf nervliche Verspannungen, psychosomatische Beschwerden und Ihr Allgemeinbefinden.

Die gleichen begrenzten Erfolge können Sie erreichen, wenn Sie nur bequem in Ihrem Lehnstuhl sitzen oder ausgestreckt an einem warmen, sonnigen Strand liegen. Aus diesem Grunde ist für die Mental-Ataraxie eine Körperhaltung notwendig, die ganz sicherstellt, daß die Entspannung tatsächlich dem Inneren und nicht künstlich herbeigeführten äußerlichen Bedingungen entspringt.

Indem Sie Ihre Übungen mit der bestimmten Sitzhaltung aufnehmen, machen Sie sich mit dem Prinzip unbeschwerter Kontrolle und Selbstdisziplin vertraut. Das ist die eigentliche Zielrichtung Ihres Übens: Unbeschwerte Kontrolle und Selbstdisziplin. Sie werden nun Ihren Weg auf dem Pfad des *unbeschwerten Lebens* beginnen. Dieser unbeschwerte Lebensstil erschließt sich Ihnen durch die Praxis der Mental-Ataraxie. Auf der einen Seite bedeutet das Einnehmen einer bestimmten Sitzhaltung eine gewisse Anstrengung und ist vielleicht mit Schwierigkeiten verbunden. Auf der anderen Seite wird derselbe Vorgang durch die geistige Entspannung der Mental-Ataraxie zu einer unbeschwerten Angelegenheit, die frei von aller Anstrengung bleibt. So wird das Üben in einer bestimmten Sitzhaltung zu einem äußerst bedeutenden Lernprozeß, der Ihren Geist praktisch mit dem unbeschwerten Leben vertraut macht.

Eine klar bestimmte Sitzhaltung verhütet, daß Sie während der Übung einschlafen. Hierbei handelt es sich um ein praktisches Erfordernis. Ich erinnere mich hier an den Fall eines Geschäftsmannes in mittleren Jahren, der, bevor er mit dem Meditieren begann, äußerst verspannt war. Nach einiger Zeit beklagte er sich darüber, daß er während des Übens leicht einschläft. Für mich war es interessant, zu sehen, wie dieser kurz zuvor noch nervöse, reizbare und stets verspannte Mann plötzlich so leicht schläfrig werden konnte. Wenn auch Sie beim Üben Schwierigkeiten mit dem Einschlafen haben, gibt es eine sichere Lösung, die immer zum Ziel führt: Nehmen Sie einfach eine etwas unbequemere Haltung ein.

Welche Haltung Sie während des Übens einnehmen, spielt keine Rolle, wenn nur einige Punkte gewährleistet sind. Ihre Haltung muß etwas unbequem sein, damit Sie in der Meditation diese Unbequemlichkeit hinter sich lassen können. Dies stellt sicher, daß Ihre Entspannung tatsächlich aus dem Inneren und nicht durch rein körperliche Annehmlichkeiten zustande kommt. Zudem muß die Körperhaltung das Empfinden geben, daß Sie mit Leichtigkeit etwas vollbringen, was eigentlich etwas schwierig wäre. Darüber hinaus soll die Haltung gewährleisten, daß Sie nicht einschlafen. Alle weitergehenden Einzelheiten bezüglich der körperlichen Haltung sind unwesentlich.

Die Mental-Ataraxie unterscheidet sich von den meisten anderen traditionellen und modernen Meditationssystemen dadurch, daß die Körperstellung ausschließlich den Sinn hat, tatsächlich sicherzustellen, daß die Entspannung aus dem Inneren und nicht durch körperliche Umstände kommt. Einige asiatische Meditationsschulen lehren bestimmte Körperhaltungen zu unterschiedlichen Zwecken. Diese verschiedenen Stellungen sollen heilsam auf den Körper und seine Organe einwirken. Auch die Mental-Ataraxie gestattet es, Einfluß auf die Funktion körperlicher Organe zu nehmen. Der Herzrhythmus ist hierfür ein einfaches Beispiel. Doch hier kommt die Wirkung aus dem Inneren und nicht direkt als Ergebnis einer besonderen Körperhaltung.

Geistige Entspannung ohne Ihre bestimmte Körperhaltung mag Ihnen Erholung verschaffen, doch sie vermindert Ihre Fähigkeit zu unbeschwerter Selbstdisziplin. Selbstverständlich braucht Ihr Körper ebenso Ruhe und Erholung wie Ihr Geist. Doch können körperliche und geistige Entspannung dann, wenn Sie es sich nur so einfach wie möglich machen wollen, zu einer unbefriedigenden Hohlheit führen: Sie jagen dann nur Glücksgefühlen nach, ohne daraus wirklichen inneren Gewinn zu schöpfen. Sie sollten einen Mittelweg anstreben: Laufen Sie weder bloßen Glücksgefühlen nach, noch versuchen Sie selbstquälerische Askese! In der Mental-Ataraxie streben wir nach der rechten Ausgewogenheit von *Disziplin* und *Unbeschwertheit*.

Solche unbeschwerte Disziplin können Sie nicht erlangen, wenn Sie es sich zu leicht machen. Daher ist es zum Beispiel auch wichtig, daß Sie im Umgang mit Ihrer bestimmten Körperhaltung flexibel bleiben. Versuchen Sie es zu verhindern, sich einmal für alle Zeiten an eine als angenehm empfundene Körperhaltung zu gewöhnen. Wenn Sie bezüglich Ihrer Körperhaltung mit Veränderungen experimentieren, bleibt Ihr Geist für neue Erfahrungen offen.

Wenn Sie bei Ihrem Üben mit Varianten Ihrer Körperhaltung experimentieren, fördern Sie das Umsetzen der Früchte Ihrer Meditation in den Alltag. Für viele asiatische Mystiker ist die Meditation ein Selbstzweck. Die Mental-Ataraxie dagegen betrachtet es anders: Hier zählen nur Ganzheit und Qualität des menschlichen Lebens. Mental-Ataraxie ist daher ein Mittel zum Zweck. Es geht darum, die Unbeschwertheit, die in der Meditation erfahren wird, auch im aktiven täglichen Leben zur Wirkung zu bringen. Wenn Sie nun immer nur in exakt derselben Haltung meditieren und keine Variante oder Abweichung von der Gewohnheit zulassen, können Sie die meditative Unbeschwertheit leicht auf diese spezielle Haltung festlegen und dadurch einengen. Doch dies ist dem Ziel der Mental-Ataraxie nicht dienlich. Wenn Sie daher auch in den äußeren Umständen Ihres Übens mit Varianten experimentieren, entwickeln Sie einen Sinn dafür, daß die Unbeschwertheit unter allen Bedingungen erfahren werden kann, gleichgültig, was Sie gerade tun. Auf diese Weise wird diese Unbeschwertheit dann auch ins tägliche Leben übertragen.

66

Es wird nun leicht sein, von einem Üben im Lehnsessel zum Meditieren auf einem normalen Stuhl überzugehen. Dieser Wechsel ist jetzt notwendig und leicht. Er wird Ihnen nicht schwerfallen, weil Sie sich bereits mit der Idee vertraut gemacht haben, daß Meditation ein geistiger Vorgang ist, der nicht besonders äußerer Annehmlichkeiten bedarf. Setzen Sie sich zum Üben ab jetzt auf einen normalen Stuhl, und nehmen Sie hier eine völlig aufrechte Haltung ein. Diese aufrechte Körperhaltung sollen Sie während der gesamten Übung beibehalten, ohne nach vorne zu sinken. Ich empfehle Ihnen, damit zu beginnen, daß Sie sich die Statue eines sitzenden Pharaonen vorstellen: Ganz aufrecht, vollständig ruhig und doch ganz unbeschwert. Versuchen Sie, sich mit der Vorstellung dieser Statue zu identifizieren. Auf diese Weise wird es Ihnen leicht fallen, die gleiche Haltung einzunehmen: Die Arme liegen ganz gelockert auf den Oberschenkeln. Sie sind so entspannt, daß ihr natürliches Gewicht vollständig auf den Oberschenkeln lastet. Dabei empfinden Sie auch die völlige Lockerung der Muskeln der Oberarme. Ihr Kopf ist ganz aufrecht und dennoch nicht verspannt. Dann lassen Sie sich ganz los: Das Pharaonenbild verschwindet. Sie machen sich keine Gedanken mehr über die Entspannung. Tiefer und tiefer wird Ihre innere Ruhe!

Der Wechsel vom Lehnsessel auf den normalen Stuhl ist ein notwendiger Schritt in der Mental-Ataraxie. Wenn Sie Ihr Übungsziel im Lehnsessel erst einmal erreicht haben, ist es wichtig, weiter voran zu gehen. Manchmal müssen Patienten, die ich nach dem Fortschritt ihrer Übungen frage, mir eingestehen, daß sie den Übergang vom Lehnsessel zum normalen Stuhl nicht vollzogen haben. Ich höre in solchen Fällen meist die Auffassung, die Entspannung würde ganz zufriedenstellend im Lehnsessel erreicht, weshalb keine Notwendigkeit einer Änderung im Übungsverlauf bestehe. Es ist unglaublich, doch wir alle neigen dazu, uns mit unserer eigenen Mittelmäßigkeit zufrieden zu geben! Es geht uns dabei wie Leuten, die sagen: »Ich fühle mich nicht sehr verspannt, warum sollte ich mich um Meditation kümmern?« Wer den Wechsel des Sitzes nicht vollziehen möchte, wird von seiner eigenen Trägheit daran gehindert, nach etwas

Besserem zu streben. Man ist dann unfähig, die kleine Anstrengung vorzunehmen, die mit dem Stuhlwechsel verbunden wäre.

Ich wiederhole es: *Dieser Wechsel ist notwendig.* Und wenn Sie dann einige Male in der Pharaonenhaltung meditiert haben, können Sie einen weiteren kleinen Fortschritt machen. Sie sollten jetzt üben, während Sie so auf der vorderen Kante Ihres Stuhles sitzen, daß Ihr Rücken keinen Kontakt mehr mit der Lehne hat. Schließlich wäre ein Wechsel vom normalen Stuhl auf einen niedrigen Schemel angebracht. Auf diesem Schemel halten Sie Ihre Beine nicht mehr gerade mit den Füßen am Boden, sondern Sie bringen die Beine in eine gekreuzte Stellung. Dies wird es Ihnen später erleichtern, mit gekreuzten Beinen am Boden zu meditieren.

Auf dem normalen Stuhl spüren Sie stärker als im Lehnsessel die Notwendigkeit, die aufrechte Haltung beizubehalten. Auch erfahren Sie in klarer Weise, daß die Entspannung tatsächlich ein geistiger Vorgang ist. Dies werden Sie erfahren, wenn Sie mit einer Meditationsübung beginnen, doch schließlich wird diese Erfahrung in das Erleben der tiefen inneren Ruhe übergehen. Vielleicht wird Ihr Kopf während der ersten Male noch recht leicht nach vorne fallen, und Sie werden sich bemühen müssen, ihn wieder in die aufrechte Haltung zu bringen. Bald werden Sie empfinden, daß Sie so entspannt sind, daß es Ihre innere Ruhe nicht stört, wenn Sie den Kopf korrigieren müssen. Mit etwas mehr Übung wird dann der Kopf in seiner aufrechten Haltung bleiben, ohne daß Sie etwas dazu tun. Ohne jede Anstrengung bleibt er in seiner Position. Auf diese Weise erhält Ihr Geist eine weitere Lektion über die unbeschwerte Disziplin.

Sie können auch meditieren, indem Sie auf dem Boden liegen. Doch Sie sollten dabei wirklich auf dem Boden liegen, niemals auf dem Bett! Das Bett wäre zu bequem. Dadurch käme das Entspannungsempfinden durch unsere Nervenenden und nicht aus einem geistigen Vorgang. Liegen Sie einfach flach auf dem Boden, Hände und Arme an den Seiten. Vielleicht brauchen Sie zuerst noch eine Unterlage für den Kopf, bis Sie sich an diese neue Lage gewöhnt haben. Ein Buch ist geeignet, um den Kopf etwas anzuheben. Kissen oder Decken sollten Sie vermeiden, denn diese schaffen wiederum zu bequeme Voraussetzungen. Einige ältere Patienten haben mir gesagt, daß sie ein Kissen unter ihre Knie legen. Für ältere Menschen mit steifen Gelenken ist dies eine gute Lösung.

Der Wechsel zum Entspannen auf dem Boden ist eine gute Hilfe für all jene, die Schwierigkeiten hatten, eine vollständige Lockerung der Muskeln im Lehnstuhl zu erfahren. Wenn Sie sich erst einmal an das Üben auf dem Boden gewöhnt haben, können Sie experimentieren, indem Sie kleine Gegenstände unter den Rücken zwischen Ihre Schulterblätter legen. Dies unterstützt das notwendige Anfangsgefühl leichter Unbequemlichkeit. Ein paar kleine Kieselsteine oder Kinderbauklötze sind hier zweckdienlich, vielleicht sogar ein Aschenbecher. Wenn Sie auf diesen Gegenständen liegen, wird Ihnen zunächst die damit verbundene Unbequemlichkeit zu Bewußtsein kommen. Doch wenn Sie sich dann in der Meditation ganz loslassen, wird das unangenehme Gefühl schwächer und verschwindet schließlich ganz.

Wenn Sie es zum ersten Mal üben, ist der kritische Moment jener, in dem Sie Ihr gesamtes Körpergewicht auf diesem Gegenstand spüren. Für einen Augenblick kann das Gefühl der Unbequemlichkeit jetzt sehr stark sein. Gehen Sie dann sofort dazu über, Ihr Gesicht zu entspannen. Empfinden Sie die Lockerung Ihrer Gesichtsmuskeln! Das ganze Gesicht ist tief entspannt. Die Unbequemlichkeit im Rücken wird dadurch vermindert. Nun lassen Sie sich ausgehend vom Gesicht ganz los! Lassen Sie Ihren Körper mit diesem Gegenstand in Ihrem Rücken verschmelzen! Alle Unbequemlichkeit wird verschwinden. Es bleibt einzig eine tiefe innere Wesensruhe, die Ihr gesamtes Wesen umfaßt.

Für diejenigen, die es schaffen, ist das Sitzen am Boden mit gekreuzten Beinen die beste Meditationshaltung. Sie setzen sich dazu am Boden nieder. Ihre Beine sind vor Ihnen gekreuzt. Der Rücken ist gerade und der Kopf aufrecht. Denken Sie dabei daran, daß Sie nur eine leichte Unbequemlichkeit als Ausgangspunkt der Übung benötigen. Diese darf nicht so schwerwiegend sein, daß sie in der Meditation nicht überwunden werden kann. Auf jeden Fall muß die Meditation zu einer unbeschwerten Ruhe führen. Daher brauchen Sie für diese Haltung wahrscheinlich ein kleines Hilfsmittel. Es wird leichter für Sie sein, wenn Sie Ihr Gesäß durch eine Unterlage ein paar Zentimeter anheben. Nehmen Sie hierfür ein Kissen, eine Decke oder noch besser ein dickes Telefonbuch. Dadurch wird die Belastung ihrer Gelenke vermindert, und es fällt Ihnen leichter, Ihren Rücken aufrecht zu halten.

Es ist leichter, auf einer harten Unterlage zu sitzen. Der Fußboden ist daher geeigneter als ein Bett, ein Sofa oder eine Matratze. Auf einer harten Unterlage benötigen wir weniger Muskelkraft, um uns in einer aufrechten Position zu halten, wogegen das Einsinken auf weichen Unterlagen stets ausgeglichen werden muß. Wenn Sie in sicherer, aufrechter Haltung sitzen und die anfängliche Empfindung der Unbequemlichkeit hinter sich gelassen haben, können Sie in dieser Haltung verweilen, ohne daß die Ruhe der Mental-Ataraxie durch irgendwelche Bemühungen um das Beibehalten des Sitzens gestört wird. Nach dem Hinsetzen ist es vor Beginn der Meditation ratsam, den Körper nach oben zu strecken und etwas hin und her zu schaukeln. Auf diese Weise wird man das rechte Gleichgewicht für das meditative Sitzen finden.

Bei dieser Sitzhaltung wird durch das vollständige Entspannen der Beinmuskeln die Unannehmlichkeit der gedehnten Bänder verstärkt. Doch dieses unangenehme Gefühl verschwindet durch die Entspannung des Geistes. Hierbei geht es wieder um einen natürlichen Schutzreflex. Die Muskeln ziehen sich automatisch zusammen, um die Dehnung der Bänder zu vermindern, damit Sie weniger Unannehmlichkeit und Leid empfinden. Dies ist eine normale körperliche Reaktion. Doch in der Mental-Ataraxie soll es darum gehen, das Gefühl der Unannehmlichkeit durch einen geistigen Vorgang zu überwinden.

Wenn Sie die ersten Male am Boden üben, werden Ihre Kniegelenke noch etwas steif sein. Aus diesem Grunde kommen die Knie nicht an den Boden, sondern sie bleiben einige Zentimeter darüber. Wenn Sie nun mit der Hand die Oberschenkelmuskeln, insbesondere in der Leistengegend, betasten, werden Sie feststellen, daß diese sehr verspannt sind. Die Spannung dieser Muskeln mindert das Gewicht Ihrer Beine und mildert so die Dehnung der Bänder. Dies behindert jedoch Ihre Grundabsicht. Sie sollten Ihre Beinmuskeln entspannen, damit durch das Dehnen der Bänder eine leichte Unbequemlichkeit entsteht.

Diese kann dann in der Meditation überwunden werden, wenn Sie die innere Geistesruhe erfahren.

Es bedarf einiger Übung, bis man es schafft, die Beinmuskeln loszulassen. Oft wird man Denken, die Beine wären schon entspannt, wenn sie in Wirklichkeit noch nicht gelockert sind. Sie können dies leicht testen, indem Sie mit der Hand die Muskulatur in der Leistengegend befühlen. Sie sollten darauf gefaßt sein, daß jene Muskeln sehr rasch nach eingetretener Entspannung wieder verspannen können. Zunächst gelingt es Ihnen, die Beinmuskulatur zu entspannen und Ihre Knie kommen tatsächlich zu Boden. Doch schon im nächsten Moment ziehen sich die Muskeln zusammen, worauf sich auch die Knie wieder erheben. Immer wieder werden Sie mit dieser Schwierigkeit konfrontiert sein, bis Sie die vollkommene Entspannung jener Muskeln gemeistert haben. ·

In jener Sitzhaltung fällt das Entspannen der Arme leicht, denn es besteht keine übermäßige Spannung in den Armgelenken. Sie können Ihre Arme einfach locker auf den Seiten nach unten hängen lassen, wodurch dann die Hände auf dem Boden aufliegen. Dabei kommt es zu einer umfassenderen Entspannung, wenn nicht die Handfläche, sondern der Handrücken den Boden berührt. Es ist auch möglich, die Hände auf den Knien ruhen zu lassen. Dies erleichtert die gesamte Körperhaltung, weil es dem Sitz größere Stabilität verleiht. Auch in dieser Haltung wird es leicht sein, die Entspannung der Armmuskeln zu bewirken und das natürliche Gewicht der Arme auf den Knien zu spüren. Auch werden hierdurch die Knie etwas nach unten gedrückt, was dem Entspannen der Oberschenkelmuskeln entgegenkommt.

Es ist jedoch auch möglich, die Hände in der Leistengegend ruhen zu lassen oder, wenn es Ihnen angenehm ist, sie mit verschränkten Fingern ruhig vor dem Körper zu halten.

Tatsächlich können die meisten Menschen diesen Sitz am Boden ohne zu große Anstrengungen und Umstände einnehmen. Denken Sie daran, daß Sie lediglich eine leicht unbequeme Ausgangshaltung für Ihre Meditationsübungen finden wollen. Hierdurch gelangen die Früchte Ihres Übens tatsächlich in Ihre Reichweite, und nur darum soll es hier gehen!

Diese Sitzhaltung am Boden eröffnet die Möglichkeit, einige Muskelgruppen vollends zu entspannen, während in anderen die Spannung erhalten werden muß. Auf diese Weise wird Ihre Erfahrung gleichzeitiger Entspannung und Kontrolle gefördert. Kontrollierte Unbeschwertheit, eine unbeschwerte Disziplin, darum dreht sich hier alles.

Wenn Sie in der Mental-Ataraxie Fortschritte machen, werden sich Ihre Arme in dieser Sitzhaltung vollständig entspannen, bis Sie frei von jeder Verkrampfung sind. Auch die Beine werden auf solche Weise vollständig entspannt sein, obwohl es dabei schwieriger war, diesen Zustand zu erreichen, weil hier zunächst Schwierigkeiten mit den gedehnten Bändern auftauchten. Wenn nun auch Arme und Beine ganz entspannt sind, bleibt in den Muskeln des Rückens und des Nackens eine gewisse Spannung bestehen. Wenn das nicht so wäre, würden Sie umkippen. Doch ist die Ruhe Ihres Geistes so vollkommen, daß diese Spannung in Rücken und Nacken keinerlei Anstrengung verursacht und nicht einmal besonders zu Bewußtsein kommt.

Es gibt noch eine weitere Muskelgruppe, die an jener Erfahrung unbeschwerter Kontrolle Anteil hat. Es handelt sich dabei um die Bauchmuskeln, insbesondere die untere Bauchmuskulatur. Wenn man völlig entspannt sitzt, kann man bemerken, daß auch bei dünnen Menschen der Bauch heraustritt. Dieses Heraustreten ist völlig natürlich, denn der allgemeine Entspannungszustand hat nun auch jene Muskeln ergriffen, die normalerweise das Bäuchlein festhalten. Wenn Ihre Übung etwas fortgeschritten ist, können Sie diese Bauchmuskeln dazu bringen, ihre gewöhnliche Aufgabe wieder aufzunehmen. Mühelos wird dann der Bauch wieder gehalten, ohne daß sich Ihr Bewußtsein weiter darum kümmern muß. Die Spannung in den Bauchmuskeln ist dann ebenso frei von Anstrengung wie jene des Rückens und des Nackens. Ihr Geist lernt hierdurch einen weiteren Schritt unbeschwerter Disziplin kennen.

Es gibt eine vollständigere Variante dieses Sitzes am Boden, wobei beide Knie fest am Boden liegen und der eine Fuß auf dem Oberschenkel des anderen Beines ruht. Dies ist der sogenannte halbe Lotossitz. Viele Yoga- und Zenlehrer in Asien halten das Beherrschen dieser Sitzhaltung für eine unabdingbare Voraussetzung der Meditation.

Obwohl ich bereits darauf hingewiesen habe, daß eine solche Notwendigkeit einer ganz bestimmten komplizierten Sitzhaltung in der Mental-Ataraxie nicht besteht, sei doch betont, wie jener Sitz für den Übenden große Vorteile aufweist. Er ist von größerer innerer Stabilität als die zuvor besprochenen anderen Varianten des Sitzens am Boden. Die meisten Meditierenden spüren dies und versuchen daher, allmählich und mit Geduld die Knie auf den Boden zu bringen, um sich dieser klassischen Sitzhaltung anzunähern.

Sie können auch in kniender Haltung meditieren. Dabei knien Sie wie beim Beten am Boden, doch hängen die Arme locker an den Seiten, und der Kopf ist leicht nach vorne geneigt.

Eine solche Haltung wird Sie an das christliche Gebet und damit vielleicht auch an religiöse Erfahrung erinnern. Ich weiß aus Gesprächen mit vielen meiner Patienten, daß manche Leute tatsächlich ihre Mental-Ataraxie unter religiösen Aspekten betrachten. Dies scheint meist bei solchen Personen der Fall zu sein, die zwar nicht religiös im Sinne regelmäßigen Kirchganges sind, jedoch aus eigener Empfindsamkeit ein aktives spirituelles Leben in ihrem Inneren entwickelten. Hier kann die Meditation sehr leicht ein Bestandteil der inneren Spiritualität werden. Wenn Sie, lieber Leser, kein Interesse an geistigen Dingen dieser Art haben oder in einem traditionellen Sinne religiös sind, wird eine solche Verbindung zwischen Meditation und Religion vielleicht keine Rolle für Sie spielen. Doch überraschend viele Menschen haben mir davon berichtet, wie für sie diese Verbindung besteht. Es sind dies oft Menschen, die den Wechsel der Jahreszeit und den natürlichen Rhythmus aller Dinge für Ausdrucksformen göttlicher Kraft halten. Die innere Ruhe und Natürlichkeit der Meditation erscheint ihnen dann als ein Teil davon. Diese Erfahrung, sagen jene Menschen, kann durch das Meditieren in kniender Haltung gefördert werden.

In der knienden Haltung müssen Sie eine stärkere Kontrolle ausüben. Dies ist offensichtlich. Im Knien muß in weitaus mehr Muskeln Spannung beibehalten werden als im Sitzen auf dem Stuhl oder am Boden. Dies fördert den Lernprozeß der unbeschwerten Disziplin, was sich schließlich auch positiv auf das alltägliche Leben auswirken wird.

Es gibt noch eine andere Art des Kniens für die Meditation: Dabei ruht das Gesäß auf den Fersen. Dicke Menschen mit umfangreichen Oberschenkeln werden das schwierig oder gar unmöglich finden. Doch dieses Problem kann leicht umgangen werden. In einem solchen Falle schiebt man ein Kissen zwischen Gesäß und Fersen, worauf man sich dann gut niederlassen kann. Auf diese Weise werden die Knie auch nicht so stark gedehnt, und man kann diese Haltung leicht einige Zeit fortsetzen.

Es ist auch möglich, aufrecht kniend zu meditieren, wobei die Knie am Boden einen gewissen Abstand voneinander einhalten. Die Arme hängen wieder an den Seiten nieder, doch der Kopf bleibt im Gegensatz zur Gebetshaltung ganz aufrecht. Diese Stellung verlangt die gleiche Kontrolle wie die Gebetshaltung, kann jedoch nicht so leicht mit religiösen Gefühlen in Verbindung gebracht werden.

Es gibt mögliche kleine Gefahren, die mit manchen Haltungen verbunden sind. Obwohl ich niemanden kenne, der jemals einen Schaden durch diese Gefahren davongetragen hat, finde ich es dennoch wichtig, Sie darauf aufmerksam zu machen.

So kann es Gefahren bei längerer Meditation mit offenen Augen geben. Die meisten Menschen schließen automatisch die Augen, wenn sie mit der Meditation beginnen. Dennoch gibt es wenige Menschen, die dann in einem unbewegten Starren verharren. Ich fordere diese Menschen dann immer auf, ihre Augen zu schließen. Es gibt einige Schulen des Zen-Buddhismus, welche ihre Zazen-Methode bei offenen Augen lehren. Ich sehe dabei drei mögliche Gefahren: Einmal besteht die offensichtliche Möglichkeit, daß ein fliegendes Insekt auf das Auge trifft. Sodann könnte es passieren, daß durch das Ausbleiben des Blinzelns die Hornhaut des Auges trocken wird und dadurch zu Schaden kommt. Unter normalen Umständen befeuchtet das ständige Blinzeln der Augenlider die äußere Hornhaut. Die dritte Gefahr besteht dann, wenn man mit offenen Augen in sehr hellem Licht meditiert. Da beim stillen Sitzen die gewöhnlichen Bewegungen des Auges nicht stattfinden, kann sich Lichteinfall und Wärme auf einer bestimmten Stelle der Netzhaut konzentrieren, wodurch die betroffenen Zellen geschädigt werden könnten. Vielleicht bin gerade ich mir dieser Gefahren besonders bewußt, weil ich gerne in der freien Natur meditiere, wo diese drei Schwierigkeiten bei offenen Augen leichter auftreten können als im Haus.

Wenn man auf einem Sessel mit hölzernen Armlehnen meditiert, könnte es vorkommen, daß Druck auf wichtige Nerven des Armes ausgeübt wird, wenn der Arm über die hölzerne Lehne hängt. Es kommt dann zu jener Erscheinung, die wir in meiner Studentenzeit als »Trinkerlähmung« bezeichnet haben, weil es geschehen konnte, daß ein Betrunkener auf seinem Sessel mit herabhängenden Armen seinen Rausch ausschlief. Während der letzten Jahre lehrte ich die Mental-Ataraxie in Gruppen mit fünfzig bis sechzig Teilnehmern. Der Raum, den ich zu diesem Zweck eingerichtet habe, verfügt über Sessel mit hölzernen Armlehnen. Immer wieder kommt es während der Meditationssitzungen vor, daß der Arm eines Teilnehmers von der Lehne fällt und dann über diese hängt. Wenn dies geschieht, hebe ich den Arm einfach auf und lege ihn entweder auf die Armlehne zurück oder auf den Oberschenkel des Teilnehmers.

Für Männer kann es etwas gefährlich werden, längere Zeit mit der Ferse unter dem Damm zu sitzen. Die Gefahr besteht hier in einer Quetschung der Harnleiter, die den Urin von der Blase zum Penis leitet. Diese Quetschung könnte durch einen Knochen, auf den die Ferse drückt, herbeigeführt werden. Diese Gefahr wird vermieden, indem man die Ferse in eine andere Position bringt.

Man kann einen verkrampften Nacken bekommen, wenn man es zuläßt, daß der Kopf nach vorne auf die Brust fällt. Dies ist eine offensichtliche Sache. Die vollkommene Entspannung der Muskeln nimmt den Bändern die Stützung durch die normale Muskelspannung um die Gelenke. Sie müßten nun alleine das Gewicht des Kopfes in Position halten. Manchmal fällt der Kopf eines Meditierenden in meinen Gruppen auf diese Weise nach vorne. Wenn das vorkommt, bringe ich den Kopf des Teilnehmers rasch in die aufrechte Position zurück und halte ihn dort eine Weile fest, bevor ich wieder loslasse. In den meisten Fällen bleibt der Kopf dann von selbst in der aufrechten Haltung. Ein interessanter Punkt ist, daß mein Korrigieren des Kopfes die vollkommene Entspannung des Meditierenden nicht zu unterbrechen scheint. Tatsächlich konnten sich einige Teilnehmer, die ich nach einem solchen Vorfall darüber befragte, kaum noch daran erinnern.

Wann sollten Sie meditieren? Zu dieser Frage sind einige Prinzipien anzuführen. Wenn Sie sich durch die Mental-Ataraxie Hilfe von regelmäßig auftretenden psychosomatischen Leiden wie Asthma oder Kopfschmerzen erhoffen, dann wird diese Hilfe sehr viel größer sein, wenn Sie mit dem Üben dann beginnen, wenn Sie frei von Beschwerden sind. Es ist schwieriger, wenn Sie warten, bis die Leiden wieder akut auftauchen, um dann erst mit der Praxis anzufangen. Wenn Sie unter leidfreien Bedingungen regelmäßig üben, ist ein Rückfall weniger wahrscheinlich, weil Sie dann für Streß nicht mehr so leicht anfällig sind. Ich hatte viele Patienten, die unter Asthma oder Kopfschmerzen litten und die es gelernt haben, einen Anfall durch Mental-Ataraxie zu verhindern, sobald sie ihn nahen fühlen. Doch es ist grundsätzlich am fruchtbarsten, dann mit dem Meditieren zu beginnen, wenn Sie gerade frei von quälenden Symptomen sind.

Es ist der Meditation und dem Zweck, für den diese geübt wird, förderlicher, wenn Sie nicht in sehr ermüdetem Zustand praktizieren. Oft habe ich von Leuten gehört, daß eine gewisse Müdigkeit ihnen beim Entspannen helfen würde. Doch dem kann nicht so sein. Wer das annimmt, verwechselt die Entspannung mit äußerlichen körperlichen Annehmlichkeiten und matter Schläfrigkeit. Doch er erkennt sie nicht als einen geistigen Vorgang. Vor einiger Zeit besuchte mich ein erfolgreicher Geschäftsmann mittleren Alters. Er hatte mein Buch *Relief Without Drugs* gelesen und versucht, die darin beschriebenen geistigen Übungen zu praktizieren. Er erzählte mir, daß er sich jeden Abend, wenn er vom Büro zurückkommt, ans Kaminfeuer setzt. (Das Gespräch fand im Winter statt.) Dort trinkt er zunächst ein paar Gläser Whisky und liest eine halbe Stunde lang die Abendzeitung. Dann beschäftigt er sich fünfzehn Minuten mit seinen Übungen. Welch hoffnungsloser Fall! Und dennoch glaubt er, verstanden zu haben, was ich lehren möchte!

Sofort nach einem Bad oder einer Dusche läßt sich sehr gut meditieren. Viele Leute sagen darauf: »Aber ich bin am Morgen in einer so fürchterlichen Eile!« Nun, wenn Sie sich für nur zwei oder drei

Minuten Zeit nehmen können, werden Sie nicht mehr in einer derart schrecklichen Hast sein. Alles, was der Mensch regelmäßig tut, wird ihm zur Gewohnheit. Dies ist in dem Sinne positiv, daß man nicht ständig geistige Energie für das Entscheiden unwesentlicher Dinge verschwenden muß.

Ich rate Ihnen nun Folgendes: Fügen Sie Ihren täglichen Gewohnheiten einen weiteren Aspekt an. Setzen Sie sich vor dem Anziehen, gleich nach Waschen, Dusche oder Bad für zwei oder drei Minuten nieder, um die kurze Erfahrung der geistigen Entspannung zu machen. Dann ziehen Sie sich an und gehen in den Tag hinaus! Diese zwei oder drei Minuten werden Ihnen viel Zeit einsparen, indem sie Ihnen zu größerer Unbeschwertheit und dadurch wirksameren Handeln verhelfen.

Sie müssen eine Geisteshaltung entwickeln, in der Sie sich auf Ihre kommenden Meditationsübungen freuen. Dies wird nicht schwer sein, denn das Empfinden der Stille und Unbeschwertheit, das in der Meditation erlebt wird, ist mit großem Freudgefühl verbunden. Doch wenn man mit dem Üben erst beginnt, wird dieses nicht immer sogleich erfahren. Daher kenne ich Menschen, die ihre Übungen mit einer nicht angemessenen Geisteshaltung fortsetzen, als ob sie sich zu einer unangenehmen Pflicht zwingen müßten. Als Ergebnis davon wächst ihre Angst, sie entspannen nicht und liegen wachsam auf der Lauer, wodurch die ganze Praxis ins Gegenteil verkehrt wird.

Wenn Sie hauptsächlich deswegen meditieren, um Befreiung von psychosomatischen Beschwerden zu erlangen, brechen Sie das Üben nicht sofort ab, wenn die Beschwerden ausbleiben. Obwohl dieser Rat offensichtlich scheinen dürfte, kenne ich einige Leute, die sofort nachdem die gewohnten Symptome nicht mehr auftraten, mit dem regelmäßigen Üben aufhörten. Doch bald danach stieg der Grad ihrer Angst wieder, wodurch die alten Leiden wiederkamen. Eine dauerhafte Befreiung von psychosomatischen Krankheiten erfordert umfassenden Angstabbau. Dieser wäre nicht zu schwierig, doch er verlangt nach zwei Voraussetzungen: Das Üben muß einige Zeit nach dem Ausbleiben der Symptome fortgesetzt werden, und die geistige Entspannung, die in der Übung erfahren wird, muß in den Alltag einfließen. Nur dann kommt es zu einem wirklich dauerhaften Angstabbau.

Wo sollten Sie meditieren? Auch zu dieser Frage gibt es einige grundlegende Erwägungen. Am Anfang sollten Sie es sich nicht zu schwierig machen. Darum wäre es sinnvoll, wenn Sie in einer ruhigen Umgebung beginnen, wo Sie nicht durch übermäßigen Lärm gestört werden. Doch ich habe Sie bereits darauf hingewiesen, daß die Mental-Ataraxie ein sich änderndes Programm beinhaltet. Dies bezieht sich auch auf die Frage des Übungsortes: Obwohl Sie in einer ruhigen Umgebung beginnen, üben Sie schließlich auch unter Bedingungen normaler Geräusche und gewöhnlicher Ablenkungen.

Sie dürfen sich nicht selbst die Beschränkung auferlegen, nur in äußerem Frieden meditieren zu können. Wenn Sie das tun, wird es Ihnen sehr schwer fallen, die Früchte der Meditation im Alltag zu ernten. Darum beginnen Sie zunächst in stiller Umgebung; doch sobald Sie die Übung hier gemeistert haben, versuchen Sie es auch im gewöhnlichen Lärm Ihres täglichen Lebens.

Vor einiger Zeit fragte ich eine Patientin, welchen Fortschritt ihr Üben der Mental-Ataraxie zeigt. Sie antwortete mir, daß sie nicht zum Üben kommt, weil ständig andere Personen im Haus sind. Aber wenn wir die geistige Entspannung nur unter idealen Bedingungen verwirklichen können, werden wir kein unbeschwertes Leben führen!

Das Gegenbeispiel hierzu sind Patienten, die sehr wirkungsvoll im besetzten Zug üben, wenn sie morgens zur Arbeit fahren. Ich kenne zwei sehr beschäftigte Hausfrauen, die ihre Übungen vornehmen, während sie im Kreise der Familie vor dem Fernsehgerät sitzen. Sie nehmen etwas hinter den anderen Platz und schließen die Augen, während jene mit dem Programm beschäftigt sind. Wenn sie die vollkommene Entspannung erreichen, werden die Stimmen aus dem Fernsehgerät bedeutungslos und verschwinden schließlich aus dem Bewußtsein.

Ich selbst genieße die Mental-Ataraxie gerne unter freiem Himmel. Für mich tragen die Luft, der Wind, die Sonne, das Rascheln der Zweige und das Zwitschern der Vögel zur Ganzheit der meditativen Erfahrung bei. In den Vollzug der Mental-Ataraxie können alle natürlichen Aspekte des Lebens harmonisch eingefügt werden. Trotz kaltem Wind und klirrender Kälte läßt sich innere Unbeschwertheit erfahren und dadurch ein Gefühl natürlicher Harmonie. Wenn die Meditation tiefer wird, tritt die Wahrnehmung der Umgebung allmählich zurück, bis sie schließlich aus dem Bewußtsein verschwindet. Doch auf gewisse Weise wirkt die Umgebung unbemerkt weiter auf uns ein. Darum halte ich das Üben in natürlicher Umgebung für befriedigender als die Bemühungen eines Mönches in seiner Zelle, eines Yogi in seiner Höhle oder des Zen-Mystikers Daruma, der sieben Jahre lang mit dem Gesicht zur Wand meditierte.

Was sollten Sie zum Meditieren anziehen? Die Antwort darauf ist einfach: Tragen Sie so wenig Kleidung wie möglich! Sie brauchen nur darauf zu achten, daß Sie sich nicht erkälten und daß Sie dort, wo andere Sie sehen könnten, keinen Anstoß erregen. Äußere Dinge haben einen großen symbolischen Einfluß auf uns: Kleider, in denen wir uns frei fühlen, helfen uns bei der Entwicklung eines inneren Freiheitssinnes. Und wenn Sie nach dem Duschen meditieren, dann sollten Sie das selbstverständlich nackt tun. Bei meinem früheren Haus hatte ich ein Schwimmbecken in einem Teil des Gartens, der von den Nachbarn nicht gesehen werden konnte. Dort setzte ich mich nach dem Bad nackt zur Meditation nieder. Es bereitete mir bei starker Sommerhitze und bei kühlen Winterwinden die gleiche Freude, und ich bin sicher, daß ich daraus großen Gewinn gezogen habe. Einer der zahlreichen Aspekte der Mental-Ataraxie ist das Erfahren des Lebens in seiner natürlichen Einfachheit. Das Erleben der Nacktheit verhilft uns dazu.

Wie lange sollten Sie meditieren? Auf diese Frage gibt es nur ganz persönliche Antworten. Ich habe einige Zeit mit einem alten heiligen Yogi am Himalaya nicht weit von Katmandu zusammengelebt. Dieser meditierte jeden Tag sechzehn Stunden lang. Zwei weitere Stunden schlief er, und so blieben ihm sechs weitere Stunden bei klarem wachen Bewußtsein. Dies war sein Leben.

Ihr eigenes Leben muß wahrscheinlich anders aussehen. Sie wollen die Wirklichkeit des Ihnen entsprechenden Lebens erfahren und mit Liebe und Mitempfinden Ihre Herausforderungen und Aufgaben meistern. Sie wollen an der Ganzheit aller Aspekte Ihres Lebens teilhaben. Doch zu gleicher Zeit streben Sie nach Unbeschwertheit und Natürlichkeit, wodurch Sie allen Herausforderungen gewachsen bleiben. Darum geht es bei der unbeschwerten Disziplin.

Ich habe sehr viel von diesem heiligen alten Yogi am Himalaya gelernt, und ich schulde ihm größten Dank und Anerkennung. Doch ich habe auch die Unterschiede in unseren Bestrebungen erkannt: Für ihn ist die Meditation ein Selbstzweck, für mich ist sie das Mittel zu einem besseren Leben. Wollten Sie und ich dem Beispiel des Yogi folgen, bliebe uns wenig Zeit für die Aufgaben unseres Lebens.

Die meisten Menschen erlangen große Wirkungen, wenn sie zwei- oder dreimal am Tag etwa zehn Minuten die Mental-Ataraxie üben. Dieser kurze Zeitraum reicht völlig aus, denn das einzige, was wirklich zählt, ist die Tatsache, wie man die Wirkungen der Meditation in den Alltag einfließen läßt.

Gerade heute am Morgen besuchte mich ein sehr verspannter junger Mann, der als Gerichtsschreiber arbeitet und nebenbei noch Jura studiert. Er erzählte mir, daß er nun zwischen zwei und drei Stunden am Tag die Mental-Ataraxie übt. Ich sagte ihm, daß mir das erheblich zu lang erscheint. Im Gespräch mußte ich dann feststellen, wie sich bei ihm die Wertung der Meditation verschoben hatte: Dieser Mann wollte immer großartigere Erfahrungen während der Meditation selbst machen. Er beurteilte seine Erfolge nach den Erlebnissen während des Sitzens und nicht nach den Wirkungen auf das tägliche Leben. Dadurch war ihm die Einfachheit und Unbeschwertheit des Meditierens verlorengegangen. Er hatte begonnen, sich selbst zu Erfolgen anzutreiben und die Erfahrung mehr und mehr zu verlängern.

6. Kapitel

Das Meditieren unter unbequemen Bedingungen

Sie haben nun gelernt, in verschiedenen Körperhaltungen zu meditieren. Ihr nächster Schritt in der Mental-Ataraxie wird es sein, durch Entspannung Ihres Geistes unbequeme äußere Bedingungen innerlich zu überwinden.

Ich besitze überzeugende Beweise für die Bedeutung der Unbequemlichkeit in der Meditation. Diese beruhen auf meiner Erfahrung mit Hunderten von Patienten. Es besteht kein Zweifel, daß jene Patienten, die ihre Meditationspraxis durch ein angemessenes Experimentieren mit unbequemen Bedingungen bereicherten, erheblich mehr durch ihr Üben gewannen. Ich könnte zu diesem Punkt zahlreiche Fallgeschichten anführen. Gewöhnlich war es so, daß jemand mein Buch *Relief Without Drugs* gelesen und die darin beschriebenen Übungen praktiziert hat. Doch oft wurde mein ernster Rat, unter leicht unbequemen Bedingungen zu üben, nicht beachtet.

Es bringt zwar in der Regel auch einige Erfolge, die Mental-Ataraxie nur in solch unvollständiger Weise zu üben, doch viele Praktizierende ahnen, daß sie mehr erreichen könnten. Aus diesem Grund kam mancher zu mir. Ich erinnere mich in diesem Zusammenhang an einen Arzt, einen Chirurgen. Noch genau entsinne ich mich seiner einleitenden Worte: »Ich habe alles gelesen, was Sie über Entspannung geschrieben haben, aber es funktioniert ja nicht!« Als ich ihm einige Fragen stellte, erfuhr ich rasch, daß er auf dem Bett liegend übte. Seine Erklärung dafür war: »Man kann sich so besser entspannen.« Als er nun endlich in der richtigen Weise übte, verschwand bald die Gereiztheit, unter der er zuvor gelitten hatte. Er war plötzlich wie umgewandelt. Seine Aggressivität verschwand, und es war leichter mit ihm auszukommen, was nicht nur ich bemerken durfte, sondern auch seine Familie und die Mitarbeiter erstaunt feststellten.

Wenn Sie sich entspannen, läßt Ihr Geist die Unbequemlichkeit Ihrer Körperhaltung hinter sich. Es bleibt dann kein unbehagliches Gefühl zurück. Dies ist wirklich der wichtigste Aspekt des gesamten Meditationsvorgangs. Es geht darum, daß Sie jedes Empfinden der Unbequemlichkeit hinter sich lassen, wodurch es Ihnen möglich wird, die wesenhafte Stille Ihres Geistes zu erfahren. Dabei zählt in der Hauptsache nicht die Überwindung des unbehaglichen Gefühles selbst. Vielmehr ist der Bewußtseinszustand, der sich daraus ergibt, von Bedeutung.

Das Hintersichlassen einer leichten Unbequemlichkeit in der Mental-Ataraxie vertieft den Meditationsvorgang. Obwohl es objektive Methoden gibt, den Grad der Tiefe einer Meditation etwa durch ein Elektroenzephalogramm festzustellen, können Sie dies auch für sich selbst durch das Auftreten bestimmter Erscheinungen beobachten, die Sie in der Meditation *erfuhren*. Bitte beachten Sie, daß ich von diesen Erfahrungen in der Vergangenheit spreche! Denn erst nach Beendigung der Meditation können Sie feststellen, ob es eine tiefe Erfahrung war. Jede solche Feststellung während der Übung zeigt, daß Sie nicht sehr vertieft sind, denn dieses Bemerken und Überlegen ist eine Funktion des wachen Verstandes. Doch nach dem Üben können Sie feststellen, daß Sie Ihre Umgebung nicht mehr beachtet haben und wirkliche innere Geistesruhe empfanden. Diese Tiefe der Meditation können Sie leichter verwirklichen, wenn Sie dafür eine gewisse Unbequemlichkeit hinter sich gelassen haben.

Christliche und asiatische Mystiker kennen seit langem die Bedeutung eines Durchschreitens von Unbequemlichkeit in der Meditation. Die Mönchszelle und die Selbstkasteiung erfüllten diese Funktion im Christentum, während in Asien hierzu die Unbequemlichkeit des Meditationssitzes diente. Allgemein glauben die Europäer, daß das Sitzen am Boden für die asiatischen Völker bequem ist. Dies ist auch zu einem gewissen Grade richtig, doch werden beim normalen Sitzen auf dem Boden die Bänder der Kniegelenke nicht sehr gedehnt. Aus meiner Erfahrung aus Asien weiß ich, daß Yogis und Zen-Mönche sich mit großer Disziplin stets fortschreitend dem idealen Meditationssitz annähern wollen, wodurch immer erneut eine leichte Unbequemlichkeit hergestellt wird.

Zunächst sollte die von Ihnen gewählte Unbequemlichkeit sehr gering sein. Es reicht völlig aus, wenn Sie sich ein wenig unangenehm fühlen. Indem Sie so mit einer ganz geringen Unbequemlichkeit beginnen, setzen Sie sich nicht schon am Anfang ein Ziel, das Ihre Fähigkeiten übersteigt. So eine leichte Unbequemlichkeit kann einfach dadurch erreicht werden, daß Sie an der Kante eines Lehnstuhles sitzen, ohne daß Ihr Rücken die Lehne berührt. Auch das Sitzen auf einem kleinen Schemel ist wirksam oder die Meditationshaltung am Boden, wobei jedoch die Bänder der Kniegelenke nicht überdehnt werden sollten! Vielleicht genügt es auch schon, einfach flach auf dem Fußboden zu liegen.

Indem Sie diese leichte Unbequemlichkeit in der Meditation hinter sich lassen, vermindern Sie den Grad Ihrer Angst. Ihr Inneres besitzt die Fähigkeit, Angst abzubauen und Frieden und Ruhe herzustellen, doch müssen die dazu notwendigen Bedingungen vorhanden sein. Die Tiefe der Meditation, die Sie durch das innere Überwinden der Unbequemlichkeit erreichen, schafft die Voraussetzungen, unter denen diese natürliche Fähigkeit Ihres Geistes wirksam arbeiten kann. Die hierdurch erreichte Verminderung der Angst befreit Sie von psychosomatischen Leiden und macht Sie zu einer offenen Persönlichkeit, weil Sie nun weniger Abwehrreaktionen zeigen müssen.

Wenn Sie die Unbequemlichkeit für die Meditationsübung so schwer wählen, daß Sie diese nicht innerlich hinter sich lassen können, verkehrt sich der Zweck ins Gegenteil: Der Grad Ihrer Angst nimmt zu. Darum übereilen Sie bei diesem Aspekt der Mental-Ataraxie nichts! Nehmen Sie einen Schritt nach dem anderen. Lassen Sie die inneren Vorgänge langsam, natürlich und unbeschwert für sich arbeiten. Dann besteht keine Gefahr, daß Sie durch eine Überforderung zeitweise in Ihrem Übungserfolg zurückgeworfen werden.

Wenn Sie es lernen, Unbequemlichkeiten meditativ zu überwinden, werden Sie auch in anderen Lebenslagen besser mit körperlichen Unannehmlichkeiten zurechtkommen. Etwaige Unbequemlichkeiten können Sie dann nicht mehr so wie früher stören. Wenn es dann einmal vorkommmt, daß Sie auf einem unbequemen Stuhl sitzen müssen, wird Sie das nicht mehr stören, denn Ihr Geist hat gelernt, wie Sie sich von Innen heraus entspannen können.

Wenn Sie es lernen, Unbequemlichkeiten meditativ zu überwinden, können Sie im täglichen Leben auch besser mit geistigen Unannehmlichkeiten umgehen. Sie werden innere Beschwerden schneller überwinden. Durch das Wachsen der Zivilisation hat der Mensch immer mehr körperliche Leiden besiegt, doch gleichzeitig ist er bei geistigen und seelischen Belangen erheblich verwundbarer geworden. Eine verlorene Freundschaft oder der Schmerz, der durch eine einfache Geringschätzung oder Beleidigung der eigenen Person hervorgerufen wird, macht dem Menschen heute mehr zu schaffen als eine körperliche Unbequemlichkeit. Wenn Sie in der Meditation über körperliche Unannehmlichkeiten hinausgehen können, wird auch der Geist seinen Teil daraus lernen. Durch die so einfache Selbstdisziplin, die Sie sich auf diese Weise in der Meditation aneignen, wird auch Ihr ganzes weiteres Leben unter eine unbeschwerte Selbstdisziplin gestellt.

Zusammenfassend gesagt: In der Meditation wird es Ihnen sehr leicht fallen, durch das innere Überwinden äußere Unbequemlichkeit Selbstdisziplin zu entwickeln. Eine leichte, natürliche Art der Selbstdisziplin ist ein wesentlicher Bestandteil jedes erfolgreichen Lebens. Das eine wird sich aus dem anderen sehr einfach und selbstverständlich ergeben. Die einfache Selbstdisziplin der Meditation führt Sie zur viel bedeutenderen und doch ebenso einfachen Selbstdisziplin des täglichen Lebens.

Einige Meditierende neigen dazu, die Übung mit der Unbequemlichkeit zu umgehen, auch wenn sie noch so leicht sein sollte. Es gibt in jedem Menschen einen einfachen psychischen Automatismus, der ihn dazu bringt, freudvolle Erfahrungen anzustreben und Leid zu vermeiden. Dies ist von offensichtlicher Bedeutung: Wenn Sie sich selbst einer Unbequemlichkeit unterwerfen wollen, widerspricht das Ihren biologischen Bedingtheiten. Darum werden Sie selbstverständlich vor einer solchen Idee zurückschrecken. Doch trotz dieser ursprünglichen

Reaktion haben es die Menschen gelernt, gegenwärtige Unannehmlichkeiten für künftige Freuden auf sich zu nehmen.

Dem Menschen wurde dies klar, als er erstmals in Erwartung
späterer Ernte mühevoll sein Feld bestellen mußte. Der Student nimmt
heute manche Härten eines Studiums auf sich, weil er sich für später
günstigere Zeiten erhofft. Jeder tut das, wenn er für die Zukunft spart.
Unter diesem Blickwinkel sind die selbstgewählten Unbequemlichkeiten in der Mental-Ataraxie natürliche Schritte auf Ihrem Weg in ein
besseres Leben.

*Bei der absichtlichen Erfahrung einer Unbequemlichkeit muß sehr
deutlich zwischen dem edlen Zweck des Geistestrainings und einfacher
masochistischer Perversion unterschieden werden.* Zunächst sei darauf
hingewiesen, daß der Masochismus ein Charakterzug ist, der durchaus
seinen biologischen Nutzen hatte und noch hat. Wir können seinen
Ursprung in der Frühzeit der Menschheitsgeschichte erkennen.

Als die Sexualität hauptsächlich dem Zwecke der Fortpflanzung und
Vermehrung diente, wurden die Frauen häufig von den Männern zum
Geschlechtsverkehr gezwungen. Eine Frau, die unter diesen Umständen schmerzlicher Sexualerfahrung dennoch Lust empfinden konnte,
war eine begehrtere Geschlechtspartnerin und hatte dadurch auch
mehr Nachkommen. Aus diesem Grunde ist ein masochistischer Zug
tief im menschlichen Charakter eingegraben, dies häufiger in Frauen
als in Männern. Auf der anderen Seite hat der Mensch eine weitere
psychische Reaktion entwickelt, die ihn gleich dem Masochismus
gerne Unannehmlichkeiten auf sich nehmen läßt. Es handelt sich dabei
um das willige Ertragen momentaner Unannehmlichkeiten in Erwartung künftigen Glücks. Hier ist auch die Erfahrung der Unannehmlichkeit in der Mental-Ataraxie einzuordnen.

7. Kapitel

Mental-Ataraxie im Alltag

Im Gegensatz zu manchen asiatischen Mystikern, für die das Meditieren schon in sich seinen Sinn hat, wollen wir daraus Positives für unser alltägliches Leben gewinnen. Wie schaffen wir es nun, die Wirkungen der Mental-Ataraxie in den Alltag zu bringen? Recht einfach können wir in der Stille der Meditation entspannen, doch wir wünschen uns mehr als das. Wir wollen unter den Gegebenheiten unseres tagtäglichen Daseins entspannt sein. Wir müssen unsere innere Ruhe und Unbeschwertheit im Angesicht von Enttäuschungen, Herausforderungen, Beleidigungen und Leid bewahren lernen. Ob wir das schaffen, ist ein einfacher Test für den Grad unserer Meditationserfolge.

Die Erfahrung der inneren Ruhe in der Meditation ist nahezu wertlos, wenn sie sich nicht in der Lebensqualität niederschlägt. Ich bin manchmal dahingehend kritisiert worden, daß ich das Ziel damit so hoch stecke, wodurch es nur wenige erreichen könnten. Doch ich muß diese Kritik zurückweisen. Ich glaube, daß wir uns meist mit Lebensbedingungen abfinden, die erheblich zu niedrig sind. Es würde uns nicht viel Anstrengung kosten, zu lernen, uns etwas mehr zuzutrauen. Und dies ist eine Frucht der Meditation, die jedem Menschen erreichbar ist. Sie reift durch Übung allmählich heran und kann zu gegebener Zeit dankbar geerntet werden.

Wenn wir unter unbequemen Umständen unserer Mental-Ataraxie üben, trainieren wir unseren Geist darauf, auch dann unbeschwert zu bleiben, wenn er mit den Widrigkeiten des täglichen Lebens konfrontiert wird. Das ist etwas völlig anderes als die verschiedenen Abhärtungsmaßnahmen, die im Training von Elitetruppen beim Militär zur

Anwendung kommen. Ein solches Training ist äußerst unangenehm und schmerzhaft. Körper und Geist müssen dabei lernen, schwere Leiden zu ertragen und aufgetragene Pflichten zu erfüllen, auch wenn es völlig unmöglich erscheint. Dieser Abhärtungsprozeß macht die beteiligten Personen tatsächlich härter. Sie verlieren etwas von ihrer Empfindsamkeit und werden in diesem Sinne eigentlich ärmere Menschen. Diese Trainingsform setzt eine völlig andere psychologische und physiologische Einstellung voraus als unsere Idee des inneren Überwindens und Unbequemlichkeit durch meditative Erfahrung.

Indem wir lernen, im täglichen Leben Unbequemlichkeiten durch Meditation zu überwinden, brauchen wir in keiner Weise Unannehmlichkeiten, Schwierigkeiten oder Schmerzen hinzunehmen. Im Gegensatz zur Abhärtungsmethode geht es uns um einen leidfreien Vorgang, denn die Persönlichkeit soll nichts von ihrer Empfindsamkeit verlieren.

Die Abhärtungsmethoden führen zu einer Stählung des Körpers und zur Abstumpfung des Geistes. In der Meditation gebrauchen wir unseren Geist in ganz anderer Weise! Auch erfahren wir in unserem Üben lediglich mögliche Unbequemlichkeiten im Ansatz, während man beim Abhärtungstraining wirklich Leiden durchstehen muß.

Die mögliche Unbequemlichkeit einer Meditationssitzung kann je nach persönlichem Wunsch unterschiedlich aussehen. Eine besondere Körperstellung, Kälte oder das Liegen auf hartem Untergrund können ohne das innere Gefühl einer Unbequemlichkeit erfahren werden. Ich habe bereits auf die Wichtigkeit des Übens unter Bedingungen leichter Unbequemlichkeit hingewiesen. Hierdurch wird der Meditationsprozeß gefördert und in der Fortsetzung lernen Sie, auch die Unannehmlichkeiten des normalen Lebens zu überwinden.

Sie können jede beliebige Haltung einnehmen, die Ihnen das Gefühl einer leichten Unbequemlichkeit verschafft. Dann entspannen Sie Ihren Geist, und diese Unbequemlichkeit verschwindet völlig. Sie können in der entsprechenden Haltung schließlich in leichter Unbeschwertheit Ihre Meditation fortsetzen. Das Sitzen mit gekreuzten Beinen eignet sich hierzu sehr gut, denn es ist für die meisten Menschen etwas unbequem. Doch werden sich ältere Leute vielleicht besser auf einen harten Stuhl setzen. Sobald Sie feststellen, daß Sie sich beim Üben zum Ertragen von Unbequemlichkeit zwingen müssen, läuft etwas falsch. Entweder haben Sie dann noch nicht gelernt, Ihren Geist zu entspannen, dann brauchen Sie etwas mehr Übung: oder Sie haben sich im Übereifer in eine viel zu unbequeme Haltung begeben, die Ihren gegenwärtigen Möglichkeiten in der Meditation noch nicht angemessen ist.

Kälte kann als gutes Mittel zur Unbequemlichkeit eingesetzt werden. Ich habe bereits erwähnt, daß Nacktheit einen wachsenden Sinn für Freiheit und Natürlichkeit vermittelt. Zunächst wird das Empfinden der Kälte etwas unangenehm sein. Doch dann entspannt sich Ihr Geist, und alle unangenehmen Empfindungen verschwinden. Im Winter übe ich auf ähnliche Weise, indem ich ruhig im kalten Wasser des Schwimmbeckens auf und ab schwimme.

Sie können sich mit einer Büro- oder Wäscheklammer zwicken, um damit der entsprechenden Hautstelle etwas Unannehmlichkeit zu bereiten. Sobald sich dann Ihr Geist entspannt, wird jenes Gefühl verschwinden, und der Meditationsvorgang vertieft sich.

Auch das Liegen auf einem harten Untergrund ist sehr wirksam. Der Boden des Badezimmers eignet sich, wobei man sich noch kleine Gegenstände, etwa eine Nagelbürste oder einen Aschenbecher unterlegen kann. Ebenso kann man sich im Sommer in Badekleidung ohne Decke im Freien auf den Boden legen.

Das Mittel, mit dem Sie diese Unbequemlichkeit herbeiführen, spielt keine Rolle. Es geht nicht nur darum, daß ein Überwinden der Unbequemlichkeit den meditativen Prozeß ganzheitlicher werden läßt, sondern es ist auch wichtig, daß Sie schließlich auch im alltäglichen Leben ohne Verlust Ihrer Empfindsamkeit Unbequemlichkeiten innerlich bewältigen können.

Wenn Sie trotz ständiger Ablenkungen in der Meditation Ihren Geist entspannen können, werden Sie auch für schädliche Ablenkungen im täglichen Leben weniger ansprechbar sein. Für die ersten Schritte Ihrer Meditation haben Sie eine bequeme Haltung eingenommen. Erst nachdem Sie die Übung in dieser Haltung beherrschten, sind Sie zu etwas unbequemen Ausgangshaltungen übergegangen. Ebenso ist es mit den Ablenkungen: Wenn Sie die Übung an einem ruhigen Ort problemlos durchführen können, versuchen Sie es auch unter ablenkenden Bedingungen, selbst bei Lärm.

Wenn man im Freien meditiert, kann auch der Wind zum störenden Einfluß werden. Er bläst in Ihr Gesicht und weht durch das Haar. Dennoch bleiben Sie ungestört in Ihrer Meditation. Insekten brummen neben Ihnen und fliegen zuweilen gegen Ihr Gesicht. Doch Sie bemerken das nur ganz nebenbei. In der Tiefe Ihrer Meditation spielen solche Gegebenheiten im Äußeren keine Rolle mehr. Es regiert einzig die tiefe Stille im Inneren.

Wenn Sie sich trotz unvorhergesehener Reize geistig entspannen können, entwickeln Sie einen Bewußtseinszustand, der es Ihnen erlaubt, auch im täglichen Leben keine Überreaktionen zu zeigen, wenn etwas Unvorhergesehenes eintritt. Im Laufe der Evolution hat der Mensch ein zunehmend reizbareres Nervensystem entwickelt. Dies war sehr positiv, denn es machte alle die großartigen, typisch menschlichen Erfahrungen möglich. Doch notwendig brachte es auch eine negative Errungenschaft mit sich. Je reizbarer ein Nervensystem ist, um so leichter kann es Überreaktionen zeigen. Solche Überreaktionen sind im täglichen Leben oft körperlicher Art. Zum Beispiel bremst man beim Autofahren angesichts einer plötzlichen Gefahr unnötig oder man weicht zu schnell und zu weit aus. Vielleicht gibt es auch verstandesmäßige Überreaktionen, indem man aufgrund plötzlicher aber unzureichender Informationen vorschnell Entscheidungen trifft. Zudem kommen häufig gefühlsmäßige Überreaktionen, beispielsweise in unbegründetem Haß gegenüber Menschen, Dingen und Ideen.

Es gibt viele einfache Möglichkeiten, eine Meditationssitzung so einzurichten, daß es zur Erfahrung eines unvorhergesehenen plötzlichen Reizes kommt. Eines meiner erfolgreichsten Experimente auf diesem Gebiet war das Meditieren in einem Garten gleich neben einem automatischen Rasensprenger. In gewissen Abständen wurde ich dabei immer wieder durch eiskalte Wassertropfen geduscht. Es ist auch möglich, sich an einem windigen Tag so unter einen Weidenbaum zu setzen, daß dessen lange Zweige bei heftigen Windstößen das Gesicht berühren. Zunächst werden bei solchen Experimenten die kalten

Wassertropfen oder der Schlag des Zweiges im Gesicht nicht nur die Meditation unterbrechen, sondern es wird auch zu unwillkürlichen Muskelverspannungen kommen. Doch bald läßt sich eine Tiefe der Meditation erreichen, in welcher ein solcher Reiz nur noch wenig oder keine körperlichen und inneren Reaktionen hervorruft. Sie können dann auch beobachten, wie Sie plötzlich auch in Ihrem alltäglichen Leben deutlich weniger körperliche, verstandes- und gefühlsmäßige Überreaktionen im Falle unerwarteter Reize zeigen.

Ich selbst nehme im Sommer gerne eine sehr schöne und auch wirksame Übung in diesem Sinne vor: Nur mit einer Badehose bekleidet meditiere ich auf einem Felsvorsprung am Meer in unmittelbarer Nähe des Wassers. Hin und wieder spüre ich dann plötzlich durch einen Windstoß oder eine größere Welle das Wasser um meinen Körper. Ich spüre es zwar, doch stört mich das in keiner Weise. Es finden keine Reaktionen statt, und die innere Geistesruhe bleibt erhalten.

Man kann nicht erwarten, durchs Leben zu gehen, ohne mit Leidhaftem konfrontiert zu werden. Doch durch meditative Praxis lernt man, dieses Leid ohne inneren Schmerz zu erfahren. Dies wird auch für Sie nicht sehr schwer sein! Wenn Sie es gelernt haben, Leid zu erfahren, ohne dadurch innerlich verwundet zu werden, haben Sie einen wichtigen Aspekt wahrer Lebenskunst verwirklicht.

Praktisch gesehen gibt es vier verschiedene Arten des Leides. Da ist einmal das Leid, das vorausgesehen werden kann: Prüfungen, chirurgische Eingriffe und natürlich auch zahnärztliche Behandlungen. Dann gibt es das plötzliche auftretende, unerwartete Leid, wie es durch größere und kleinere Unfälle hervorgerufen werden kann. Ferner bestehen zuweilen dauerhafte Leiden, Krebs, Arthritis oder andere chronische Krankheiten. Die vierte Art des Leidens dagegen ist eine völlig andere: Es handelt sich um das Leid des Geistes. Seelenqualen, Kummer, Sorgen oder Beleidigtsein wären hier zu nennen. Obwohl es sich dabei um geistiges Leid handelt, kann es mindestens ebenso schmerzhaft sein wie eine körperliche Verletzung. Durch verschiedene Meditationsübungen können wir lernen, mit diesen unterschiedlichen Arten des Leides umzugehen.

Wir lernen einen besseren Umgang mit voraussehbarem Leid, indem wir uns während der Mental-Ataraxie mit leidvollen Reizen beschäftigen. An dieser Stelle ist es wichtig, daß Sie sich daran erinnern, daß es hier nicht darum geht, hart zu werden und sich im Ertragen von Schmerzen zu üben. Es geht vielmehr um das Gegenteil: Sie sollten nicht hart werden und keine Schmerzen ertragen! Da Sie vor der Konfrontation mit dem schmerzhaften Reiz vollkommen entspannt sind, werden Sie selbstverständlich keinerlei Leid empfinden. Neben der positiven Wirkung beim Umgang mit voraussehbarem Leid trägt diese Art des Übens auch zu einer Vertiefung und Verbesserung des Meditationsvorganges bei.

Es gibt psychologisch gesehen zwei unterschiedliche Möglichkeiten, Leid zu erfahren. Die Angst läßt das Nervensystem besonders reizbar werden. Aus diesem Grunde wird ein ängstlicher Mensch mehr Leid empfinden. Wenn Sie nun vor dem Auftreten des leidvollen Reizes ganz entspannt sind, wird Ihre Wahrnehmung des Leides stark vermindert sein.

Der zweite psychologische Mechanismus, der hier eine Rolle spielt, ist schwieriger zu erklären. Es geht dabei darum, daß Sie Ihren Geist das Leid auf die einfachste Weise erfahren lassen. Dabei erleben Sie ein Leidgefühl einfach als Zeichen dafür, das irgend etwas nicht stimmt. Ein körperlicher Schmerz zum Beispiel zeigt an, daß an der entsprechenden Körperstelle etwas nicht in Ordnung ist. Sie fühlen das einfach. Es ist ein ganz ursprüngliches Empfinden. Es wird einfach gesehen, wie es ist. Sie fügen innerlich nichts hinzu. Dies ist die Erfahrung, des schmerzlosen Schmerzes, des leidlosen Leides.

Vielleicht sagen Sie jetzt: »Das verstehe ich nicht! Schmerz tut weh. Das muß ich jeden Tag selbst spüren!« Natürlich schmerzen leidvolle Erfahrungen, solange Sie Ihren Geist in der üblichen überdrehten Weise arbeiten lassen. Doch Sie können den Geist auch ganz anders gebrauchen. Dann wissen Sie zwar noch, daß da ein Schmerz ist, doch er tut einfach nicht mehr weh. Zweifeln Sie nicht an dem, was ich Ihnen hier beschreibe. Ich selbst habe dies auf leichte Weise selbst erfahren. Erst kürzlich wurde mir zu unterschiedlichen Terminen vier Zähne gezogen, doch ich fühlte dabei nicht die kleinste Unannehmlichkeit.

Wichtiger noch ist, daß ich vielen anderen gezeigt habe, wie sie auch soweit kommen können.

Sie sollten Schmerzen und Leiden als natürliche Erfahrung des Lebens werten. Um die Kontrolle über größere Leiden zu erlangen, müssen Sie zunächst etwas mit weniger schmerzhaften Reizen experimentieren. Ohne derartige praktische Experimente bleiben unsere Erörterungen zu theoretisch und losgelöst von den Problemen des wirklichen Lebens. Es ist für dieses Experimentieren von äußerster Wichtigkeit, daß es auf natürliche Weise geschieht. Es darf weder von Spannungen noch von Furcht begleitet sein.

Wie ich herausgefunden habe, ist ein Stück glimmender Faden der brauchbarste Reiz, um die Kontrolle über Schmerzen einzuüben. Es geht dabei um einen ganz einfachen Vorgang. Unterschiedliche Fäden brennen auf verschiedene Weise. Für Ihr Experiment benötigen Sie einen Faden, der nur durch ein Glimmen brennt, auf keinen Fall jedoch durch eine regelrechte Flamme! Auch sollten Sie einen dünnen Faden nehmen, da eine dickere Schnur einen zu intensiven Reiz ergeben könnte. Eventuell können Sie eine etwas dickere Schnur durch Entflechten in dünnere Fäden zerlegen.

Wenn Sie Rechtshänder sind, machen Sie nun Ihren linken Unterarm frei. Halten Sie den Faden, Streichhölzer oder besser noch eine brennende Kerze bereit. Machen Sie es sich bequem, und erfahren Sie eine tiefe geistige Entspannung. Dann bringen Sie das Ende Ihres Fadens zum Glimmen, indem Sie so entspannt wie möglich bleiben. Die Entspannung soll während des ganzen Vorganges tief sein. Öffnen Sie die Augen nur gerade soweit, daß Sie sehen können, was Sie tun. Konzentrieren Sie sich jetzt auf die Entspanntheit Ihres Gesichtes und der Stirn. Indem Sie diese Entspannung spüren, berühren Sie mit der glimmenden Spitze des Fadens leicht Ihren Unterarm. Ganz unbeschwert, leicht, ruhig, ohne Eile, aber entschlossen! Bleiben Sie sich dabei der Entspannung Ihres Gesichtes bewußt: Die Stirn ist locker, die Augen sind so entspannt, daß sie fast geschlossen werden. Doch bleiben sie etwas geöffnet, damit Sie die rote Spitze des Fadens auf der Haut Ihres Armes sehen. Lassen Sie die Fadenspitze einen Augenblick auf der Haut ruhen, dann ziehen Sie sie wieder weg. Tun Sie dies ganz ruhig und völlig unbeschwert. Dann wiederholen Sie den ganzen Vorgang, dieses Mal noch entschlossener! Doch vergessen Sie nicht die Entspannung des Gesichtes, welche die Augen fast zum Schließen bringt. Die ganze Zeit bleibt Ihr Geist innerlich entspannt.

Wie man es lernt, plötzlich unerwartete Leiden und Schmerzen zu meistern. Ihre allgemeine Meditationserfahrungen tragen dazu bei, die Neigungen zu Überreaktionen abzubauen. Wenn Sie darüber hinaus spezielle Übungen zu diesem Zwecke vornehmen möchten, benötigen Sie die Hilfe eines Freundes. Dieser sollte während Ihrer Übung still neben Ihnen sitzen. Plötzlich, ohne jede Warnung, kann er nun Ihren Arm mit dem glimmenden Faden berühren. Wenn Sie nur in einer Badehose meditieren, wird es ihm sogar möglich sein, die Haut an jeder beliebigen Stelle Ihres Körpers mit der Fadenspitze zu reizen. Dadurch wird das Element des Nichterwarteten in dieser Übung noch verstärkt. Ihr Assistent kann Sie auch mit einem Stöckchen oder einem Zweig leicht auf den Rücken schlagen. Auch durch ein plötzliches leichtes Stechen der Haut wird es ihm möglich sein, einen unerwarteten Schmerz hervorzurufen. Zwischen allen diesen Reizen muß jedoch eine längere Pause liegen, damit diese auch tatsächlich den Charakter des Unerwarteten bewahren.

Eine Kontrolle über chronische Leiden bedeutet einen großen Schritt auf dem Weg zu wahrer Lebenskunst. Diese Kontrolle wird im Experiment durch künstlich erzeugte Schmerzen von etwas längerer Dauer eingeübt. Menschen, die unter chronischen Schmerzen leiden, wollen mir, wenn sie dies lesen, vielleicht antworten: »Ich habe schon genug Schmerzen! Ich möchte mir nicht noch weitere künstliche zufügen!« Doch lassen Sie mich zunächst erklären. Diese auf künstliche Weise hervorgerufenen Schmerzen werden Ihnen keine zusätzlichen Sorgen machen. Da Sie ganz entspannt sind, können diese Ihnen nicht wirklich weh tun. Wichtig dabei ist folgender Aspekt: Es wird Ihnen leichter fallen, die Kontrolle über eine ganz neue Art von Schmerz zu lernen, als gleich mit einem gewohnten Leiden zu beginnen, mit dem Sie schon lange kämpfen.

Für das Experiment können Sie wiederum den Faden benutzen. Beginnen Sie mit einem dünnen Fadenstück, damit der nun ausgelöste

Reiz nicht überstark wird. Es wird jetzt darum gehen, ganz ruhig zu beobachten, wie ein Stückchen Haut das Brennen des glimmenden Fadens spürt. Dabei sollten Sie an der Unterseite Ihres Unterarmes üben, denn leicht könnten Haare an der Oberseite verhindern, daß das Fadenstück flach auf der Haut liegt. Halten Sie zu dieser Übung eine Schere bereit. Nun entspannen Sie sich, wie es zuvor beschrieben wurde. Zünden Sie den Faden an. Dabei empfinden Sie die Entspannung Ihres Gesichtes. Die entspannten Augen sind halb geschlossen. Nun legen Sie den glimmenden Faden auf Ihren Unterarm. Vollständig entspannt nehmen Sie die Schere zur Hand, und schneiden Sie etwa einen Zentimeter des Fadens hinter dem glimmenden Ende ab! Tief entspannt beobachten Sie nun, wie dieser Zentimeter des Fadens langsam verglimmt. Empfinden Sie es! Sie werden es fühlen, doch ein Schmerz wird sich nicht zeigen. Vielleicht riechen Sie das Verbrannte, doch es wird nicht weh tun. Dann ist der Faden vollends verbrannt, womit auch die Übung endet.

Wenn Sie mehr Erfahrung mit diesem Experiment gesammelt haben, können Sie auch mit längeren Fadenstücken von ein paar Zentimetern üben. Der schmerzhafte Reiz wird dann zwei oder drei Minuten oder sogar etwas länger anhalten. Doch Sie werden keinerlei Schmerz empfinden. Sicher sind Sie sich klar bewußt, daß dieser Faden auf Ihrer Haut glimmt, doch es wird kein Leid darüber in Ihnen entstehen. Wenn Sie in der Meditation weiter fortgeschritten sind, können Sie auch mit dickeren Fäden üben, um den Reiz zu intensivieren. Denken Sie daran, daß der Faden flach auf der Haut liegen muß. Wenn dies durch Haare oder einen Knoten nicht möglich ist, besteht nicht der vollständige Reiz. Durch dieses Vorgehen lernt Ihr Geist, wie er Leiden von einiger Dauer bewältigen kann. Menschen mit chronischen Schmerzen, die das üben, werden feststellen, wie Intensität und Leidhaftigkeit ihrer Schmerzen nachlassen.

Eine andere Methode besteht darin, sich auf einen harten Untergrund mit spitzen Kieselsteinen unter dem Rücken zu legen. Dabei ist es äußerst wichtig, daß Sie sich vornehmen, auf keinen Fall deshalb aufzustehen, weil Ihnen die Steine Schmerzen zufügen. Ihr Ziel ist es, ohne leidhaftes Schmerzgefühl hier zu liegen. Darum wählen Sie für den Anfang keine zu lange Zeit für dieses Experiment. Wenn Sie dennoch merken, daß etwas Schmerzgefühl über Sie kommt, versuchen Sie sich einfach noch tiefer zu entspannen. Erheben Sie sich von dieser Übung nur, wenn Sie frei vom inneren Leiden an diesen Schmerzen sind, jedoch niemals deshalb, um der Unbequemlichkeit zu entgehen.

Wie steht es nun mit den Leiden des Geistes: Ärger, Kummer, Gekränktsein, Schuldgefühlen? Das Leiden des Geistes kennt viele Erscheinungsformen. Die Meditation macht Sie mit der Unbeschwertheit Ihres Geistes vertraut. Dadurch lernen Sie auch einen besseren Umgang mit solchen Problemen. Denken Sie zunächst daran, daß schon der körperliche Schmerz in der Regel etwas Gutes und Nützliches ist. Er warnt uns vor Krankheiten und zeigt an, wenn etwas mit unserem Leib nicht in Ordnung ist. Dadurch dient er einem sinnvollen Zweck. Darum möchte die Meditationspraxis auch nicht den Schmerz an sich abstellen, sondern nur das innere Leiden daran überwinden. Auch die Schmerzen des Geistes können nun ihren Sinn haben: Furcht warnt Sie vor einer Gefahr. Schuldgefühle zeigen an, daß Sie etwas falsch gemacht haben. Andere Schmerzen des Geistes, auch wenn sie schwer durchschaubar sind, haben ebenfalls den Sinn, Ihnen in irgendeiner Weise zu helfen. Wenn Sie gekränkt wurden, hat man Sie dadurch herabgesetzt. Das unangenehme Gefühl des Gekränktseins läßt nun Ihre innere Selbsteinschätzung sinken. Hierdurch wird es Ihnen möglich, diese Herabsetzung leichter zu ertragen. Somit erfüllt der Schmerz des Gekränktseins eine sinnvolle Funktion. Der Kummer hat ebenso seinen positiven Zweck, indem er Ihnen einen Verlust bewußt machen kann.

Manche Ärzte versuchen, geistiges Leid durch Behandlungen zu lindern. Dagegen steht die philosophische Ansicht, daß man das Leiden als Teil eines ganzen Menschseins annehmen sollte. Die landläufige medizinische Auffassung besteht darin, jedes geistige Leid sofort auszuschalten. Dadurch kommt es zu einem häufigen Anwenden von Beruhigungsmitteln und aufmunternden Medikamenten. Selbstverständlich soll niemand unnötig leiden. Doch ist es auf der anderen Seite kein positiver Zustand, wenn Menschen ein Leben zweiter Klasse führen, weil ihr Wahrnehmen und Fühlen durch Medikamente benebelt ist, von denen sie stets höhere Dosen verlangen. Es gibt die philosophische Ansicht, daß man auf Leiden vorbereitet sein sollte, um es als Teil der ganzheitlichen menschlichen Erfahrung anzunehmen. Im traditionellen Hinduismus und im Buddhismus gibt es die erwägenswerte Auffassung, daß Leiden nur durch inneres Loslassen und Nicht-Haften an den Dingen überwunden werden kann.

Durch die meditative Praxis lernen Sie, geistige Schmerzen ohne quälendes Leid zu erfahren. Bitte versuchen Sie, sich gerade diesen wichtigen Aspekt in Theorie und Praxis anzueignen!

Wir wollen von einfachen Beispielen ausgehen. Vergegenwärtigen Sie sich irgendeinen vergangenen oder gegenwärtigen Vorfall schwerer oder leichterer Art, weswegen Sie Schuldgefühle haben: eine falsche Steuererklärung, eine uneheliche Schwangerschaft, unlautere Methoden gegenüber einem anderen oder etwas Entsprechendes aus Ihrem persönlichen Leben. Einige Theologen würden jetzt sagen, daß Ihr Leiden daran gerechtfertigt ist, weil hierdurch die Schuld gesühnt wird. Die meisten Psychiater würden einwenden, daß Schuldgefühle keinesfalls angebracht sind. Natürlich sollten Sie sich nicht durch Schuldgefühle so zerstören, daß Sie dadurch den Bezug zum ganzheitlichen menschlichen Leben verlieren. Andererseits könnten Sie diese Schuldgefühle als einen Führer für künftiges Vorgehen im Leben akzeptieren. Ich glaube, man sollte nach einer Geisteshaltung streben, in welcher ein Sinn für Schuldigkeit vorhanden bleibt, ohne daß dieser der Persönlichkeit zerstörerisches Leiden schafft.

Ähnliches läßt sich auch für andere geistige Leiden aussagen. Nehmen wir zum Beispiel die Trauer, also das innere Empfinden eines Verlustes. Jedermann hat schon im Innersten Trauer über einen Verlust empfunden, vielleicht den Weggang eines geliebten Menschen. Es ist gut, in einem solchen Moment Trauer wirklich zu empfinden. Doch sollte man sich durch diese Trauer nicht in solchem Ausmaß Leid bereiten, daß die Fähigkeit zum wirklichen und ganzen Leben vermindert wird. Einen derart ausgewogenen Geisteszustand sollten auch Sie erreichen.

Wie kann man das Leiden an geistigen Schmerzen vermeiden? Bis jetzt haben wir die Theorie betrachtet, doch nur die Tat zählt.

Alles Leiden, jede geistige Verletztheit schließt geistige Unruhe ein. Ohne geistige Unruhe würde es nur wenig inneres Leid geben. Wenn unser Geist beruhigt ist, wenn im Inneren die Stille herrscht, dann verschwindet auch das Leid. Auf diese Weise kann die meditative Erfahrung vom Leiden befreien und die Qual geistiger Schmerzen auslöschen.

Bezüglich der Befreiung vom inneren Leid durch Meditation sind zwei wesentliche Aspekte zu nennen. Wenn ein Mensch von geistigem Leid ergriffen ist, kann er seinen Kummer lindern, indem er das Meditieren erlernt und es auch praktiziert. Alle Unruhe wird dann schrittweise aus seinem Geist verschwinden, bis auch das innere Leid schließlich nicht mehr existiert. Da ich dies bereits bei zahlreichen Menschen beobachten durfte, weiß ich zweifelsfrei, wie wirksam es ist.

Der andere Aspekt betrifft geistiges Leid, das solchen Menschen widerfährt, die schon zuvor erfahrene Meditierende waren. Kummer, Schmerz und Leid kann solche Menschen niemals wirklich erfassen. Ich kenne viele Patienten, die auch in jüngster Zeit durch wahrhaft schreckliche Erfahrungen gegangen sind: Man wurde vom Partner verlassen, eine uneheliche Schwangerschaft, öffentlichen Ärger mit einem Familienmitglied, Firmenpleite. Die betroffenen Patienten haben diese Situationen in einer Weise gemeistert, die sie selbst zuvor niemals für möglich gehalten hätten. Die innere Stille, die sie aus ihrer meditativen Erfahrung gewannen, bewahrte sie vor der üblichen geistigen Unruhe, wodurch echtes inneres Leid nicht entstehen konnte.

Denken Sie daran, daß die Befreiung von geistigen Leiden durch Meditation nichts mit den Verstandesfunktionen des Geistes zu tun hat. Im Laufe seiner Entwicklung hat der Mensch begonnen, sich zu sehr auf seine logischen Fähigkeiten zu verlassen, wodurch die anderen Funktionen seines Geistes vernachlässigt wurden. Einige Leute, denen man ihre inneren Leiden ansieht, erhalten andauernd gute Ratschläge wohlmeinender Freunde. Jene Freunde begreifen nicht, daß ihre logischen Ratschläge nur wenig oder meist keine Hilfe bringen. »Du hast das zwar getan, aber es ist jetzt vorbei. Es gehört der Vergangen-

heit an. Also vergiß es, und mache Dir keine Sorgen mehr darüber!«
Das klingt alles sehr logisch, doch es hilft dem Leidenden letztlich
nichts. Oder: »Sie hat dich verlassen. Dadurch hat sie dir klar gezeigt,
daß sie dich nicht mehr liebt. Es ist ganz sinnlos, wenn du dich weiter
darüber quälst!« Logische Ratschläge in dieser Weise tragen nur dazu
bei, die Trauer und das Leid des Betroffenen zu verstärken.

*Menschen, die unter innerem Kummer leiden, lehnen es oft ab, sich
durch Meditationspraxis selbst zu helfen.* »Wie kann das Meditieren
etwas wieder richtigstellen, was ich einmal falsch gemacht habe?«
Nun, das geht tatsächlich nicht. Doch die Meditation kann von der
inneren Qual befreien, damit man wieder mit dem normalen Leben
fortfahren kann. Man hört auch: »Die Meditation kann sie mir ja
ohnehin nicht zurückbringen.« Das stimmt. Doch die Meditation
kann *Sie* zurück ins wirkliche Leben bringen. Für den äußeren
Beobachter ist das alles völlig selbstverständlich, doch die leidende
Person denkt nur an ihre Schuld oder Trauer. Man muß sie überreden,
einen Versuch zu wagen.

Man hört zuweilen noch ein anderes ablehnendes Argument: »Ja,
ich fühle mich tatsächlich ruhiger und besser während ich meditiere,
doch danach kommt die ganze Qual zurück.« Natürlich wird es eine
kleine Weile dauern, bis die Wirkungen Ihrer meditativen Erfahrung
ins Alltagsleben vordringen. Hier sollte der Meditierende zunächst
beobachten, daß er sich auch noch kurze Zeit nach der Meditation
spürbar besser fühlt. Diese Ruhe nach dem Üben wird sich schließlich
über immer längere Zeiträume erstrecken, bis sie ein selbstverständlicher Bestandteil des normalen Lebens geworden ist.

*Ihre Lebensqualität wird durch die Art, in welcher Sie die Wirkun-
gen der Mental-Ataraxie in den Alltag bringen, direkt beeinflußt.* Es
reicht bei unserem Thema nicht aus, darüber zu lesen! Es genügt nicht,
darüber nachzudenken! Auch das Üben alleine reicht nicht aus. Nur
die Auswirkungen der Meditation im Leben zählen. Es geht darum,
die Wirkungen der meditativen Erfahrung zu einem Teil unseres
Wesens zu machen!

*Man kann ein meditatives Leben führen und dennoch ein aktiver
und beschäftigter Mensch sein.* Dies ist ein wesentlicher Teil der

Philosophie, die ich Ihnen darlege. Hier gibt es keinen Rückzug vom Leben, kein Meiden unserer Mitmenschen, keinerlei Neigung zu einem Einsiedlerleben. Das Ziel ist die volle Teilnahme an der ganzen Wirklichkeit des Lebens, doch dies bei unbeschwerter Stille des Geistes.

Das Empfinden der Ruhe und Unbeschwertheit kann von der Meditation in sämtliche Bereiche des Lebens übertragen werden. Sie werden dieses Empfinden haben, wenn Sie normal über die Straße gehen. Ein gutes Gefühl wird Sie überall begleiten, die Unbeschwertheit Ihres Geistes und die Ungezwungenheit Ihres inneren Wesens. Es wird sich schon in Ihrer Art des Gehens zeigen. Alles wird in einem natürlichen Rhythmus unbeschwert sein. Und weil dieses Grundempfinden Sie beseelt, können Sie auch alle Dinge der äußeren Welt mit Unbeschwertheit wahrnehmen. So betrachten Sie die Menschen auf der Straße, deren Gesichtsausdrücke und damit die Einstellung. Das Lichterspiel der Stadt, das Getriebe auf der Straße, all dies können Sie mit zunehmender Wachheit betrachten, weil Sie selbst innerlich unbeschwert sind.

Ebenso wird es bei der Arbeit sein. Aus der Unbeschwertheit Ihres Wesens heraus brauchen Sie sich weniger anzustrengen. Mit den Arbeitskollegen können Sie jetzt besser umgehen, denn Sie brauchen sich nicht mehr über das zu ärgern, was diese sagen und tun. Sie haben ein echtes und tiefes Verständnis gewonnen. So wird es nicht mehr zu Überreaktionen kommen, wie dies früher der Fall sein konnte.

Auch daheim wird sich manches ändern. Wenn Sie in innerem Frieden mit sich selbst sind, wird auch die Reizbarkeit verschwinden, die zuvor das Familienleben durcheinanderbringen konnte.

Ich habe die Gewohnheit, mir stets einige wörtliche Aussagen meiner Patienten zu notieren. Dies tue ich grundsätzlich beim ersten Besuch, bevor der Patient mit Meditation und Entspannung beginnt. Dies ist recht wichtig, denn die Art und Weise, wie der Patient die Dinge einschätzt und beschreibt, kann sich schon nach dem ersten Meditieren durch die nun eintretende innere Ruhe vollkommen wandeln. Wenn ich diese Patienten dann nach einer Woche oder meist erst nach Monaten wieder befragte, war in der Regel stets eine solche wunderbare Wandlung zum Besseren eingetreten. Dieser vielfältigen

Erfahrung entspringt mein absoluter Glaube an die Mental-Ataraxie als eine Methode, die jedem innere Unbeschwertheit schenkt, der in der richtigen Weise übt.

Durch eine bewußte innere Ausrichtung werden Sie es schaffen, die Wirkungen der Meditation im täglichen Leben zu empfinden. Dies geschieht durch eine besondere Art des Erinnerns, bei welcher Sie die während der Meditation erfahrene innere Stille in sich wieder wachrufen. Doch es ist weitaus mehr als einfache Erinnerung: Sie richten sich bewußt dahingehend aus, die nach der Meditation erlebte innere Unbeschwertheit in sich fortleben zu lassen. Auf diese Weise wird sich das durch die Übung Erfahrene im Alltag fortsetzen. Zunächst ist es nur kurze Momente da, dann etwas länger, und bald werden Sie in Ihrem täglichen Leben Zeiten der Stille und Unbeschwertheit kennenlernen, die Sie niemals für möglich gehalten hätten.

Diese innere Ausrichtung auf die Wirkungen des Übens wird durch das Erinnern an körperliche Empfindungen während der Meditation gefördert. Zum Beispiel fühlen Sie während der Entspannungsübung die Lockerung Ihrer Gesichtsmuskeln. Dabei verschwindet in der Regel alle Spannung und Verkrampfung aus der Stirn und den Muskeln um Ihre Augen. Sie können nun dieses körperliche Gefühl auch im Alltag wieder in sich wachrufen, etwa wenn Sie ganz normal auf der Straße gehen. Beim einfachen Gehen wird Ihnen das nicht schwerfallen. Mit etwas mehr Übung können Sie dann später dieses Gefühl der Entspannung und Unbeschwertheit bei allen Ihren beruflichen und häuslichen Pflichten des täglichen Lebens wachrufen. Auf diese Weise bringen Sie die Wirkungen der Meditation bewußt in Ihr normales Leben ein, wobei alle Bereiche Ihres Daseins davon Gewinn haben.

Bald werden Sie dann den Punkt erreichen, an dem ohne jede bewußte innere Maßnahme Ihrerseits die Unbeschwertheit immer in Ihnen ist. Wenn das eintritt, und es tritt schneller ein, als die meisten Menschen glauben möchten, werden Sie eine völlig neue Dimension der Lebensqualität erobert haben. Sie tun dann wirklich alle Dinge in einer solchen unbeschwerten und natürlichen Weise, die Sie sich niemals erträumt hätten.

Auch wenn Sie sich im Alltag nicht bewußt auf ein Weiterwirken der

Meditationserfahrung ausrichten, werden sich die Früchte des Übens im täglichen Leben niederschlagen. Ohne jedes Zutun Ihrerseits wirkt die Praxis der Mental-Ataraxie dann allmählich in Ihr Leben hinein. Doch es wird dann länger dauern, bis es zur bleibenden inneren Ruhe und Unbeschwertheit kommt. Darum möchte ich Ihnen dringend raten, auf jeden Fall das bewußte Umsetzen der Meditationserfahrung in den Alltag zu üben.

Viele meiner Patienten interessieren sich nicht für die Qualität ihres Lebens. Das, wonach sie suchen, ist eine Befreiung von psychosomatischen Leiden. Aus diesem Grunde üben sie dann zwar die Mental-Ataraxie während bestimmter Meditationssitzungen, doch sie beschäftigen sich nicht damit, die Wirkungen auch im täglichen Leben umzusetzen. Dennoch durfte ich in den meisten Fällen feststellen, wie nicht nur die psychosomatischen Beschwerden verschwanden. Als Nebenwirkung stellte sich auch eine erhebliche Steigerung der Lebensqualität ein.

Sie können Ihr gesamtes Leben vor dem Hintergrund der Mental-Ataraxie zu einer Ganzheit werden lassen. Ihr Dasein ist ein einziger ganzheitlicher Prozeß. Ich habe einige Leute getroffen, die glaubten, daß es angemessen wäre, während der Übung entspannt, doch im Berufsleben gespannt zu sein. Doch ein erfülltes Leben kennt keine verschiedenen Schubladen. Ihre Unbeschwertheit sollte alle Aspekte des Daseins umfassen: Familie, Berufswelt und Freizeit. Ihr inneres Wesen hat an allen diesen Lebensbereichen teil.

Auch wenn Sie die Erfahrungen der Meditation in den Alltag einbringen, bleiben Sie ein zu klarem Handeln und bewußtem Entscheiden befähigter Mensch. Dies ist von äußerster Wichtigkeit. Manchmal fragen mich Leute, die nicht ganz verstanden haben, worum es mir geht: »Möchten Sie denn, daß ich in einer Art Trance durchs Leben irre?« Über diesen Punkt sollte wirklich Klarheit bestehen: Während des Übens herrscht tatsächlich dann eine gewisse Trance, wenn Sie sich Ihrer Umgebung nicht mehr bewußt sind. Nach der Übung versuchen Sie dann die *Wirkungen* dieses Zustandes in das tägliche Leben einzubringen, nur die *Wirkungen* und nicht den *Zustand* selbst! Es soll darum gehen, den inneren Frieden und die

Unbeschwertheit des Geistes zu bewahren, die man in der Meditation kennenlernte. Dies ist möglich, ohne die Fähigkeit zu klarem Handeln und bewußtem Entscheiden zu verlieren. Wie Sie sehen werden, wird die Fähigkeit zu einem wachen Leben durch den Abbau Ihrer Ängste sogar noch gefördert. Sie können jetzt Ihre gesamte geistige Energie dem aktiven Leben und wichtigen anstehenden Entscheidungen zufließen lassen, weil Sie diese nicht mehr weitgehend zur Kontrolle Ihrer Ängste aufwenden müssen.

Wenn Sie die Wirkungen der Mental-Ataraxie ins tägliche Leben einbringen, können Sie in vollkommener Unbeschwertheit die unangenehmsten und schwierigsten Aufgaben erledigen. Sie werden in wichtigen Momenten keine Überreaktion mehr zeigen. Gleichgültig, ob Sie Leichtes oder Schweres zu vollbringen haben, Sie bleiben innerlich beruhigt. Dadurch wird Ihnen alles erheblich besser gelingen. Als Ergebnis erlangen Sie schließlich einen wunderbar verbesserten Lebensstil.

Zweiter Teil

Die Unbeschwerte Disziplin

Die Früchte der Mental-Ataraxie
Das praktische Ordnen Ihres äußeren Lebens

8. Kapitel

Was Sie tun und was Sie sind

Als Psychiater habe ich weitaus mehr Gelegenheit als die meisten anderen Menschen, Lebensläufe zu überblicken. Ich sehe Dinge, die zu einem gelungenen Dasein beitragen können. Auf der anderen Seite fallen mir Elemente auf, die alle Hoffnungen eines Lebens zerstören können. Derart beobachte ich die Struktur der Lebensläufe, um Gesetzmäßigkeiten zu erforschen, die auch für Sie von wesentlichem Interesse sind.

Ihr jeweiliges *Tun*, gleichgültig ob im Beruf oder in der Freizeit daheim, hängt unmittelbar mit dem zusammen, was Sie sind. Tatsächlich verbessern Sie Ihr Dasein direkt dadurch, daß Sie genau das tun, was psychologisch und physiologisch Ihrer Persönlichkeit angemessen ist. Doch da stellt sich plötzlich die Frage nach Ihrer Persönlichkeit. Wer oder was sind Sie?

Als Individuum sind Sie die Summe Ihrer gesamten gewohnheitsmäßigen psychischen Reaktionen. In diesen kommen Ihre einzigartigen Eigenschaften und Ihre Persönlichkeit zum Ausdruck. Wenn es sich dabei nun um Abwehrreaktionen gegen Umwelteinflüsse handelt, sind diese nicht so dauerhaft und in sich gefestigt, wie Sie vielleicht annehmen. Die gesamte menschliche Persönlichkeit wandelt sich unaufhörlich. Wichtig in diesem Zusammenhang ist, daß Sie die Art dieser Wandlung willentlich mitbestimmen können. Somit wäre es Ihnen auch möglich, unnötige Abwehrreaktionen zu verwandeln. Sie dürfen sich also keineswegs auf das festgelegt sehen, was Sie im Augenblick zu sein scheinen. Betrachten Sie nur, wie sehr Sie sich heute von Ihren Kindertagen unterscheiden! Dabei spreche ich in diesem Zusammenhang in keiner Weise vom körperlichen Wachstum, sondern es geht nur um die Änderung in den psychischen Reaktionen und Ihren Wertvorstellungen.

Sie wären auch jetzt in der Lage, innerlich weiter zu wachsen und sich erheblich zu entwickeln. Doch vielleicht haben Sie es sich mit Ihren gegenwärtigen Gewohnheiten schon recht gemütlich gemacht, oder Sie fürchten sich davor, vom Vertrauten abzuweichen. Wenn Sie sich zunächst einmal ganz klar über Ihr gegenwärtiges Tun werden, können künftige positive Wandlungen im Leben auf dieser Grundlage leichter eintreten. Dabei wird Ihr Dasein angenehmer verlaufen, wenn Sie bestimmte materielle, biologische, psychologische, philosophische und spirituelle Grundbedürfnisse Ihres Wesens befriedigen. Dies steht im Zentrum der Frage, was Sie im Leben tun sollten. Unter diesem Gesichtspunkt werden im nachfolgenden Abschnitt verschiedene Aspekte des Daseins betrachtet.

Wir sind Lebewesen in einer Welt voller äußerer Notwendigkeiten. Wer seine materiellen Bedürfnisse verneint, verleugnet damit sein biologisches Erbe. Jede Philosophie oder Lebensart, die an den grundsätzlichen Notwendigkeiten eines Daseins vorbeigeht, ist zum Scheitern verurteilt. Doch ist das Problem der materiellen Bedürfnisse auch eng mit ethischen und spirituellen Aspekten verbunden. So gibt es zum Beispiel im Menschen den biologischen Trieb, sich um die materiellen Bedürfnisse des Partners, der Nachkommen und anderer Nahestehender zu kümmern. Schon in dieser einfachen Angelegenheit zeigt sich die enge Verknüpfung zwischen dem materiellen Leben und der ethischen Erfahrung. Man empfindet ein entsprechendes Verhalten als Pflicht. Es ist tief im Menschen eingegraben. Aus diesem Grunde ist jede Philosophie, die Meditation und den Rückzug von der Welt miteinander verbindet, zum Scheitern verurteilt, denn sie leugnet diesen wichtigen menschlichen Trieb. So ist es bei der Idee der Hippies, daß man nur für die Befriedigung der einfachsten Bedürfnisse zu leben braucht. Diese Einstellung steht im Gegensatz zu der Notwendigkeit, daß wir für den Unterhalt jener, die von uns abhängen, arbeiten müssen. Wer in heutigen Zeiten einen Rückzug vom Leben des täglichen Wettbewerbs predigt, wird sicher einen großen Zulauf haben, denn viele Menschen fühlen sich vom Streß geplagt.

Doch diese Anschauung geht an den Grundtatsachen unseres Lebens vorbei! Der Mensch muß arbeiten, um seine materiellen Bedürfnisse zu befriedigen! Er darf sich nicht in die Illusion flüchten, diese Bedürfnisse und Notwendigkeiten wären nicht vorhanden. Doch zugleich sollte man diesen materiellen Bedürfnissen nicht gestatten, alle anderen inneren Notwendigkeiten völlig zu überschatten. Dies ist sicher der wesentliche Fehler der materialistischen Gesellschaft, in der wir heute leben.

Der biologische Aspekt spielt heute eine geringere Rolle bei der Arbeit zur Befriedigung der materiellen Bedürfnisse. Im langen Prozeß der biologischen Evolution des Menschen hat sich mancher Aspekt in seiner Bedeutung recht stark gewandelt. So ist zum Beispiel die reine Muskelkraft für viele Menschen heute nicht mehr so wichtig, wie es in den frühen Stadien der Entwicklung war. Ebenso ist es mit der Aggressivität. Für den ursprünglichen Menschen war die Aggressivität lebensnotwendig, doch in heutigen Zeiten führt sie eher zu Schwierigkeiten. Auf der anderen Seite sind die Fähigkeiten des Verstandes in ihrer Bedeutung erheblich gewachsen. Entsprechend hat sich auch der Stellenwert, den die Arbeit für unsere materiellen Bedürfnisse im Leben einnimmt, sehr gewandelt. Früher war das gesamte Leben davon bestimmt, heute ist nur noch ein kleiner Teil davon für diese Arbeit notwendig. Man muß sich dies klar vor Augen halten, denn der Mensch neigt dazu, auch heute noch einem alten Wertsystem entsprechend zu handeln, aus dem er schon lange herausgewachsen ist.

Gesellschaftliche Faktoren beginnen im heutigen Leben eine zunehmend bedeutendere Rolle zu spielen. Daran kann man in keinem Falle vorübergehen. Wir liegen mit unseren Mitmenschen in einem Wettbewerb. In früheren Zeiten hatte der Erfolgreichere im Wettbewerb größere Überlebenschancen und dadurch auch eine größere Nachkommenschaft. Aus diesem Grunde ist dem heutigen Menschen das Prinzip des Wettbewerbs eingeboren. Während man in der Vergangenheit noch tatsächlich körperlich gegen seine Konkurrenten zu kämpfen hatte, geschieht dies heute auf eine eher symbolische Weise. So hat bei mir die Atemlosigkeit eines harten Tennisspiels gestern den ererbten Trieb zum Wettbewerb wieder erweckt.

Auf ähnliche Weise konkurriert der Mensch auf der Ebene des materiellen Gewinnes. Wenn Sie in Ihrem Betrieb in eine höhere Position befördert werden, bedeutet Ihnen das mehr als nur eine Gehaltserhöhung. Sie haben dann etwas erreicht. Das ist für Sie auch ein nicht zu unterschätzender persönlicher Gewinn, ein Erreichen eines wichtigeren Status. Auch auf diese Weise liegen Sie im Wettbewerb mit Ihren Mitmenschen. Wenn Sie noch jung sind, steigt durch solchen Erfolg die Chance, einen begehrten Partner zu erobern. Sind Sie schon älter, kommt es Ihnen in der Hauptsache auf das hierdurch wachsende gesellschaftliche Ansehen an. Auch wenn man nicht darüber reden möchte, so ist es doch die Wahrheit.

Das Bedürfnis, uns im Wettbewerb mit anderen zu messen, ist ein Teil unseres menschlichen Wesens. In der Vergangenheit haben wir noch körperlich gegeneinander gekämpft, heute geschieht es auf der Ebene von Erfolg und Besitz. Zuweilen wollen wir unseren Mitmenschen dabei noch ebenso schaden wie in den vergangenen Tagen, als man sie einfach niederschlug. Wenn man die Angelegenheit unter diesem Blickwinkel betrachtet, ist ein Wettbewerb solcher Art heute tatsächlich nicht mehr notwendig. Er ist Ausdruck eines niedrigen Lebensstiles. Doch wir sind so, wie wir sind, und gegenwärtig lebt in uns dieses Bedürfnis.

Dennoch sollten Sie sehen, daß der Mensch sich ändern kann. Nur eine kleine Wandlung, nur ein weiterer Schritt im Evolutionsprozeß wäre notwendig, und diese Art des materiellen Wettbewerbes würde unnötig. Wir hätten dann Zeit für einfache Freuden, auch für die Freude, unseren Geist wirklich zu gebrauchen. Diese neue Art der Befriedigung ist jener primitiveren Form des bloßen materiellen Gewinns völlig entgegengesetzt. Wir könnten unseren Geist dann nicht nur zum Denken benutzen, sondern er würde uns zugleich die innere und äußere Wirklichkeit aller Dinge erschließen. Wenn es Ihnen heute schon gelingt, die Weichen Ihres Lebens in diese Richtung zu stellen, sichern Sie sich für die Zukunft ein unvergleichbar besseres Dasein.

Sie sind nicht das, was Sie zu sein scheinen. Durch Ihre unbewußten Versuche, mit der inneren Angst fertig zu werden, haben Sie ein unzutreffendes Bild von sich gewonnen. Sie sind nun zwei Wesen zur gleichen Zeit: Ihre eigentliche Persönlichkeit und deren Karikatur. Wenn Sie sich selbst erkennen wollen, müssen Sie genau hier einsetzen.

Meist sehen Sie sich und Ihre Mitmenschen als die Karikatur. So sind Sie tatsächlich in der Wirklichkeit Ihres täglichen Lebens. Doch manchmal, in seltenen Momenten, ausgelöst durch Streß, Liebe oder Qual, hervorgerufen durch die offene Begegnung mit einem anderen, durch religiöse Erfahrung oder Naturerleben, erkennen Sie plötzlich sich und andere im neuen Lichte einer tieferen Wirklichkeit. Das Zerrbild verschwindet dann. Die gewohnte Karikatur ist der Vision großartiger Möglichkeiten gewichen.

Sie sollten sich darüber klar sein, daß dieses Gleichnis nur ein teilweises Verstehen ermöglicht. Das Zerrbild Ihres Wesens ist nicht bloß eine Täuschung oder eine bloße Fassade, hinter welcher die Wahrheit verborgen liegt. Sie sind tatsächlich diese Karikatur. So benehmen Sie sich in Ihrem normalen Dasein. Doch gleichzeitig liegt in Ihnen stets die Möglichkeit, ein natürlicher und offener Mensch im wahrsten Sinne des Wortes zu werden. Dies ist die große Chance des Lebens.

Sie glauben vielleicht, daß Sie eine unveränderliche Persönlichkeit sind. Möglicherweise denken Sie, Ihre Persönlichkeit, die Ihnen Ihre von allen anderen Wesen verschiedene Einzigartigkeit verleiht, wäre ein unveränderlicher Kern Ihres Daseins. Sie sehen Ihre Individualität dann als eine Art Herz Ihres Lebens, das für immer Ihnen gehört. Andere Teile Ihres Wesens sehen Sie dann als veränderlich, doch Sie meinen, die Persönlichkeit bleibt sich immer gleich. Diese Sichtweise entspricht jedoch nicht der Wirklichkeit. Tatsächlich ist Ihre gegenwärtige Persönlichkeit lediglich die Summe aller Ihrer Kämpfe gegen die Angst. Als solche ist sie nicht annähernd so gehaltvoll und dauerhaft, wie Sie es gerne glauben.

Wenn man introvertiert oder extravertiert ist, so besagt dies lediglich, daß man in unterschiedlicher Weise an die Angstbewältigung herangeht. Der Introvertierte versucht es durch Rückzug vom äußeren Leben und Beschäftigung mit inneren Dingen; der Extravertierte konzentriert sich auf die praktischen Realitäten des Lebens und wendet seinen Blick nach außen. So entwickelt jedermann seine eigene Möglichkeit, den Grad der Angst niedrig zu halten. Der Perfektionist versucht sich zum Beispiel der Angst dadurch zu entledigen, daß er alles immer ganz richtig machen möchte. Ein neugieriger Mensch besitzt diese Eigenschaft deshalb, weil er meint, die Neugierde könnte ihn vor Gefahren beschützen. Der Bescheidene und Rücksichtsvolle vermindert seine Angst, indem er andere versöhnlich stimmt. Ein aggressiver Mensch empfindet die Aggressivität als bestes Mittel, um Gefahren abzuwehren, während der Schüchterne das gleiche Resultat erstrebt, indem er allen Konflikten aus dem Wege geht. Und so könnten wir in diesem Sinne alle Charakterzüge aufzählen, aus denen sich auch Ihre Persönlichkeit zusammensetzt. So betrachtet ist Persönlichkeit nichts anderes als die Summe psychologischer Abwehrreaktionen.

Durch den echten Abbau von Angst werden die persönlichen Charakterzüge weniger extrem. Ich durfte dies oftmals beobachten. Der Introvertierte wurde weniger introvertiert, der Extravertierte weniger extravertiert, der Neugierige weniger neugierig, der Unterwürfige weniger unterwürfig, der Perfektionist beachtete nicht mehr jede unnötige Kleinigkeit und so weiter. Am auffälligsten zeigt sich die Wandlung bei aggressiven Menschen, deren gewöhnliche Aggressivität durch den Angstabbau sehr stark abnimmt. Die Persönlichkeit ist also nicht länger auf gewohnten Bahnen streng festgelegt, sondern sie erhält einen weitaus größeren Freiraum, selbst bei Personen fortgeschrittenen Alters.

Der Grund, weshalb man meist versagt, wenn man sich ändern möchte, besteht darin, daß man dabei zu sehr auf verstandesmäßige Fähigkeiten setzt, anstatt einfach die Angst abzubauen. Der Introvertierte denkt darüber nach, daß sein Leben besser wäre, wenn er nicht so zurückgezogen mit seinen inneren Problemen beschäftigt wäre. Doch so sehr er dabei auch seinen Verstand gebraucht, es wird sich nichts ändern, denn er wird seine Lebensbedingungen als Schutz gegen die Ängste beibehalten. Ein Mensch mag klar einsehen, daß er durch Mißtrauen und Eifersucht sein Leben zerstört, seine Versuche, sich zu ändern, müssen scheitern, solange ihm diese Eigenschaften als notwendiger Schutz gegen die Angst dienen. Wenn jedoch die Angst selbst abgebaut wird, haben derartige Charaktereigenschaften keinen psychologischen Zweck mehr, und sie werden daher allmählich verschwinden.

Die natürliche Unsicherheit unseres praktischen Lebens schafft Ängste, die ihrerseits das menschliche Wesen verzerren. So seltsam es klingt, es ist nicht einfach, die eigenen Ängste, nicht einmal die ganz einfachen des täglichen Lebens, zu erkennen. Der eigene Geist spielt dabei eine wesentliche Rolle im Verschleiern der Ängste. Weil es höchst unangenehm ist, sich in verschiedenen Beziehungen unsicher zu fühlen, verdrängt der Geist diese Unsicherheiten. Dann spielt man sich selbst etwas vor: »Ach nein, all das kümmert mich überhaupt nicht.« Doch oft macht es uns die verschlüsselte Sprache des Traumes leicht, dennoch zu erkennen, was wirklich in uns vorgeht und wie sehr wir bekümmert sind.

Der Geist kennt auch andere Methoden, um von den unangenehmen Gefühlen der Unsicherheit abzulenken. Ohne sich selbst über diesen inneren Vorgang bewußt zu sein, schiebt man die Schuld für die eigene Unsicherheit in eine andere Richtung, wodurch das Gefühl weniger unangenehm wird: »Natürlich fürchte ich mich vor geschäftlichem Mißerfolg. Aber mit dieser Regierung kann man ja nie wissen, was als nächstes passiert.« Oder man denkt an seine Kinder und sagt sich: »Es geht ihnen gut. Jeder hat einen angesehenen Beruf.« Und dadurch schiebt man im Geiste alle anderen Probleme der Kinder zur Seite.

Diese Methoden des Geistes führen zur Entwicklung gewohnheitsmäßiger Reaktionen im Umgang mit Ängsten, die der Unsicherheit des täglichen Lebens entspringen. Je nach Sachlage wird man argwöhnisch, aggressiv oder zieht sich zurück. All dies wird somit ein Teil des eigenen Wesens, wodurch das Leben zur Karikatur dessen wird, was es eigentlich sein könnte.

Doch es gibt nicht nur die Unsicherheiten des praktischen Lebens. Zudem bestehen tief im Menschen eingewurzelte Unsicherheiten, die gleichfalls Ängste hervorbringen und zur Verzerrung der Persönlichkeit führen. Die oben geschilderten Schutzmechanismen, mit denen der Geist versucht, das Individuum davon abzuhalten, die Unsicherheiten des täglichen Lebens klar wahrzunehmen, sind nicht allzu schwer zu durchschauen. Leicht kann man diese wesentliche Quelle der Angst erkennen. Doch es ist sehr viel komplizierter, die tief im Menschen eingewurzelten Unsicherheiten zu begreifen. Es ist dies ein unangenehmes Thema, das sehr gerne zur Seite geschoben wird.

Diese innere Unsicherheit hat verschiedene Aspekte. So ist der Mensch sich zutiefst darüber im Unklaren, was er eigentlich selbst ist. »Was ist dieses Leben eigentlich?« Vielfach umgeht man diese Frage, indem man sich innerlich weigert, darüber nachzudenken.

Auf einer einfacheren Ebene sind sich Menschen oftmals nicht sicher, was es wirklich bedeutet, ein Mann oder eine Frau zu sein. Ich kenne viele junge Leute, die von derartigen Unsicherheiten wie besessen waren. Viele von ihnen versuchten durch die unterschiedlichsten Experimente und Abenteuer im Leben Klarheit über diesen Punkt zu gewinnen. Doch alle derartigen Versuche waren von vorneherein zum Scheitern verurteilt, denn jene Unsicherheit entspringt nicht dem Körper. Sie ist ein Element des Innenlebens.

Es sind mir auch viele Menschen begegnet, deren Unsicherheit sich auf ihre eigentliche Identität bezog. Ständig dachten sie über die Frage nach: »Wer bin ich? Was ist mein wirkliches Wesen?« Einige suchten nach einer Antwort in der Mystik, andere in Experimenten mit Rauschdrogen, wieder andere in der Religion. Doch bei vielen ist die Angst geblieben. Sie verzerrte die Persönlichkeit zur Karikatur dessen, was sie eigentlich sein könnte.

Um eine wahrhafte Reife im Leben zu erlangen, müssen Sie zwei Aspekte Ihres Wesens in Einklang bringen: Ihre Persönlichkeit, die sich im Alltag zu bewähren hat, und Ihre innerste Individualität, die nach dem Abstreifen aller Angstreaktionen bleibt. Sie werden verstehen, was ich meine, wenn Sie sich einige Ihrer Freunde ins Gedächtnis rufen. Da gibt es sicher einige, bei denen die Verzerrung ihrer Persönlichkeit so stark ist, daß man sich kaum vorstellen könnte, was sie ohne diese ausgeprägten Angstreaktionen für Menschen wären. Auf der anderen Seite denken Sie vielleicht auch an ein paar Leute, die sich durch eine bestimmte Natürlichkeit und Offenheit auszeichnen.

Dies sind dann Menschen, die weniger durch die Angst verzerrt sind. Bei ihnen befinden sich die Persönlichkeiten, die sich im Alltag bewähren müssen, und die innersten Individualitäten in Einklang. Solche Menschen bewegen sich auf eine Integration ihres Wesens zu, die wir im alltäglichen Sprachgebrauch als Reife bezeichnen.

Sollte man versuchen, dem Streß des täglichen Lebens ganz ohne psychische Schutzmechanismen zu begegnen, damit auf diese Weise ein Verzerren der Persönlichkeit verhindert wird? Solange Ihr Innenleben noch schwach ist, benötigen Sie die Schutzreaktionen unbedingt, um sich vor Schäden zu bewahren. Ohne diese psychischen Mechanismen wären Sie sonst derart verärgert, verletzlich und beleidigt, daß Ihr vollends aufgeregtes Nervensystem nicht mehr fähig wäre, mit den vielfältigen Dingen des täglichen Lebens auf befriedigende Weise fertig zu werden. Daher ist ein Festhalten an diesen Schutzmechanismen solange notwendig, wie das Innere schwach und unsicher bleibt. Die daraus entspringende Verzerrung der Persönlichkeit ist unvermeidlich.

Das Wichtigste ist ein Entwickeln innerer Sicherheit. Hierdurch kommt es automatisch zum Abbau von Angst. Der menschliche Geist verfügt über einen selbstregulierenden Mechanismus, der auf wirksame Weise innere Ängste abbaut. Dieser Mechanismus benötigt, um arbeiten zu können, einige Grundvoraussetzungen. Diese lassen sich durch die meditative Praxis leicht und natürlich herstellen. Die Angst nimmt dann ab, die Schutzmechanismen werden nicht mehr benötigt, und somit können auch die Verzerrungen der Persönlichkeit allmählich abnehmen.

Doch verlangt ein wirklich reifes Leben nach mehr als nur dem Abbau von Ängsten. Es erfordert auch Erkenntnis. Vielleicht denken Sie, daß Ihre Ängste von selbst verschwinden, wenn Sie einige grundlegende Erkenntnisse über deren Natur erlangten. Sie meinen dann, die Angst sei ein Ergebnis mangelnder Erkenntnis. Es ist dies zwar eine naheliegende Annahme des Verstandes, doch stimmt sie nicht. Meine über dreißigjährige Erfahrung als Psychiater hat mich gelehrt, daß die Angst jedes klare Erkennen verhindert. Angesichts der Widerstände und Verzerrungen der Persönlichkeit, die von der Angst hervorgerufen werden, bleibt ein wirkliches Erkennen unmöglich.

Doch ist die Angst durch fortschreitende Meditationspraxis erst einmal vermindert, kommt es auch zu einer Erkenntnis der tieferen Natur des menschlichen Wesens. Man gewinnt dann besondere Erkenntnisse über das Wesen der eigenen Identität, die Bedeutung der Geschlechtlichkeit, die Beziehungen zwischen praktischen Erfordernissen und spirituellen Wertsystemen und schließlich über die eigene Stellung in der natürlichen Ordnung der Dinge. Diese umfassenden Erkenntnisse können auch Sie sicherer werden lassen. Dann befinden Sie sich auf dem Weg zu wahrer Reife, und Ihre Persönlichkeit ist weniger anfällig für Verzerrungen durch Ängste.

9. Kapitel

Die Arbeitswelt

Ein wirklich befriedigender Lebensstil verlangt bezüglich des Berufes mehr als gute Bezahlung, angenehme Arbeitsbedingungen, Sicherheit, Urlaub und Rentenanspruch. Der befriedigende Lebensstil schließt auch weniger sichtbare Dinge ein. Und weil diese Dinge nicht immer klar sichtbar sind, neigt man dazu, sie zur Seite zu schieben, sie nicht zu beachten und zu vergessen. Wenn man sich über diese Angelegenheiten innerlich Rechenschaft ablegen möchte, steht man meist nicht sehr gut dabei da. Man versucht vor diesen Problemen, mit denen man nicht zurechtkommt, zu fliehen. Man tut so, als existierten die entsprechenden Fragen überhaupt nicht. Auf diese Weise bleibt man dabei, das Berufsleben nach rein materialistischen Gesichtspunkten zu bewerten, weil man damit sehr viel leichter umgehen kann.

Meist mangelt es dem Menschen erschreckend an einem Sinn für die weiteren Konsequenzen des Berufes. Natürlich hat ein Junge oder ein Mädchen unmittelbar nach dem Verlassen der Schule noch nicht die ausreichende Lebenserfahrung, um sich über die Auswirkungen einer Berufswahl vollständig klar zu sein. Ein junger Mensch sieht diesbezüglich meist die kurzfristigen Konsequenzen: Bezahlung, Zulagen und freie Wochenenden. Denkt er darüber hinaus einmal über die entfernteren Auswirkungen seiner Berufswahl nach, so erscheinen ihm diese meist in einem unrealistischen Glanz. All dies ist durchaus verständlich. Den jungen Menschen mangelt es an diesbezüglicher Erfahrung, und es ist offensichtlich, daß sie hier auf den Rat ihrer Eltern angewiesen sind. Doch es wirkt höchst befremdlich, wenn in diesen Dingen erfahrene Erwachsene in Fällen, da sie mit der Notwendigkeit oder Möglichkeit eines beruflichen Wechsels konfrontiert werden, dieser sooft in der gleichen unrealistischen Weise wie ein Jugendlicher begegnen.

Das Resultat unserer Arbeit hat Auswirkungen auf andere Menschen. Diese Auswirkungen fallen auf uns selbst zurück. Es könnte sein, daß man einer Arbeit nachgeht, die wertlos oder sogar schädlich für andere ist. Wenn wir ein schädigendes Produkt verkaufen oder bewerben, so ist es klar, daß wir uns dadurch selbst erniedrigen. Dieses wird noch gesteigert, wenn wir aktiv bei der Herstellung und Verteilung schädlicher Güter tätig sind, wie etwa bei der Produktion oder im Verkauf von Zigaretten. Solche Arbeiten führen zu unserer sittlichen Zerstörung.

Aus diesem Grunde entwickelt der Mensch gerne einfache psychologische Widerstände, die dazu verhelfen sollen, jedes Gefühl einer Verantwortlichkeit für die Auswirkungen der eigenen beruflichen Tätigkeit zu unterdrücken. »Es ist ja nur ein Beruf.« »Ich arbeite hier nur, weil ich Geld brauche, darum tue ich das.« »Das liegt in der Verantwortung der anderen. Ich habe nichts damit zu tun.« »Ein Mann muß Frau und Kinder ernähren. Dabei darf er nicht zu wählerisch sein.« »Wenn ich diese Arbeit nicht mache, tut es eben ein anderer.« »Wenn die Leute das kaufen, was ich herstelle, kann ich doch nichts dafür.« Jedermann kennt diese abgedroschenen Ausreden. Wer derartige Dinge sagt, zeigt dadurch tatsächlich, daß ihn die Sinnlosigkeit seines eigenen Lebensstiles verunsichert.

Es ist nicht nur der Arbeiter, der sich solche Formeln zur eigenen Beruhigung sagen muß. Auch auf höherer Ebene hat man vor der Verantwortlichkeit zu fliehen. Doch hier klingen die beruhigenden Formeln dann etwas anders: »Wir müssen an unsere Aktionäre denken. Es ist unsere Pflicht, deren Wohl im Auge zu haben.«

Bald taucht eine wichtige Frage auf: Ist es nur die Frau mit ihrer Fähigkeiten zum Gebären und Erziehen der Säuglinge, die eine wahrhafte Möglichkeit zu einem anerkennenswerten Lebensstil besitzt? Wenn man nur von den angeborenen biologischen Voraussetzungen ausgeht, besitzt die Frau etwas, das der Mann niemals haben kann. Weil der Mann dies erkannte, war er jahrhundertelang bemüht, all das als wesentlich herauszustellen, was er als Mangel der Frau und

118

seine Stärke betrachtete. Vom rein biologischen Standpunkt sollte man meinen, daß die Frau eher Möglichkeiten zu einem anerkennenswerten Lebensstil besitzt.

Heute schaut die Frau nach neuen Horizonten jenseits ihres Heimes aus. Sie sieht die Verlockung hoher Löhne, gesellschaftlicher Anerkennung und die Bedeutung der Anschaffung stets neuer Elektrogeräte. Es scheint fast so zu sein, daß die Frau an einem Scheidewege zweier völlig gegensätzlicher Lebensstile steht. Doch so braucht es nicht zu sein. In unserer psychologischen und soziologischen Entwicklung wird die »neue Frau« erkennen, daß sie ihre Frauenrolle erfüllen und gleichzeitig voll am weiteren Leben teilnehmen kann. In diesem Sinne kann sie eine Verschmelzung von äußerer Anerkennung und innerer Befriedigung erlangen.

Man sollte den Wert eines Berufes nicht von einem zu moralistischen Standpunkt aus bewerten. Auch der Komödiant und die Prostituierte können ihren Teil für die Gesellschaft beitragen. Wenn ein Komödiant in seinem Witz von den edlen Aspekten des Lebens abhängt, die er lächerlich macht, dann erniedrigt er damit sich selbst ebenso wie sein Publikum. Doch ein Komödiant, der uns dadurch zum Lachen bringt, indem er unsere Schwächen und Fehler aufzeigt, hilft uns dadurch dabei, innere Spannungen zu vermindern. Gleichzeitig kann diese Art von Witz auch wesentlich zur menschlichen Selbsterkenntnis beitragen.

Die grundlegend erniedrigenden Auswirkungen der Prostitution brauchen nicht mehr aufgezeigt zu werden. Doch ich entsinne mich recht gut an eines dieser Mädchen, das als Patientin zu mir kam. Es war sensibel, einfühlsam und verständnisvoll. Zwar nahm sie Geld und gab ihren Körper verheirateten Männern hin. Sie sprach offen zu mir über diese Dinge. Doch aus dem, was ich von ihr zu hören bekam, schließe ich, daß die Männer durch den Kontakt mit ihr eher aufgerichtet als erniedrigt wurden. Wir sollten daher keine zu harten Maßstäbe bei der Beurteilung einer Arbeit anlegen.

Vielleicht zählt unsere innere Haltung mehr als die äußere Verrichtung. Ich bin Arzt, und so weiß ich, daß die Medizin ein Berufszweig ist, der innerlich sehr erfüllend für jene ist, die dazu berufen sind.

Doch kann die Medizin auch ein äußerst einträglicher Erwerbszweig sein. Es ist klar, daß dieser Aspekt manchen von uns Ärzten dazu bringen kann, sich zu erniedrigen. Was den einen wachsen läßt, kann den anderen niederwerfen. Doch der Niedergeworfene bemerkt nicht, daß er sich erniedrigt. Er wird vor derart störenden Gedanken entweder von seiner Unempfindsamkeit oder von einem anderen psychischen Schutzmechanismus bewahrt. Solche Leute argumentieren dann folgendermaßen: »Mediziner sein, das ist eine Tätigkeit wie jede andere. Es ist einfach nur ein Geschäft unter vielen. Man nimmt von seinem Kunden, was man bekommen kann.«

Solche Arbeit, die mit der Natur zu tun hat, ist innerlich erfüllender als jede andere Tätigkeit. Der Bauer beklagt sich über das schlechte Wetter und die niedrigen Preise für seine Erzeugnisse. Doch um nichts in der Welt würde er seinen Beruf jemals aufgeben. Das kommt für ihn keinesfalls in Frage.

Kein Mensch versteht genau, was es mit dem inneren Sinn des Erfülltseins auf sich hat, auch der Bauer nicht. Doch es gibt für diese Dinge eine psychologische Erklärung. Im Laufe der menschlichen Evolution wurde über zahllose Generationen jede wichtige Errungenschaft des Individuums und der gesamten Menschheit tief im menschlichen Bewußtsein eingegraben. Jene Menschen der Vergangenheit, denen das Aussäen und die Beobachtung des Wachstums eine innere Befriedigung bedeutete, waren die besseren Bauern. Da sie erfolgreicher waren, hatten sie auch mehr überlebende Nachkommen als andere. Aus diesem Grunde ist jener Sinn für die Natur ein Teil unseres menschlichen Wesens geworden. Dank seines Erwerbszweiges hat der Bauer die Möglichkeit, diese innere Befriedigung zu erfahren, die dem Fließbandarbeiter in der Industrie vorenthalten bleibt.

Jede Arbeit, die eine biologische Bedeutung hat, verschafft eine ähnliche tiefe innere Befriedigung wie das Arbeiten auf dem Lande. Wer in der Frühzeit der Menschheitsgeschichte in der Sorge um die Kinder und deren Pflege Befriedigung fand, der konnte auf diesem Gebiet auch besser werden als andere, die hierin keine Erfüllung sahen. Die Besseren hatten natürlicherweise jedoch mehr überlebende Nachkommen. Ein innerer Sinn für die Sorge um Jüngere, für Mutterschaft und Lehren ist auf diese Weise ein Teil unseres biologischen Erbes geworden. Daher kommt die innere Erfüllung, die jene, die auf diesen Gebieten arbeiten, erfahren.

Das gleiche Prinzip trifft auch für zahlreiche andere Bereiche zu. So war es ein wichtiger Schritt in der biologischen Entwicklung der Menschheit, daß man sich um hilfsbedürftige Kranke und Bedürftige kümmerte. Darum haftet auch heute noch allen helfenden Berufen jene aus der Vergangenheit stammende Möglichkeit tiefer innerer Befriedigung an. Dabei muß man sich vor Augen halten, daß diese Art der Befriedigung ein natürliches Erbe darstellt und unabhängig ist von jeder moralischen, ethischen oder religiösen Befriedigung, die gleichfalls aus solchen Berufen entspringen kann.

Wenn man seine berufliche Tätigkeit nur nach der soziologischen Wirkung auf Familie und Gesellschaft einschätzt, beurteilt man die Dinge noch von einem materialistischen Standpunkt. Obwohl dieser Standpunkt rein materialistisch ist, kann er doch zum Verständnis beitragen. Dadurch, daß unsere tägliche Arbeit anderen Menschen, die uns nahestehen, und der Gesellschaft nützt, erhält sie selbstverständlich einen bestimmten Wert. Aber es gibt darüber hinaus noch andere Ebenen der Beurteilung, die ebenfalls wichtig sind, jedoch oft übersehen werden. So ist das Verhalten am Arbeitsplatz ein nicht zu unterschätzender Faktor bei der Beurteilung des Wertes der eigenen beruflichen Tätigkeit. Es gibt Menschen, die um sich einen trüben Schatten werfen, und man fühlt sich in ihrer Nähe beklommen. Aus jedem ihrer Blicke spricht die Unzufriedenheit. Andere Menschen dagegen strahlen Helligkeit aus, und man empfindet in ihrer Gegenwart, daß alle eigenen negativen Gedanken plötzlich verschwinden. Bei der Bewertung der beruflichen Tätigkeit sollte auch dieser Aspekt unseres Einflusses auf andere am Arbeitsplatz berücksichtigt werden.

Die Arbeit sollte der grundlegenden Ausrichtung der eigenen Persönlichkeit entgegenkommen. Sie sollte sowohl dem Geiste wie auch dem Körper entsprechen. Ein körperlich schwächlicher Mensch ist nicht in der Lage, sehr schwere Muskelarbeit zu verrichten. Auch ein geistig schwerfälliger Mensch wird sich kaum für eine qualifizierte intellektuelle Tätigkeit eignen. Doch gibt es daneben noch kompliziertere

Kriterien. Jeder menschliche Geist wirkt auf eine ganz besondere und einzigartige Weise. Diese wird weitgehend von der allgemeinen Einstellung des entsprechenden Menschen gegenüber der Welt bestimmt. Jene wiederum ist ein Resultat der gewohnheitsmäßigen Mechanismen, die das Individuum zur Abwehr von Ängsten entwickelte. Es ist daher erheblich günstiger, wenn die Wahl eines Berufes auch unter Berücksichtigung dieser gewohnheitsmäßigen Ausrichtung des Geistes erfolgt.

Ein extravertierter Mensch braucht einen Beruf, der ihn mit den praktischen Realitäten des äußeren Lebens in Verbindung bringt und ihm den Kontakt mit anderen ermöglicht. Wir haben ein jeder unterschiedliche Arten entwickelt, um mit unserer grundlegenden Lebenshaltung unsere Ängste zu bewältigen. Der Extravertierte beschäftigt sich gerne mit äußeren Dingen und findet seine größte Befriedigung in einem Leben, das ihm Kontakt mit anderen Menschen ermöglicht.

Wir können beobachten, wie diese besonderen Charakterzüge in der Vergangenheit von größter biologischer Bedeutung waren. Menschen mit einer praktischen Lebenseinstellung hatten bessere Überlebenschancen, ebenso jene, welche viele Freunde besaßen, die ihnen in Notzeiten helfen konnten.

Menschen mit einer derartigen Lebenseinstellung brauchen auch heute solche Berufe, die jenen Aspekten ihrer Persönlichkeit Befriedigung verschaffen. Bei jeder anderen Tätigkeit würden sie einen Mangel empfinden, denn sie könnten darin keine wirkliche Erfüllung finden.

Der introvertierte Mensch braucht einen solchen Beruf, in dem er seine natürliche Empfindsamkeit, Gedankentiefe und seinen Idealismus einsetzen kann. Der Extravertierte beschäftigt sich mit der praktischen äußeren Wirklichkeit materieller Dinge, während ein introvertierter Mensch eher zum Beachten der inneren Wirklichkeit seiner Gedanken und Empfindungen neigt. Dies ist gegenüber der ursprünglichen Gegebenheit, in der sich der Mensch nur mit den Notwendigkeiten des Überlebens auseinandersetzen konnte, ein Fortschritt. Doch auch die introvertierte Haltung hat einen durchaus biologischen Wert. Durch den inneren Rückzug von äußeren Realitäten, etwa körperlicher Gefahr oder schwierigen Sozialkontakten, gewinnt der Mensch den nötigen Abstand zum klaren Denken und Handeln. Introvertierte brauchen die hieraus sich ergebende Befriedigung. Darum ist für sie ein Beruf wichtig, der ihnen diese Erfüllung im Alltag schenken kann.

Wir leben in einer Welt mit äußeren Notwendigkeiten, in der wir unseren Lebensunterhalt bestreiten müssen. Ich habe viele junge Menschen kennengelernt, deren grundlegende Lebensauffassung an dieser Tatsache vorbeizielte. »Ich werde als Dichter meinen Unterhalt finden.« »Ich kann meine Gemälde verkaufen.« »Ich werde ein Stipendium bekommen, damit ich Philosophie studieren kann.« So sprechen junge introvertierte, sensible und idealistische Menschen, denen es an einem Verständnis für die praktischen Notwendigkeiten des Lebens mangelt. Ohne einen wirklichkeitsgemäßen Blick für die materiellen Bedürfnisse wird ein introvertierter und idealistischer Lebensstil jedoch bald ins Wanken geraten.

Was nach meiner Beobachtung erfahrungsgemäß dabei herauskommt, ist mangelhafte Ernährung, Drogenmißbrauch und dadurch schließlich ein Verfall der schöpferischen Fähigkeiten. Das richtige Vorgehen in solchen Fällen wäre eine Halbtagsstellung neben der künstlerischen Aktivität, bis man seinen Platz im Leben gefunden hat.

Ein besessener Perfektionist braucht einen Beruf, in welchem er die ihm innewohnende Geradlinigkeit ausleben kann, um dadurch Erfüllung zu finden. Unter biologischen Gesichtspunkten wäre leicht zu erklären, weshalb die Eigenschaft der Gründlichkeit in der menschlichen Evolution einen hohen Wert für das Überleben hatte. Doch es gibt diesbezüglich auch einen psychologischen Aspekt. So wie dem Introvertierten der Rückzug als Schutz gegen die Angst dient, gebraucht der Perfektionist seine Gründlichkeit zu demselben Zweck. Im Inneren fühlt ein solcher Mensch, daß er sich dann keine Sorgen zu machen braucht, wenn er alles ganz richtig gemacht hat.

Wer einen solchen Charakterzug hat, braucht einen Beruf, in den er seinen Perfektionismus einfließen lassen kann, um dadurch mit innerer Erfüllung belohnt zu werden. Selbstverständlich unterscheiden sich derartige biologische und psychologische Erfüllungen von einer verstandesmäßigen und moralischen Befriedigung nach Erledigung guter Arbeit.

Hysterische, begeisterungsfähige, mitleidige, aggressive und argwöhnische Menschen können ihren persönlichen Charakterzügen entsprechende Berufsmöglichkeiten finden. Ein hysterischer Mensch findet Befriedigung in den darstellenden Künsten. Der Begeisterungsfähige ist ein geborener Verkäufer, denn seine Begeisterung wird den Kunden auf unbewußte Weise anstecken. Arbeit auf dem sozialen Sektor in seinen unterschiedlichen Ausprägungen ist ein geeignetes Betätigungsfeld für den mitempfindenden Menschen. Die aggressive Persönlichkeit findet dementsprechende Möglichkeiten bei den Sicherheitskräften, und der Argwöhnische sucht sich günstigerweise eine Arbeit, bei der er in irgendeiner Weise mit Nachforschungen zu tun hat.

Es gibt eine große Vielfalt von Charakterzügen, welche in die berufliche Arbeit fördernd einfließen können. Passive Eigenschaften erlauben es dem Menschen, mit Situationen umzugehen, in welchen er keine Entscheidungsbefugnisse hat. Mit derartigen Charakterzügen hat man es in untergebenen Stellungen leichter, wenn diese keine Eigeninitiative verlangen. Grundsätzlich aggressive Persönlichkeiten finden dagegen bei solchen Arbeiten Erfüllung, die ihnen Autorität verleihen. Warmherzige Menschen erleben ihre besonderen Befriedigungen am Arbeitsplatz. Wie andere Charakterzüge auch ist Warmherzigkeit ein Weg, um mit den Problemen des Lebens umzugehen. In vorgeschichtlichen Zeiten hatte der warmherzige Mensch mehr Freunde und lebte auf diese Weise geschützter. Auch heute mögen die Menschen den Warmherzigen, dessen Angst dadurch abgebaut wird. Andere Leute empfinden dagegen den näheren Kontakt mit Menschen bedrohlich und entwickeln daher eine kalte Art im Umgang. Für solche Menschen eignen sich besser Berufe, in denen sie eher mit Dingen als mit Menschen zu tun haben.

Geschlechtsbewußte Menschen gebrauchen häufig ihre sexuelle Ausstrahlung im Kontakt mit anderen. Bei Angehörigen des eigenen Geschlechtes vermitteln sie indirekt die Vorstellung einer Zusammengehörigkeit und des Verständnisses, während sie sich beim anderen

124

Geschlecht zuweilen einer Taktik bedienen, in welcher sie ihre sexuellen Reize einsetzen. Dies führt zu leichten persönlichen Kontakten. Eine entsprechende Persönlichkeit eignet sich hervorragend für einen Empfangsposten oder eine Stellung im Personalbüro.

Obwohl alle diese Charakterzüge eigentlich Symptome der Verzerrung unserer angstvollen Persönlichkeit sind, können wir sie im Berufsleben zu unserem Vorteil einsetzen. Dies ist ein sehr praktischer Standpunkt. Unsere verschiedenen Charakterzüge sind in der Regel Unvollkommenheit. Wären wir wirklich reife Persönlichkeiten, dann würden wir ohne derartige Verzerrungen unseres Wesens leben. Nun gehen wir von etwas aus, das grundsätzlich unvollkommen ist, doch indem wir die rechte Art der Arbeit finden, können wir unsere Unvollkommenheiten tatsächlich zu unserem Gewinn einsetzen.

Wenn unser Inneres eine größere Unbeschwertheit verwirklicht hat, besteht weniger Notwendigkeit, unsere Berufswahl in besondere Übereinstimmung mit unserer Persönlichkeit zu bringen. Wenn wir den Grad unserer Angst durch eine reifere Lebenshaltung, herbeigeführt durch entspannende Meditationserfahrung, reduzieren, werden die Verzerrungen unserer Persönlichkeit weniger ausgeprägt, denn sie brauchen nicht mehr dem gleichen Druck der Angst wie zuvor standzuhalten. Wir haben dann eine größere Freiheit verwirklicht. Eine entfaltete Reife ermöglicht es uns nun, unseren Beruf frei nach dem Spektrum unserer Interessen zu wählen, ohne dabei den Zwang bestimmter Charakterzüge zu berücksichtigen.

Unsere berufliche Arbeit sollte unseren persönlichen Erfordernissen von Abhängigkeit und Unabhängigkeit entsprechen. Hier geht es um den Grad, zu welchem wir bei unserer Arbeit angeleitet und überwacht werden. Als Kind hängt zunächst noch jeder Mensch von der Anleitung und Überwachung durch die Eltern ab. Auch in der Frühzeit der Menschheitsentwicklung hatten jene, die nicht einen bestimmten Grad von Führung und Abhängigkeit akzeptieren konnten, nur wenig Chancen, am Leben zu bleiben. In unterschiedlicher Stärke setzt sich diese Notwendigkeit einer Aufsicht und Anleitung auch im modernen Erwachsenenleben fort. Daher benötigen unterschiedliche Menschen verschieden starke Kontrollmöglichkeiten in

Gestalt von Mitarbeitern, an die sie sich wenden können. Es ist leicht, in einer Fabrikhalle die unterschiedliche Abhängigkeit der Beschäftigten vom Vorarbeiter zu beobachten. Doch auch in den Vorstandsetagen der mächtigsten Manager lassen sich unschwer die gleichen psychologischen Gegebenheiten in leicht abgewandelter Form erkennen.

Das Kind ist noch von seinen Eltern abhängig, doch im Erwachsenwerden strebt es zunehmend nach Unabhängigkeit. Eine Stufe vollkommener Unabhängigkeit kann in dieser Welt selbstverständlich niemals erreicht werden, denn jedermann lebt in einem komplizierten Geflecht daseinsnotwendiger Bindungen und Beziehungen. Doch erlangen einige Menschen einen größeren Grad an Unabhängigkeit als andere. Solchen Menschen bereitet eine zu enge Überwachung und Aufsicht am Arbeitsplatz Verdruß. Ebenso wird es jenen gehen, die als Kinder große Schwierigkeiten hatten, gefühlsmäßige Unabhängigkeit von ihren Eltern zu erlangen. Derartige Persönlichkeiten entwickeln durch starke Kontrolle am Arbeitsplatz Ängste und Spannungen, weil sie an schwere Probleme der Kindheit erinnert werden.

Wir fühlen uns besser, wenn wir eine positive Arbeitsmoral haben. Dies gilt für den ungelernten Arbeiter ebenso wie für den höchsten Regierungsbeamten. Zunächst sollten wir uns ganz gezielt einen Arbeitsplatz mit guter Arbeitsmoral suchen. Schließlich aber sollten wir auch durch unser Verhalten zum Wachsen der positiven Moral an unserer Arbeitsstelle beitragen. Hierdurch wird unser Leben insgesamt eine Verbesserung erfahren.

Es ist äußerst schwierig, über »Moral« zu sprechen. In unserem Zusammenhang möchte ich Moral als dasjenige bezeichnen, was uns dazu bringt, über die reine Pflicht hinauszugehen. Hier scheint es zunächst, als würde eine so verstandene Moral den biologischen Interessen des Individuums widersprechen. Dies wäre in der Tat recht seltsam, denn die psychologischen Reaktionen, die wir bisher betrachtet haben, besaßen alle eine mehr oder weniger ausgeprägte biologische Bedeutung. Nun scheint es für die Persönlichkeit wenig gewinnversprechend zu sein, etwas für die Firma zu tun, wofür man nicht bezahlt wird und auch keine andere Anerkennung erhält. Doch ich denke, daß die Verhaltensreaktion, die wir Moral nennen, ihren Ursprung im Stammesleben der frühen Menschheit hat. Wenn der Stamm in den Kampf ziehen mußte, war das Überleben des Stammes biologisch wichtiger als die Interessen des Individuums. Die Überlebenschancen des Stammes waren dann größer, wenn er aus Menschen mit hoher Moral bestand, die bereit waren, sich für die Gemeinschaft zu opfern. Daher gibt es in uns entwicklungsbedingt eine verborgene Neigung, in solcher Weise zu handeln. Selbstverständlich wird auch die moderne Firma ebenso wie der ursprüngliche Stamm leichter überleben, wenn ihre Angehörigen eine positive Moral besitzen.

Unsere Moral ist dann besser, wenn wir uns mit der Institution, für die wir arbeiten, identifizieren können. Auch dies ist wieder ein Erbe aus unseren Stammestagen, doch hat sich die Situation inzwischen bedeutend gewandelt. Früher war der Mensch vollkommen ein Glied seiner Familie, und seine Familie war vollkommen ein Glied des Stammes. Automatisch war dadurch die Moral ein unverzichtbarer Aspekt des Lebens. Dies hat sich heute völlig verändert. Wir sind nicht mehr so vollkommen an unsere Familie gebunden wie damals. Die Familie ihrerseits hat bis auf wenige Ausnahmefälle nichts mit der Firma, für die wir arbeiten, zu tun. Darum ist das Entwickeln einer entsprechenden Moral in der heutigen Firma weitaus schwieriger als im ursprünglichen Stammesverband.

Die Identifikation mit der Firma, für die wir arbeiten, verschafft uns ein besseres Empfinden. Dies ist in der gegenwärtigen Zeit von einer denkbar großen gesellschaftlichen Bedeutung. Wir haben dann ein besseres Lebensgefühl, wenn wir psychologische Erfahrungen machen, die von biologischem Wert für uns sind. Dies kann direkt oder in einer eher symbolischen Weise geschehen. Unsere Firma ist zum modernen Gegenstück des Stammesverbandes geworden, für den der Mensch einst gekämpft und gearbeitet hat. Die Identifikation mit der Firma bringt dem heutigen Menschen daher eine entsprechende innere Erfüllung.

Wenn ein Individuum außerhalb des Betriebes »wir« sagt, wenn er von der Firma spricht, hat er diese Identifikation vollzogen. Doch nennt er seine Firma »sie«, kann davon selbstverständlich keine Rede sein. Wer sich mit dem Betrieb identifiziert, ist glücklicher bei der Arbeit und hat ein besseres Lebensgefühl. Viele Sozialistenführer vergessen diese grundlegenden psychologischen Gegebenheiten, wenn sie die Arbeitnehmer dazu bringen wollen, sich von der Betriebsleitung abzusetzen, weil sie dann bessere Möglichkeiten hätten, in scharfer Form Forderungen über Löhne und Arbeitsbedingungen durchzukämpfen. Das klingt zwar recht logisch und einleuchtend, doch wenn die Arbeitnehmer eine solche Haltung einnehmen, verlieren sie die Erfüllung, die aus der Identifikation mit jenen, für die sie arbeiten, entspringt.

Eine Arbeit, die sich in der Gemeinschaft abspielt, ermöglicht es dem Menschen, seinen angeborenen Herdentrieb zu befriedigen. Dies ist recht einleuchtend: In den frühen Stammestagen lebte das Individuum sehr viel sicherer, wenn es sich in engem Kontakt mit seinen Mitmenschen befand. Jene, die für sich alleine herumzogen, wurden leicht Opfer wilder Tiere oder feindlicher Stämme. Darum ist das angenehme Gefühl in der Gemeinschaft mit anderen zu einem wesentlichen Teil unseres persönlichen Empfindens geworden. Wenn man dies so hört, könnte man meinen, daß das ursprüngliche Zusammensein mit anderen zunächst einer verstandesmäßigen Überlegung entsprang. Doch so ist es nicht. Diese grundlegenden Verhaltensweisen des Menschen wurden bereits lange vor der Entwicklung größerer Denkfähigkeit angenommen. Es verhielt sich ganz einfach so, daß während zahlloser Generationen jene, die gerne in der Umgebung anderer Menschen blieben, überlebten, wogegen die anderen zugrunde gingen.

Dadurch wurde der Trieb, mit anderen zusammen zu sein, tief in unser Wesen eingegraben. Auf die Fortdauer dieses Triebes hatte es keinen Einfluß, daß das ursprüngliche Schutzbedürfnis heute in diesem Ausmaß nicht mehr vorhanden ist. Wenn die Umstände an unserem Arbeitsplatz einen angenehmen Kontakt mit unseren Kollegen fördern, wird dieser Grundtrieb unserer Persönlichkeit befriedigt, und wir werden uns darum erfüllter fühlen.

Unsere Arbeit muß uns sinnvoll erscheinen und einen tieferen Zweck als nur das Geldverdienen haben. Jeder würde diesem Gedanken zustimmen, doch nur unbestimmt, meist zu unbestimmt. Was kann ein solcher tieferer Sinn der Arbeit sein? Gibt es ihn wirklich? Für die Bewertung der materiellen Aspekte unserer Arbeit gibt es einfache Maßstäbe: Einkommen, Arbeitsbedingungen und Rentenansprüche. Doch wie können wir eine Sinnerfüllung, die sich aus der Arbeit gewinnen läßt, bewerten? Junge Menschen, die als Patienten zu mir kommen, erzählen mir oft, daß sie gerne für die Vereinten Nationen oder die Weltgesundheitsorganisation, zumindest jedoch in einem Beruf mit deutlich erkennbarer sozialer Bedeutung arbeiten wollen.

Zwei Männer erzählten mir kürzlich ähnliche Wünsche. Es waren der Personalchef eines großen Unternehmens und der Leiter eines aufstrebenden Familienunternehmens. Beide waren äußerst erfolgreich, doch sie zeigten sich von der Idee besessen, daß ihr gegenwärtiger Beruf etwas in ihnen nicht erfüllt, was erfüllt sein müßte, wenn ihnen das Leben sinnvoll erscheinen soll. Der Personalchef hat inzwischen eine Stellung bei einem anderen Unternehmen, wo er mehr Freiraum hat, den Angestellten bei beruflichen wie auch in privaten Schwierigkeiten zu helfen. Der andere ist in seiner Freizeit in der ehrenamtlichen Sozialarbeit äußerst aktiv geworden.

Warum sollte ein pensionierter, erfolgreicher Geschäftsmann sich nicht sozialer Arbeit zuwenden? Ich könnte aus meinem Bekanntenkreis ein halbes Dutzend solcher Fälle nennen. So erfolgreich sie im Geschäftsleben waren, so rücksichtslos sie auch zuvor vorgingen, so groß ist nun ihre Hingabe bei der sozialen Arbeit! Es ist, als würden sie in ihrem letzten Lebensabschnitt nach einer Sinnerfüllung suchen, die ihnen durch die beruflichen Pflichten alleine nicht beschieden war.

Es gibt heute eine Tendenz, die Erfüllung durch soziale und medizinische Berufe als anderen überlegen darzustellen. Das ist jedoch sehr oberflächlich. Wer so denkt, macht es sich erheblich zu einfach. Gewisse Berufe als besonders wertvoll zu betrachten, ist in den westlichen Industriegesellschaften in Mode gekommen. Entsprechend erhalten die in diesen Berufen Tätigen neben innerer Erfüllung auch noch den Lohn gesellschaftlicher Achtung.

Doch wer einen Beruf nach diesen Kriterien bewertet, macht es sich zu leicht. Eine Frau, die sich nur um ihr Haus und ihre Familie zu kümmern hat, leistet oftmals einen größeren Beitrag für die Gesellschaft als der in einem Modeberuf Tätige. Dabei benötigt sie noch eine erhebliche innere Reife und Sicherheit, um durch das Klima der gegenwärtigen Ansichten nicht ihre innere Selbstachtung zu verlieren. Auch ein Mann, der den Sinn seiner Arbeit im dadurch ermöglichten Unterhalt seiner Familie sieht, kann hierdurch innere Erfüllung erfahren. Wenn seine Arbeit dazu noch einen gesellschaftlichen Nutzen hat, wird er sich doppelt belohnt fühlen. Doch wenn man über solche Dinge nachdenkt, darf man nicht einen zu engen Blick für das sozial Nützliche haben!

Eine Arbeit bringt dann besondere Erfüllung, wenn sie uns die Möglichkeit bietet, etwas zu vollenden. Auch hierbei handelt es sich wieder um eine Reaktion biologischen Ursprungs. In den Tagen menschlicher Frühgeschichte hatten diejenigen, die einen Arbeitsgang vollendeten, am meisten von dessen Früchten und dadurch auch die besseren Überlebenschancen. Seit jener Zeit mögen es alle Menschen, etwas abzuschließen. Die besondere Erfüllung, die aus der Vollendung einer Sache entspringt, ist nicht an einen bestimmten Beruf gebunden. Es geht dabei nicht um das rasche Abschließen einer Sache, damit wir hernach eine Pause genießen können, sondern um die Freude einer wirklichen Vollendung. Der innerste Wunsch des Menschen nach dieser Freude ist eine der Ursachen, weshalb das Fließband nur eine zerstörerische Wirkung auf die menschliche Persönlichkeit haben kann. Ein Fließbandarbeiter kann niemals erfüllt sagen: »Das habe ich gemacht.« Der Handwerker und der Künstler dagegen können diese Art der Erfüllung in ihrem Tun erfahren. Selbst ein Arzt kann das fühlen, wenn er sich sagen darf: »Nun geht er wieder ins Leben. Durch Gottes Hilfe ist es mir gelungen, ihn zu heilen.«

Man fühlt sich besser, wenn man durch seinen Beruf auch in allen seinen Fähigkeiten gefordert wird. Viele Menschen, die wirklich hart arbeiten müssen, wünschen sich offen oder insgeheim einen leichten und angenehmen Beruf. Doch der leichte und angenehme Beruf würde bald seinen Reiz verlieren. Oft höre ich von Patienten: »In meinem Beruf gibt es keine Herausforderungen. Ich sollte die Stellung wechseln.« Erst letzte Woche sagte mir eine hochbezahlte Dame, die im öffentlichen Dienst tätig ist: »Ich halte es einfach nicht mehr aus; diese

Langeweile, diese Langeweile, diese Langeweile!« Ich bin sicher, daß sich viele Arbeiter sehr wundern würden, wenn sie wüßten, wie sehr ihre tägliche Arbeit sie entsprechend beeinflußt. Wir Menschen sind wie Kleinkinder, die ihre Arme und Beine bewegen, um das gerade entdeckte Spiel mit der Muskelkraft zu genießen. Sie brauchen dieses Training. Wir nun haben über Jahrmillionen ein Gehirn entwickelt und gelernt, es zu gebrauchen. Darum werden wir uns auch bei der Arbeit wohler fühlen, wenn diese uns Gelegenheit gibt, es anzuwenden.

Arbeit, die in uns Ängste wachruft, zerstört dagegen unsere Lebensqualität. Dabei kommt es nicht nur zu den unangenehmen Gefühlen nervöser Spannung, sondern Angst ist auch die tiefere Ursache aller psychosomatischen Beschwerden und Gesundheitsstörungen. Vielleicht noch wichtiger ist die Tatsache, daß die Angst jede menschliche Persönlichkeit verzerrt, indem sie diese zur Annahme von Abwehrhaltungen zwingt. Auf diese Weise werden wir zu schwächeren Persönlichkeiten.

Arbeit, welche die Erfüllung stets höherer Planziele von uns verlangt, baut in uns Ängste auf und zerstört unsere Lebensqualität. Ich konnte zahlreiche Menschen mit psychosomatischen Beschwerden kennenlernen, deren Angstzustände daher kamen, daß sie in derartigen Arbeitsbedingungen gefangen waren. In der Regel handelt es sich um Verkaufspersonal, das den Auftrag hat, eine bestimmte Umsatzgrenze zu überschreiten. Sehr oft kommt es vor, daß die Geschäftsleitung diese Umsatzgrenze erhöht, sobald sie erreicht ist. Der arme Verkäufer lebt auf diese Weise unter dem Druck stets wachsender nervöser Spannungen, bis er schließlich unter dem Geforderten zusammenbricht. Leider wählen sich manche Menschen aus Gewinnsucht freiwillig derartige Berufe, weil sie durch höhere Prämien dazu verlockt werden. Doch bald müssen sie feststellen, daß sie bei dieser Tätigkeit zu nervlichen Wracks geworden sind.

Ich habe andere Menschen kennengelernt, die bei der Arbeit mit Computern in einer ähnlichen Situation waren. Der Computer muß immer in Gang gehalten werden, es darf keinen Leerlauf geben. So kommt es schließlich, daß die Maschine gleich einem Frankenstein-Monster jene antreibt, die sie bedienen.

Gleiches geschieht auch in solchen Betrieben, die mit dem Fließband produzieren. Die Schwierigkeit dabei ist, daß die Reaktionsgeschwindigkeit aller Menschen eine unterschiedliche ist. Ein schneller Arbeiter wird bei dieser Produktionsart wenig Ängste aufbauen, denn seine Arbeitsgeschwindigkeit bleibt innerhalb der Grenzen seiner normalen Fähigkeiten. Doch ein langsamer Arbeiter, der vielleicht viel qualitätvollere Arbeit leistet, muß sich dabei völlig verausgaben. Eine kleine zusätzliche Belastung wie Probleme in der Familie oder eine leichte Infektion mögen genügen, um seine Spannungen derart wachsen zu lassen, daß er mit der geforderten Geschwindigkeit nicht mehr zurechtkommt.

Beförderungen in Funktionen, die unsere Fähigkeiten überschreiten, mögen schmeichelhaft sein, doch führen sie zu einer erheblichen Steigerung innerer Ängste. Menschen, die mich wegen derartiger Beschwerden aufgesucht haben, kamen aus Ursachen, die sich in drei verschiedene Kategorien einteilen lassen.

Da sind zunächst jene Leute aus Familienbetrieben, die aus familiären Gründen eine leitende Position einnehmen müssen, die ihre Fähigkeiten übersteigt. Viele von ihnen hatten keinerlei Vorstellung, woher ihre nervösen Spannungen kommen könnten. Durch unbewußte psychische Prozesse projizierten sie ihr Versagen auf ihre Mitarbeiter, wodurch sie sich selbst vor der Beschämung schützen, in einer beruflichen Angelegenheit versagt zu haben.

Die zweite Kategorie betrifft einnehmende Menschen. Diese haben die Fähigkeit, sich leicht bei anderen beliebt zu machen. Sie verkaufen sich selbst gut. Dabei gehen Sie in der Regel nicht kühl berechnend vor, sondern dies ist einfach die Art ihres Lebensstiles. Weil sie liebenswürdige Menschen sind, bekommen sie eher die gewünschte Stellung als der begabtere aber weniger liebenswürdige Mensch. Die einnehmenden und liebenswerten Eigenschaften solcher Menschen sprechen zuweilen unbewußte homosexuelle Tendenzen im Arbeitgeber an. Der neue Beruf, dem ein solcher Mensch dann nicht gewachsen ist, bringt ein Ansteigen der nervösen Spannungen mit sich, was dann zu psychosomatischen Beschwerden führt. In der Folge verschlechtert sich die Lebensqualität.

Eine dritte Gruppe besteht aus solchen Menschen, die zwar sehr erfolgreich unter Kontrolle arbeiten können, jedoch versagen, sobald ihnen volle Verantwortlichkeit übertragen wird. Wie ich beobachten konnte, resultiert dieses Versagen in der Regel nicht aus einem Mangel an Fähigkeit, sondern es geht auf ein besonderes Persönlichkeitsmerkmal zurück. Als Kinder können wir bei allen Problemen den Vater oder die Mutter fragen. Es ist gut, daß man sich bei auftretenden Schwierigkeiten auf sie verlassen kann. Bei manchen Menschen setzt sich dieses Verhältnis auch im Erwachsenenleben fort. Sie besprechen dann immer noch ihre Probleme mit den Eltern, oder sie empfinden es einfach als Sicherheit, daß sie sich im Falle von Sorgen wieder an diese wenden könnten. Das gleiche Gefühl der Sicherheit haben sie dann am Arbeitsplatz, wenn sie einen Vorgesetzten über sich wissen, an den man sich bei Schwierigkeiten halten kann. Sterben bei einem solchen Menschen die Eltern oder werden sie in eine selbständige Position versetzt, dann wird der Grad ihrer inneren Angst erheblich ansteigen, wodurch sich dann die Arbeitsleistung verschlechtert.

Auch perfektionistisch veranlagte Menschen können leicht versagen, wenn ihnen plötzlich eine selbständige Verantwortlichkeit übertragen wird. Ihr perfektionistisches Beachten jedes Details machte sie zwar auf einem klar begrenzten Arbeitsfeld sehr erfolgreich. Doch wird ihre Gewohnheit, jede Kleinigkeit genau zu berücksichtigen, den größeren Überblick behindern, den sie in der verantwortlichen Position brauchen. Sie sehen dann nicht die großen Zusammenhänge und geraten in Druck. Das angenehme Leben, das sie als erfolgreiche Untergebene führten, verwandelt sich in ein geplagtes Dasein im Chefsessel.

Eine Beförderung kann den Menschen in ungewohnte gesellschaftliche Situationen bringen, wodurch Ängste entstehen. Ich kenne viele Menschen in einer solchen Lage. Es ist die typische Geschichte des Aufsteigers. Durch Begabung und hartes Arbeiten hat er schließlich den Sprung in die Chefetage geschafft. Doch er hat damit Umgang mit Kollegen, die eine bessere Ausbildung besitzen, an gesellschaftliche

Formen gewohnt und in kulturellen Belangen bewandert sind. Seine neue Position bringt dem Aufsteiger verschiedene neue gesellschaftliche Verpflichtungen. Obwohl er mit den beruflichen Aufgaben sehr gut zurechtkommt, schaffen ihm diese anderen Verpflichtungen, die doch eigentlich dem Vergnügen dienen sollten, große innere Ängste. Mir sind einige Männer in einer derartigen Lage begegnet, die eilig Bücher über moderne Kunst und Literatur lasen, weil sie sich fieberhaft bemühten, zu den Gesprächen ihrer Kollegen beizutragen. Die richtige Methode wäre hier, selbstsicher einfach das zu sein, was man ist. Natürlich sollte man auch lesen und sich dadurch bilden, doch dies aus Freude und nicht aus oberflächlichem gesellschaftlichem Pflichtdenken.

Solche Männer sind sehr begabt. Wenn sie die Dinge in der rechten Perspektive sehen, werden sie gut damit umgehen können. Doch bei ihren Frauen verhält sich das oftmals anders. Die Frauen sind meist weniger selbstsicher und dabei noch empfindsamer in gesellschaftlichen Belangen. Erst gestern kam eine solche Frau in meine Praxis. Ich zeigte ihr, wie sie durch Mental-Ataraxie den Grad ihrer diesbezüglichen Spannungen vermindern kann.

Studenten, deren Begabung für das gewählte Studienfach nicht ausreicht, leiden an dauerhaften nervösen Spannungen, was für sie eine stark herabgesetzte Lebensqualität mit sich bringt. Dies ist eine traurige Tatsache. Viele dieser Studenten, die auf eigenen Wunsch oder durch den Druck der Eltern ein bestimmtes Berufsziel ansteuern, strengen sich bis zum Äußersten an. Einige von ihnen wären sicher für das Berufsleben sehr geeignet. Doch die Fähigkeit, die notwendig ist, um Examen an der Universität zu bestehen, hängt nur sehr wenig mit den Fähigkeiten zusammen, die im späteren Berufsleben Erfolge ermöglichen. Ich habe so viele Studenten in einer derartigen Lage gesehen, daß ich ganz entschieden meine, man sollte junge Menschen *nicht* zu einer Ausbildung zulassen, bevor sie nicht klar gezeigt haben, daß sie diese auch ohne zu große persönliche Schwierigkeiten abschließen können.

Wenn wir alleine unter Kollegen aus einem anderen kulturellen Hintergrund arbeiten, kann dies leicht den Grad unserer inneren

Ängste anwachsen lassen. Unter solchen Umständen fühlt man sich als Außenseiter. Man gehört nicht dazu. Dies kommt leicht dann vor, wenn ein Angehöriger einer rassischen Minderheit sich unter seinen Kollegen alleine und ausgestoßen vorkommt. In einer derartigen Situation kann es zuweilen echte Diskriminierungen geben. Doch auch dann, wenn es keine Diskriminierungen gibt und der entsprechende Mensch sich dessen ganz bewußt ist, wird seine Angst bleiben. Es scheint dafür zwei Gründe zu geben. Zunächst wird es für den Neuen sehr schwierig sein, sich Aussprache und Jargon seiner Kollegen anzueignen. Dies kann zuweilen zu Scherzen führen. Auch wenn solche Witze in der besten Absicht gemacht werden, kommt der andere leicht zu der Ansicht, man wäre gegen ihn.

Ich habe kürzlich mit einem französischen Einwanderer, einem Techniker, gesprochen. Er erzählte mir, wie er sich am Arbeitsplatz fortwährend unbehaglich fühlt, weil er die Art des Humors seiner Kollegen nicht versteht.

Die andere Ursache für Ängste bei einem Angehörigen der Minderheit ist etwas schwieriger zu begreifen. Jeder hat seine Wurzeln in der Vergangenheit. Der innere Kontakt mit dieser Vergangenheit gibt dem Menschen Sicherheit im Leben. Ein solcher Kontakt kann auf unterschiedlichen Wegen bestehen, durch die Religion, gesellschaftliche Einrichtungen oder Familienbräuche. Menschen, deren kulturelle Wurzeln auf diese Weise in die gleiche geschichtliche Vergangenheit reichen, akzeptieren einander leicht. Man weiß, wer der andere ist und woher er kommt. Dem Angehörigen einer Minderheit fehlt in der Gruppe der anderen diese innere Sicherheit. Aus diesem Grunde wird seine Angst höher sein, wodurch sich die Qualität des Lebens vermindert.

Eine Arbeit, die unser Familienleben stört und persönliche Beziehungen unterbricht, wirkt sich negativ auf die Lebensqualität aus. Das geschieht dann, wenn ein Partner oder Elternteil sich am Abend noch Akten aus dem Büro mitbringt oder in der Nacht zum Schichtdienst muß.

Auch ein junger Angestellter, der häufig weitere Auslandsreisen unternehmen muß, wird sehen, wie sein Privatleben darunter leidet.

Häufig erfahren dies auch Angehörige von Berufsgruppen, die einen häufigen Wohnsitzwechsel mit sich bringen, etwa Angestellte großer internationaler Unternehmen, die häufig in andere Städte oder sogar Länder versetzt werden. Für diese Menschen ist dies heute bereits ein selbstverständlicher Bestandteil ihres Daseins geworden.

Zuweilen besitzen derartige Berufe eine starke Anziehungskraft. Doch ihre positiven Seiten gleichen in der Regel nicht den Verlust an menschlichen Aspekten des Lebens aus. Eine Ehefrau sagte mir diesbezüglich: »Immer steht uns ein neuer Umzug bevor. Wir können den Ort, an dem wir wohnen, niemals als unsere Heimat bezeichnen. Die Kinder schließen Freundschaften, doch dann müssen sie alles wieder verlassen und neu beginnen. Mir geht es dabei nicht anders.«

Für einen Beruf, bei dem unser Körper mit Schmutz zu tun hat, können wir durch finanzielle Zulagen entschädigt werden. Doch für einen Beruf, der moralisch schmutzig ist, können wir niemals auf eine solche Weise entschädigt werden. Hohe Bezahlung kann einen unbedachtsamen Menschen leicht verlocken. In diesem Zusammenhang sind drei Bereiche zu nennen. Der erste betrifft solche Arbeiten, die sich zwar innerhalb des gesetzlichen Rahmens abspielen, jedoch ganz offensichtlich unmoralisch sind. Tätigkeiten, die damit zu tun haben, sich durch Winkelzüge und Schliche vor dem Steuerzahlen zu drücken oder geschickt Regierungsbestimmungen zu umgehen, fallen unter diese Kategorie. Wenn man die unmoralische Natur solcher Arbeit kritisiert, bekommt man oft die Antwort: »Wir halten uns streng an die Gesetze. Niemand kann uns etwas anhaben. Wie könnten wir jemals ungesetzlich handeln?« Derartige hohle Entschuldigungen mögen kurzfristig die Selbstsicherheit erhalten. Doch sobald ein solcher Mensch einmal die Kraft verliert, die tiefe Unruhe seines Geistes niederzuzwingen, steht er plötzlich vor einer gähnenden inneren Unzufriedenheit.

Der zweite Bereich umfaßt solche Arbeiten, die mit dem Vertrieb schädlicher Produkte zusammenhängen. Wieder wird sich der Betroffene durch oberflächliche Entschuldigungen rechtfertigen wollen: »Was können wir für all die Einfaltspinsel? Wenn sie das nicht kaufen, werden sie ihr Geld für etwas anderes ausgeben! Schließlich müssen wir auch leben.« In meiner Praxis haben mich bereits Verkäufer als Patienten aufgesucht, die ernsthafte Störungen bekamen, als ihnen die Minderwertigkeit der Waren, die sie verkaufen sollten, bewußt wurde. Andere litten unter den skrupellosen Verkaufsmethoden, welche die Geschäftsleitung von ihnen erwartete.

Ein dritter Bereich betrifft solche Menschen, denen plötzlich klar wird, daß es ein Gewinn für die Welt wäre, wenn der gesamte Erwerbszweig, in dem sie arbeiten, nicht mehr existieren würde. Welch ein umwerfender Gedanke! Die Welt wäre besser ohne das eigene Lebenswerk. Ich habe Menschen kennengelernt, die von einer solchen Erkenntnis geradezu überwältigt wurden. Plötzlich gab es für sie keine hohlen Entschuldigungen mehr. Es gab keinen Ausweg, ausgenommen er würde in eine ganz andere Richtung führen. So etwas kann bei Angestellten und Arbeitern der Tabak-Industrie geschehen. Doch kommt diese Erkenntnis zuweilen auch Wissenschaftlern und anderem Personal der Rüstungsindustrie, Atomforschung oder in umweltverschmutzenden Bereichen.

Allgemein finden Frauen größere Erfüllung bei Arbeiten, welche ihnen den Einsatz ihres Einfühlungsvermögens ebenso gestatten wie den Gebrauch des Verstandes. Hierbei handelt es sich wiederum um einen bedeutenden Lebensaspekt, der sich aus der menschlichen Entwicklungsgeschichte erklären läßt. Im Verlaufe des jahrtausendelangen Evolutionsprozesses haben sich besondere Verhaltensweisen und Eigenschaften, die sich als wichtig für das Überleben erwiesen, tief in das menschliche Wesen eingegraben. Solche Kinder, deren Mütter durch ein natürliches Einfühlungsvermögen ihre wesentlichen Bedürfnisse erkannten, hatten gerade in einer Zeit größere Überlebenschancen, in der man sich noch nicht durch Worte verständlich machen konnte. Das Einfühlungsvermögen gestattet es dem Menschen, ohne Erklärungen das wahrzunehmen, was in einem anderen vorgeht. Frauen haben diese Eigenschaft zu einem höheren Grade entwickelt als die Männer. Sie können sich daher erheblich leichter in andere Menschen hineindenken. Dieses Vermögen, das für die Mutter von unschätzbarer Bedeutung war, kann auch der modernen Frau bei ihrer Berufstätigkeit nützlich sein. Für den Mann, der während der Entwicklungsgeschichte als Ernährer und Schützer aufzutreten hatte, war es dagegen wesentlicher, seinen Verstand und sein logisches Vermögen zu entfalten.

Eine Frau kann leicht in solchen Berufen Erfüllung finden, in denen sie dieses Einfühlungsvermögen fruchtbringend einsetzen kann. Eine gute Krankenschwester fühlt einfach, was ein Patient braucht, auch wenn dieser sich wegen seines Leidens nicht ausdrücken kann. Diese Eigenschaft ist von unschätzbarem Wert in der Medizin und ganz allgemein in sozialen Berufen. Auch in der Architektur hat eine Frau bessere Fähigkeiten als der Mann, wenn es um das Erkennen geht, was Menschen ein angenehmes Wohngefühl vermittelt.

Der Beruf eines Mannes wird zu einer sicheren Quelle der Angst, wenn er nicht mit den Erwartungen seiner Frau übereinstimmt. Oft berichten mir Männer, die als Patienten zu mir kommen, über derartige Dinge. Auch wenn dieser Gedanke von einer Frau niemals ausgesprochen wurde, ist sich der Mann dessen dennoch bewußt. Viele Male fragte ich entsprechende Patienten: »Das sagt also ihre Frau?« Und ich erhielt zur Antwort: »Aber nein! Sie würde das niemals sagen. Aber ich weiß genau, was sie empfindet.« Eine solche Situation tritt oft dann auf, wenn eine Frau aus einer Akademikerfamilie einen erfolgreichen Geschäftsmann geheiratet hat. Irgendwie glaubt sie trotz des vielen Geldes, das ihr Mann verdient, feinere Aspekte des Lebens verloren zu haben. Dieses Gefühl des Verlustes kann von ihrem Mann und dessen Tätigkeit nicht ausgeglichen werden.

Doch sehr oft gibt es auch weitaus schlimmere und bewegtere Situationen, wenn eine ehrgeizige und unzufriedene Frau ihren nur wenig begabten Mann zur Erlangung größerer finanzieller Erfolge und gesellschaftlicher Achtung antreibt.

Wie kann ein Mann damit fertigwerden? In solchen Fällen ist es keinesfalls gut, wenn der Mann irgendwelche Änderungen in seinem Berufsleben vollzieht, die er nicht wünscht und die ihm letztlich auch nicht helfen. Es handelt sich hier um ein Problem der Selbstsicherheit des Mannes. Gelingt es diesem Mann, ein inneres Selbstwertgefühl zu entwickeln, wird er von solchen Schwierigkeiten künftig verschont bleiben. Wichtiger noch, seine neue Haltung wird auch seine Frau allmählich beeinflussen, die dann schließlich ihrerseits von ihren oberflächlichen Idealen abläßt.

Die häufigste Ursache nervöser Spannungen bei der Arbeit ist nicht die Tätigkeit selbst, sondern sie läßt sich in der ständigen Notwendigkeit, aggressive Impulse unter Kontrolle zu halten, finden. Es handelt sich hierbei um ein ganz offensichtliches Problem. Es ist sehr weit verbreitet und hat in allen Gesellschaftsschichten die gleiche zerstörerische Wirkung. Wenn unser Chef uns aggressiv anfährt, gleichgültig ob er Vorarbeiter oder Vorstandsvorsitzender ist, ruft dies in uns bestimmte Reaktionen wach. Unsere eigene Aggressivität rührt sich, doch wir dürfen sie nicht herauslassen, wenn wir nicht unsere Stellung verlieren wollen. Darum kontrollieren wir sie, behalten sie in uns, schlucken alles herunter und leben dadurch in innerer Anspannung. Doch wenn man erst einmal die innere Unbeschwertheit des Geistes erlangt hat, steht man jenseits dieser primitiven Reaktionen. Dann wird nicht jede Aggression uns gegenüber in uns gleiche Gefühle wachrufen, die wir dann hinunterschlucken müssen. Vorkommnisse, die dann andere wahrlich in die Luft gehen lassen, können uns nicht mehr aus der Ruhe bringen.

Unsere Arbeit darf uns nicht völlig erschöpfen. Es müssen uns Reserven körperlicher und geistiger Energie bleiben. Ich habe in meiner Sprechstunde viele Menschen gesehen, die unter chronischen Ängsten zusammengebrochen waren, weil sie diese einfache Regel nicht beachteten. Bei den heutigen kürzeren Arbeitszeiten suchen sich zuweilen Leute einen zweiten Beruf, eine Teilzeitbeschäftigung neben ihrer normalen Stellung. Sie lassen sich durch das zusätzliche Geld locken, doch es bleiben ihnen dabei keinerlei Reserven. Es genügt dann nur etwas zusätzlicher Streß, vielleicht durch private Angelegenheiten, und schon kommt es zum Auftreten psychosomatischer Beschwerden.

Auf einer höheren Ebene ist der Manager zu nennen, der nicht widerstehen kann, Mitglied noch eines weiteren Ausschusses zu werden. Mancher erfolgreiche Arzt begrenzt die Zahl der Patienten, die er täglich empfängt, nicht. Zusätzlich nimmt er jede Einladung zum Halten eines Vortrages an. Die Leute glauben, er würde sich in selbstloser Weise seiner Pflicht widmen. Doch sie ahnen nicht seine miserable Lebensqualität, die in keinem Verhältnis zur Arbeit, die er leistet, steht.

Dann gibt es Frauen, die ihre Fähigkeiten beim Ausüben zweier Berufe überschätzen. Sie eilen von der Arbeitsstelle nach Hause, um das Abendessen zu bereiten und sich um die Kinder zu kümmern. Am Morgen stehen sie sehr zeitig auf, um ihre Haushaltspflichten zu erfüllen. Es bleibt ihnen keine körperliche oder geistige Reserve, und ihre innere Spannungen zeigen sich in Gereiztheit gegenüber den Kindern. Zunehmend wachsen dadurch die Ängste, und die Lebensqualität leidet darunter.

Sollten wir berufliche Probleme am Arbeitsplatz zurücklassen oder sie mit nach Hause nehmen? Zuweilen höre ich von Patienten: »Ich wünschte, ich müßte mir abends nicht all die Arbeit mit nach Hause nehmen!« Doch auch Leute, die nichts mitzunehmen haben, beklagen sich oft: »Ach, könnte ich doch die ganze Arbeit vergessen, wenn ich endlich daheim bin. Doch es geht nicht. Immer mache ich mir über berufliche Angelegenheiten Sorgen.« Dies höre ich nicht nur von Leuten in führenden Positionen, auch Menschen in ganz alltäglichen Berufen erzählen mir davon. In solchen Fällen läuft etwas Grundlegendes falsch: Diese Menschen arbeiten mit einem hohen Grad an Ängsten, wodurch ihre Lebensqualität schmäler wird. Sie könnten besser damit fertigwerden, wenn sie ihre Angst durch entspannende meditative Erfahrung reduzieren würden. Doch muß darüber hinaus die betreffende Arbeitssituation grundsätzlich hinterfragt werden. Sehr gut ist es möglich, daß jene Menschen sich zu nahe an die Grenzen ihrer Fähigkeit wagen.

Eine Arbeit, die biologisch bedeutsam ist, wird zu einem natürlichen Teil des ganzen Lebens. Die Mutter und Hausfrau läßt um sechs Uhr am Abend nicht die Angelegenheiten ihrer Familie hinter sich. Das würde sie keinesfalls wünschen. Der Bauer beschließt seine Arbeit mit Sonnenuntergang, und im Sommer ist sein Tag daher lang. Dennoch überdenkt er am Abend die Probleme der entsprechenden Jahreszeit. Er würde es nicht anders wollen. Ein Wissenschaftler, Künstler oder Schriftsteller wird niemals versuchen, den Gegenstand seiner Arbeit aus dem Gedächtnis zu verbannen. Ebenso geht es dem Lehrer, der

Krankenschwester und dem Sozialarbeiter. Tatsächlich ist es uns, wenn wir Berufen mit biologischer Notwendigkeit nachgehen, eher möglich, in entspannten Momenten über die Arbeit nachzudenken. Dies bedeutet dann, daß uns diese Arbeit wirklich erfüllt. Wenn man unter diesen Umständen Arbeit mit nach Hause bringt, ist das völlig natürlich. Daraus können keine Ängste entstehen.

Doch für Millionen Menschen, die immer nur den gleichen Handgriff bei der Arbeit zu verrichten haben, stellt sich diese Situation ganz anders dar. Im günstigsten Falle lassen diese bei Betriebsschluß die Probleme der Arbeit hinter sich. Allerdings führt dies dazu, daß sie zwei Leben zu führen beginnen, eines bei der Arbeit und das andere danach. Der mechanisierte Teil ihres Daseins bleibt auf diese Weise von ihrem eigentlichen menschlichen Wesen ausgeschlossen.

Manche Menschen gleichen in ihrer Freizeit einseitige Arbeitsbedingungen aus. Wer in seiner Arbeit unaufhörlich mit denselben Handgriffen beschäftigt ist, kann das in der Freizeit durch Tätigkeiten ausgleichen, bei denen in stärkerer Weise der Verstand gefordert wird. Auf der anderen Seite verbringen leitende Persönlichkeiten, die im Berufsleben klare Verstandesarbeit leisten müssen, ihre Freizeit oftmals mit Vergnügungen, die ihrem sonst ernsten Charakter entgegengesetzt scheinen. Manchmal werden jene Menschen mißverständlich für Playboys gehalten. Die Tatsache, daß ein solcher Ausgleich notwendig ist, weist auf ungesunde Aspekte in der Arbeit hin. Wäre die Tätigkeit für die entsprechenden Menschen wirklich erfüllend, könnten sie große Verstandesleistungen vollbringen, ohne danach auf einen derartigen Ausgleich angewiesen zu sein. Nur wenn zur Verstandesarbeit noch ein hoher Grad an Angst tritt, besteht die Notwendigkeit, in oberflächlichen Vergnügungen einen Ausgleich zu suchen.

Arbeit und spirituelles Streben müssen sich in Übereinstimmung befinden. Hiermit stelle ich eine schwierige Behauptung auf, denn vielleicht denken Sie jetzt: »Das betrifft mich nicht. Ich habe keine spirituellen Bestrebungen.«

In meiner über dreißigjährigen Erfahrung als Psychiater habe ich erfahren, daß wir uns unserer spirituellen Bestrebungen sehr häufig nicht bewußt sind. Oft befremdet uns dieses Thema, und so nehmen wir zu dem psychologischen Schutz der Ablehnung Zuflucht. Wir bestreiten einfach vor uns selbst, derartige Empfindungen zu haben. Doch während einer Psychotherapie brechen sie besonders bei jungen Menschen in unerwarteter Weise hervor. Bei unterschiedlichen Menschen treten diese Empfindungen im Zusammenhang mit verschiedenen Lebensbereichen auf: Ehepartner und Familie, Natur oder Gott.

Die Beziehung zwischen Berufsleben und spirituellem Leben kann in ganz unterschiedlicher Weise gestaltet sein. Seltsamerweise waren erst gestern Morgen zwei Patienten in meiner Sprechstunde, deren Fälle ich hier zur Verdeutlichung heranziehen möchte. Der eine ist ein sehr idealistischer und religiöser Mensch. Beruflich wirkt er als Sekretär in der örtlichen Zweigstelle einer politischen Partei. Seine Arbeit und seine spirituellen Bestrebungen befanden sich in vollkommenem Einklang, denn er war davon überzeugt, seine politische Tätigkeit könnte zur Verbesserung der Welt beitragen. Bei dem anderen Patienten handelte es sich um einen jungen Bankangestellten. Auch er ist ein sehr religiöser Mensch, in dessen Leben es ausgeprägte spirituelle Aspekte gibt. Möglicherweise haben sich diese Aspekte durch die Erfahrung einer schweren körperlichen Krankheit vor einigen Jahren besonders entwickelt. Zwar mag er seine Arbeit auf der Bank, doch kann er keinen tieferen Sinn darin erblicken. Sie steht in keinem Zusammenhang mit seinem sonstigen Leben, in dem es hauptsächlich kirchliche Aktivitäten gibt. Dies führt zu einer gewissen Bewußtseinsspaltung, die es dem Menschen erlaubt, verschiedene Bereiche seines Lebens innerlich voneinander zu trennen.

Hilft unsere Arbeit uns selbst und anderen in Familie und Gesellschaft dabei, bessere Menschen zu werden? Sie werden jetzt vielleicht denken, daß ich zu idealistisch werde und von der Erörterung rein praktischer biologischer und psychologischer Aspekte des Arbeitslebens zu etwas übergehe, wovon keiner sehr viel begriffen hat. Sie denken vielleicht, daß Sie nicht wirklich wissen, was es heißt, ein besserer Mensch zu werden. Auch ich verstehe dies nicht sehr klar. Doch obwohl ich die Sache nicht vollständig verstehe, bin ich dennoch davon überzeugt, daß die Idee einen grundsätzlichen Wert besitzt. Schließlich helfen einige Menschen sich und anderen dabei, besser zu werden, und dies steht dann oft mit der beruflichen Tätigkeit in einem Zusammenhang. Ich denke dabei jetzt nicht an Geistliche, Friedensarbeiter, berufene Ärzte und hingebungsvolle Sozialarbeiter oder dergleichen. Ich denke an etwas völlig anderes, doch es ist sehr schwierig, das auszudrücken. Mein Schreiben ist plötzlich zum Stocken gekommen. Wahrscheinlich läßt sich nicht erklären, was ich meine. Ich bin sehr versucht, dieses Blatt Papier zur Seite zu legen, um mein Vorhaben, diesen Punkt zu verdeutlichen, aufzugeben. Nun, versuchen wir dennoch, den ursprünglichen Faden wieder aufzunehmen. Kann unser Wirken im Beruf uns und anderen dabei helfen, bessere Menschen zu werden? Ja! Dies wird dann möglich sein, wenn unser Beruf uns wirklich ganz erfüllt, wenn wir vollkommen an ihm teilhaben. Betrachten wir dazu wieder die Beispiele des Bauern und der Mutter. Wenn diese wirklich ganz in ihrer Arbeit aufgehen, kann diese ihnen zu einem tieferen Verständnis des Lebens verhelfen. Ich bin sicher, Sie konnten mir bis zu diesem Punkte folgen. Nun wäre der nächste Schritt für jenen, der weder Bauer noch Mutter ist, das für den Bauern und die Mutter Gültige in seinem eigenen Leben auf abgewandelte Weise Wirklichkeit werden zu lassen.

Bedarf es weiterer Erklärungen? Neben dem Verstandesdenken gibt es noch andere wertvolle Funktionsweisen unseres Geistes. Das Thema, worum es uns gerade geht, entspricht diesem Bereich jenseits der Logik. Ich muß mich Ihnen nun durch die logische Tätigkeit des Schreibens verständlich machen. Doch alles Schreiben muß vor diesen ganz anderen Dingen versagen. Sie könnten das ganz sicher verstehen, wenn Sie etwas von der Tiefe meditativer Erfahrungen jenseits der Entspannung erlebt hätten. Auch dabei handelt es sich um Bereiche, die sich nicht durch einen begrifflichen Ausdruck versklaven lassen. Doch eine Sache ist sicher: Die Mental-Ataraxie kann Ihren Geist zu einer Funktionsweise bringen, durch welche das Berufsleben erleichtert wird und Ihr ganzes Leben zu größerer Erfüllung durch die unbeschwerte Disziplin geführt wird.

10. Kapitel

Das häusliche Leben

*Das Leben ist angenehmer, wenn Sie Ihr Zuhause als Zufluchtsstätte
vor dem Getriebe der äußeren Welt betrachten können.*
Sie treten dann zur Tür herein und empfinden: »Es ist gut, daheim
zu sein.« In einem solchen Falle wissen Sie, daß dieser Teil Ihres
Lebens genau das ist, was er sein sollte. In vergangenen Zeiten war das
Heim, die Höhle oder Hütte, jener Ort, an dem sich der Mensch sicher
vor den Unannehmlichkeiten des Wetters und den Gefährdungen
durch Feinde fühlen konnte. Es war eine Stätte des Schutzes, die das
Gefühl von Geborgenheit vermittelte. Die heutige Situation hat sich
geändert. Es drohen keine körperlichen Schädigungen mehr durch
Wetter oder Feinde. Es ist nun der geistige Streß des modernen und
materialistischen Lebens, das dem Menschen gefährlich werden kann.
Doch immer noch löst das Nachhausekommen in uns die gleichen
psychischen Reaktionen wie in unseren Vorfahren aus. Es befreit uns
von den Ängsten der Gegenwart, so wie es damals von den offensicht-
licheren Bedrohungen durch die Umwelt befreite.
*Doch Sie sollten Ihr Heim nicht ausschließlich zu einer Fluchtburg
werden lassen, in welche Sie sich aus dem Kreuzfeuer schwieriger
zwischenmenschlicher Beziehungen und praktischer Probleme des
Berufslebens zurückziehen.* Dies kann bei introvertierten Männern
und Frauen recht leicht vorkommen. Introvertierte Menschen geraten
durch berufliche Schwierigkeiten und das Beisammensein mit anderen
im täglichen Leben in größere innere Spannungen. Ein Rückzug von
diesen Dingen schafft demnach eine erhebliche Erleichterung. Nun
gibt es keine angenehmere Rückzugsmöglichkeit als jene, die in die
warme und liebevolle Atmosphäre des eigenen Heims führt. Schon das

schüchterne und introvertierte Kind versucht durch Zuhausebleiben dem schulischen Streß zu entgehen. Und so versuchen auch manche Erwachsene noch durch eingebildete Kopfschmerzen oder Grippen, den täglichen Spannungen durch einen angenehmen Tag in der Sicherheit des Heimes zu entfliehen.

Das Nachhausekommen ruft im Menschen vergangene Gefühlserfahrungen wach. Für Kinder ist der Beginn der Schulzeit eine anstrengende Erfahrung. Es ist dann immer gut, wenn man wieder daheim sein kann. Spannungen und Ängste beruhigen sich, wenn die Mutter in der Nähe ist und man sich in gewohnter Umgebung befindet. Zwar verändern sich für den Erwachsenen die häuslichen Bedingungen in mancher Weise, doch ruft das Nachhausekommen noch immer die gleichen inneren Reaktionen wach, die schon in der Kinderzeit wirkten.

Ein Mann, der in eine sichere und tiefe Gefühlsbeziehung zu seiner Frau heimkehrt, empfindet auch eine stärkere Selbstsicherheit und Bestätigung im Leben. Mancher Mann, der von den übertriebenen Männlichkeitsvorstellungen unserer Tage angesteckt ist, wird das vielleicht bestreiten. Er glaubt dann, daß derjenige, der auf diese Weise von seiner Frau abhängt, einen Mangel an männlicher Stärke und Freiheit beweist. Doch hierbei handelt es sich um klar bedingte Kulturgegebenheiten: Wir sind genau das, was wir sind. Wer das bestreiten möchte, der macht sich etwas vor. Der reife erwachsene Mann entwickelt zu seiner Frau eine schwer durchschaubare Struktur gegenseitiger Abhängigkeiten, wie er sie als Kind zu seiner Mutter hatte. Und ich glaube, daß von dieser grundsätzlichen Gegebenheit nur zwei Ausnahmen existieren. Die erste ist ein Psychopath, der keine positiven Empfindungen für seine Mitmenschen haben kann. Die zweite Ausnahme ist ein asiatischer Mystiker, der in sinnvoller Weise die Philosophie des Nicht-Anhaftens an den Dingen dieser Welt in seinem praktischen Leben umsetzt.

Eine Frau, die sich auf die Rückkehr ihres Mannes freut, gewinnt damit in ihrem Leben eine neue Dimension. Dennoch haben mir Frauen oft von ihren gemischten Gefühlen erzählt, mit der sie der Rückkehr ihres Mannes entgegensehen. »Ich bin einsam, und ich möchte, daß er da ist. Doch sobald er kommt, werden wir uns zanken.

146

Es ist ein trauriges Leben für eine Frau. Ich bin müde und am Rande meiner Geduld. Dann kommt er. Er gibt mir einen flüchtigen Kuß. Ich sehe schon, wie gereizt er wieder ist. Es macht mich nervöser als je zuvor. Doch ich liebe ihn. Ich würde ihn gegen nichts und niemanden tauschen wollen.« Diese nicht gerade ideale menschliche Erfahrung ist das Los zahlreicher Leute.

Wie kann nun daheim ein Gefühl der Wärme und Sicherheit erzeugt werden? Die Antowrt ist ganz einfach. Das Vorhandensein eines Faktors bringt alles andere Wesentliche hervor: Dieser Faktor ist die *Liebe*. Ich habe die psychologischen und spirituellen Aspekte der Liebe bereits in einem anderen Buch ausführlich behandelt (Let's Be Human, Fontana, Großbritannien 1976). In Zusammenhang mit dem häuslichen Leben ist dabei insbesondere ein Aspekt hervorzuheben. Es ist die vollkommene psychologische Identifikation des einen mit dem anderen. Es mag seltsam klingen, doch mir sind im Verlauf der letzten Jahre mehrere junge Menschen begegnet, die offen zugegeben haben, daß sie sich vor einem solchen Grad der Übereinstimmung fürchten. Es waren dies hauptsächlich Studenten der Universität, eine Reihe von ihnen studierte Psychologie. Sie waren sich eines Mangels an eigener persönlicher Identität bewußt geworden. Nun glaubten sie, daß ihr Identitätsempfinden in einer Liebesbeziehung, die Identifikation mit dem Partner bedeutet, vollends verloren ginge. Natürlich ist dies die verzerrte Schlußfolgerung eines ängstlichen Geistes. Denn in Wirklichkeit kann ein Mensch nur durch intime Erfahrungen mit einem anderen seine eigene Identität erlangen und erfahren.

Der Grad des Sicherheitsgefühles im Heim hängt sehr stark auch von einer Übereinstimmung in den Reaktionen der Bewohner ab. Es entsteht daheim ein besonderes Sicherheitsgefühl, wenn die Frau weiß, wie ihr Mann reagieren wird, und wenn er weiß, wie sie reagieren wird, und wenn auch die Kinder sich auf die Reaktionen ihrer Eltern verlassen können. Wenn die erwartete Reaktion in jedem Falle eine verständnisvolle ist, wird im ganzen Haushalt ein Gefühl der Sicherheit herrschen. Doch selbst dann, wenn die erwartete Reaktion eine strenge ist, weiß der Betroffene, was auf ihn zukommt, und er kann seine psychologischen Schutzmechanismen wachrufen, um das Vorhergesehene zu bestehen. Sind jedoch dagegen die Reaktionen eines Menschen nicht vorauszusehen, lebt seine Umgebung in einer ständigen Unsicherheit, denn es ist unmöglich, sich innerlich auf kommende Situationen einzustellen. Selbstverständlich wird es dort am schwierigsten sein, wo eine verständnisvolle Antwort erwartet wird, man sich jedoch ganz unvermittelt mit einer strengen Reaktion konfrontiert sieht.

Wie soll das häusliche Leben geleitet werden? Durch einen einzigen Haushaltsvorstand, auf demokratische Weise oder durch gegenseitiges Zusammenwirken? Wird das Heim von einer einzigen Person, gleichgültig ob Mann oder Frau, regiert, dann ist hierdurch natürlich die Freiheit aller anderen Angehörigen eingeschränkt. Sie werden sich vielleicht auf indirekte Weise dagegen auflehnen oder außerhalb nach einem möglichen Ausgleich suchen. Derartige Fluchtversuche in einen Ausgleich außerhalb des Hauses sind heute allgemein verbreitet. Oft führt eine solche Suche nach Freiheit in ein gewalttätiges und asoziales Verhalten. Doch kann ein auf diese Weise streng geführtes Heim, wenn die dominierende Persönlichkeit nicht übertreibt, auch das Wohlbefinden der Angehörigen steigern, indem es zum Abbau der Ängste beiträgt. Es ist dann, als ob man beim Militär wäre. Man weiß, wo man zu stehen hat, und die Verantwortlichkeit eigener Entscheidung ist auf ein Minimum beschränkt.

Es treten Probleme auf, wenn sich die häusliche Autorität ändert. Gerade nach dem Krieg konnte ich hierfür zahlreiche Beispiele beobachten. Während der Mann für drei oder vier Jahre nicht daheim war, hat sich die Frau erfolgreich in der Doppelrolle des Haushaltsvorstandes und der Mutter bewährt. Die Rückkehr des Vaters erforderte nun ein Wiedereinführen der ursprünglichen Rollen. Es gab Unsicherheiten, Probleme und oft Streitigkeiten, die dann konsequent zu Ängsten und verschiedenen psychosomatischen Beschwerden bei Mann und Frau führten.

In nicht so extremer Form konnte ich solche Schwierigkeiten auch unter anderen Umständen beobachten. Ein verspannter, ängstlicher und unsicherer Mann wird von seiner Frau in der Rolle des Haushaltsvorstandes abgelöst. Endlich entschließt sich der Mann, nachdem seine

148

Beschwerden allmählich zugenommen hatten, sich in psychotherapeutische Behandlung zu begeben. Das Ergebnis dieser ist schließlich das Entwickeln einer inneren Unbeschwertheit und dadurch echter Selbstsicherheit. In der weiteren Folge muß er sich nun in einem häuslichen Machtkampf jene Rolle zurückerobern, die er durch seine vormaligen nervlichen Leiden verloren hatte.

Ein demokratisch geführter Haushalt funktioniert nicht so gut, wie man vielleicht erwarten würde. In vielen Gesprächen mit Patienten wurde mir das bestätigt. Eine Reihe von Umständen sind dafür verantwortlich. Die Vorstellung der Demokratie ist eher ein verstandesmäßiges Ideal als ein Teil des Evolutionsprozesses. Aus diesem Grunde läßt es sich nicht allzu einfach auf die grundlegend biologische Situation der Familie übertragen.

Zwei weitere Umstände scheinen mir ebenfalls einer Erwähnung wert. Es waren fast immer nur Frauen, die mir begeistert davon berichteten, daß sie und ihr Mann auf völlig demokratische Weise glücklich zusammenleben. Die Frau sagte mir dann meist: »Ich erkenne das daran, daß wir alle unsere Schwierigkeiten miteinander besprechen.« Bei genauerer Prüfung stellte sich dann heraus, daß sich in vielen dieser Haushalte hinter der glücklichen demokratischen Fassade in Wirklichkeit die neue Form eines Matriarchats des zwanzigsten Jahrhunderts verbarg. Ich konnte beobachten, wie in solchen Familien, die derart demokratische Strukturen ausgeprägt hatten, der Mann gewöhnlich eine eher passive Natur besaß.

Das größte Problem der demokratischen Familie bleibt dasselbe wie jenes der Demokratie überhaupt. Junge Familienmitglieder beanspruchen die gleichen Mitbestimmungsrechte bei Entscheidungen, deren Konsequenzen sie jedoch nicht absehen können.

Ein Haushalt, der weder von einem Haushaltsvorstand regiert noch demokratisch geleitet wird, kann seinen Angehörigen durch einen intuitiven Lebensstil bessere Daseinsmöglichkeiten eröffnen. Dies ist eine Tatsache, die man eher empfinden als verstandesmäßig beweisen kann. Vielleicht läßt es sich durch einen Blick auf die menschliche Evolution besser verstehen. Die Familie, die von einem einzigen Oberhaupt regiert wird, ist ein Teil unseres biologischen Erbes. Die demokratische Familienorganisation ist dagegen ein rein intellektuelles Ideal. Doch die auf intuitive Weise zusammenwirkende Familie ist ein weiterer Fortschritt im Evolutionsprozeß. In einer solchen Familie gibt es keine Befehle oder Anweisungen, keine Familienräte, sondern alles geschieht von selbst in der richtigen Weise. Ein solcher Lebensstil verlangt verständnisvolle, empfindsame und intuitiv begabte Persönlichkeiten, die auf dem Pfad der menschlichen Evolution schon etwas weiter vorangeschritten sind als die meisten anderen.

Fühlen sich einzelne Familienmitglieder daheim unterdrückt? Man sollte sich dies wirklich fragen, denn nicht jedermann besitzt das Einfühlungsvermögen, um automatisch zu wissen, was die anderen empfinden. In meiner Sprechstunde sah ich sehr häufig Jugendliche, die sich über die häusliche Atmosphäre der Unterdrückung beklagten. Wenn ich dies später den Eltern gegenüber ansprach, waren diese oftmals höchst erstaunt. Sie waren sich nicht im geringsten der Tatsache bewußt, daß ihre Kinder das Familienleben so empfinden könnten.

Doch auch das Gegenteil der eben geschilderten Situation ist häufig anzutreffen. Es ist tatsächlich verbreiteter als die meisten Menschen annehmen würden. In solchen Fällen bedingt das Verhalten der jugendlichen Kinder eine häusliche Atmosphäre, in der sich die Eltern unterdrückt fühlen. Obwohl das von den Jugendlichen zuweilen bewußt oder unbewußt provoziert wird, trauen sich viele Eltern nicht, dagegen Maßnahmen zu ergreifen. Sie fürchten sich, die Kinder hierdurch aus dem Hause zu treiben, wo sie moralischen Gefahren ausgesetzt sind, bei deren Bewältigung die Eltern dann nicht mehr helfen können. In solchen Situationen sind es dann die Jugendlichen, die in der Familie die Autorität übernommen haben und die Eltern unterdrücken.

Teilen die einzelnen Mitglieder des Haushaltes gleiche politische, religiöse und gesellschaftliche Haltungen? Noch vor einer Generation konnten Leute in der Nachbarschaft auf ein Haus deuten und sagen: »Die Familie, die dort lebt, geht in die Kirche und unterstützt diese oder jene Partei.« Doch inzwischen hat sich dies grundlegend geändert. Es ist selten geworden, daß eine ganze Familie in die Kirche geht. Meist gehen nur ein oder zwei Mitglieder in den Gottesdienst, während sich die anderen nicht dafür interessieren. Ähnlich steht es mit politischen Dingen. Die Familie wählt nicht mehr einheitlich eine Partei. Häufig treffen die Kinder eine andere Wahl als die Eltern, und eine Frau, die eine andere Partei als ihr Mann unterstützt, ist heute auch keine Seltenheit mehr.

Zu einem großen Teil geht diese Entwicklung auf die gegenwärtig so große Wertschätzung der individuellen Identität zurück. Dennoch zeigen sich darin durchaus neurotische Elemente. Eine Frau oder ein Kind, die glauben, sie könnten durch das Annehmen einer von der restlichen Familie abweichenden Haltung ihre eigene Persönlichkeit stärken, kämpfen um ihre Identität. Ein junger Mensch empfindet die Notwendigkeit, sich durch das Absetzen von den Eltern selbst als Erwachsener zu beweisen. Wie ginge das besser als in der Weigerung, mit den Eltern zur Kirche zu gehen, oder sogar durch eifrigen Kirchgang, wenn die Eltern nicht religiös sind? Und schließlich durch das Wählen einer anderen Partei! Dies scheint einem dann selbst der klare Beweis persönlicher Identität und des Erwachsenseins.

Ähnliche Reaktionen treten oft bei jungen Frauen auf. Diese sind dann Anhängerinnen der Frauenbewegung und wollen als Persönlichkeiten mit eigenen Rechten gelten, nicht als bloße Schatten ihrer stets führenden Männer. Darum gehen sie zur Kirche oder nicht, ganz wie es ihnen selbst paßt, und wählen auch nach eigener Entscheidung eine Partei. Dies alles klingt ganz vernünftig. Doch leicht neigen Menschen unter solchen Umständen zu Überreaktionen. Mir erzählten Frauen, daß sie nur deshalb eine andere Partei als ihr Mann wählten, um sich selbst ihre eigene Identität und Unabhängigkeit zu beweisen. Dabei führten diese Frauen keineswegs unglückliche Ehen oder hatten Grund, sich an ihren Männern für irgendwelche Feindseligkeiten zu rächen. Sie wollten einfach ihrer eigenen Persönlichkeit Geltung verschaffen und wählten dazu diesen höchst seltsamen Weg. Viele unter uns sind in ihren religiösen, politischen und gesellschaftlichen Haltungen von ähnlichen neurotischen Reaktionen beeinflußt.

Welchen Einfluß haben unterschiedliche religiöse, politische und gesellschaftliche Ansichten auf das allgemeine Familienleben? Da hört man oft: »Das hat keinerlei Einfluß. Wir sind doch alle erwachsen oder fast erwachsen und dürfen daher unsere eigene Meinung haben.« Meist sagen die Eltern dies. Doch sie sagen das so schnell, daß ich sicher bin, es ist nicht die ganze Wahrheit. Oft haben Eltern das unbestimmte und beunruhigende Gefühl, die Wahl ihrer Kinder beruhe auf idealistischen und menschlichen Erwägungen, während ihre eigene von praktischen und materialistischen Beweggründen getragen wird. Andere Eltern haben das ebenso unbestimmte wie beängstigende Empfinden, daß das unterschiedliche Wahlverhalten ein eigenartiger Ausdruck versteckter Feindseligkeiten in der Familie ist.

Viele Menschen sind stolz auf ein enges Familienleben, das doch jedem Mitglied freie Ansichten und Unabhängigkeit ermöglicht. Manchmal erzählen mir Patienten, sie hätten das in ihrer Familie erreicht. Doch Gespräche mit anderen Angehörigen der Familie zeigten mir dann rasch, daß die enge Vertrautheit der Familie lediglich eine Vorspiegelung falscher Tatsachen, eine Flucht vor der Wirklichkeit war. Jeder Mensch flieht die Wirklichkeit auf diese Weise zu einem stärkeren oder schwächeren Grad. Wir verdrängen oder bestreiten vor uns selbst gewisse Gegebenheiten, um uns vor dem Schmerz durch die Konfrontation mit der Wahrheit zu schützen. Dies trifft besonders auch auf die familiäre Situation zu. Ein Mangel an Gespräch und Auseinandersetzung mit dem anderen begünstigt ein derartiges Reagieren. Der Betroffene meint dann, es würde die Harmonie in der Familie stören, wenn er seinen Schwierigkeiten Ausdruck verleiht. Das Vermeiden einer wirklichen Auseinandersetzung wird dann zu einer psychologischen Schutzmaßnahme, welche die Illusion einer engen Familienbindung bestehen läßt.

Ergreifen Familienangehörige im Falle einer Auseinandersetzung immer die gleiche Partei? Stehen zum Beispiel die Mutter und die Kinder auf einer Seite gegen den Vater; oder Mutter und Sohn gegen Vater und Tochter; oder die Eltern gegen die Kinder? Familien, die in solcher Weise in zwei Lager gespalten sind, geraten sehr leicht über ganz unbedeutende Angelegenheiten in Streitigkeiten. Wenn jedoch die Lager nicht ganz klar verteilt sind, lassen sich auftretende Meinungsverschiedenheiten im Familienkreise unbeschwerter lösen.

*Gibt es in der Familie grundlegende Konflikte und Meinungsver-
schiedenheiten, bei denen die Eltern sich auf überkommene Vorstellungen stützen, während die Kinder modernere moralische Ansichten
vertreten?* Im Leben der meisten Menschen gibt es derartige Konflikt-
punkte. Diese sind ein unvermeidlicher Teil jeden Fortschritts. Wir,
die ältere Generation, sollten fähig sein, neue Ideen aufzunehmen, um
auch in gewohnten Aspekten unseres Lebens noch Änderungen des
Herkömmlichen zu akzeptieren. Doch läßt sich nicht immer auf diese
Weise alles beilegen. Oftmals sind sich die beiden streitenden Parteien
ihrer eigenen Position im tiefsten Inneren so unsicher, daß sie völlig
verbohrt auf ihrem Standpunkt beharren, wodurch jeder Kompromiß
unmöglich wird. Das häusliche Leben leidet dann unter einer anhaltenden Spannung zwischen verhärteten Standpunkten.

*Herrscht in Ihrem Haus eine sinnesfreudige oder eine puritanische
Atmosphäre vor?* Wenn man sich vor diese Frage gestellt sieht, wird
man wahrscheinlich spontan antworten wollen: »Bei uns geht es
eigentlich weder besonders sinnesfreudig noch puritanisch zu.« Dies
ist die Meinung, die wir von uns selbst haben. Doch wenn wir im
Hinblick auf diese Frage an die Häuser anderer Familien, die wir gut
kennen, denken, dann werden wir oft finden, daß die Atmosphäre dort
ganz klar in die eine oder die andere Richtung neigt. Das puritanische
Heim ist hart und streng. Im Bewußtsein seiner Bewohner ist das
Richtige richtig und das Falsche falsch, und zwischen beidem läßt sich
genau unterscheiden. Oft wird diese Unterscheidung auf der Grundlage religiöser Lehren getroffen. Das als falsch Erkannte wird vermieden
und abgelehnt. Auf der anderen Seite steht das sinnesfreudige Heim, in
dem stets eine freizügige Stimmung herrscht. Die wichtigste Frage
lautet hier: »Wie läßt sich das Leben am besten genießen?« Rauchen,
Trinken, Spielen, Flirten und außereheliche sexuelle Erfahrungen sind
dabei selbstverständliche Bestandteile des Lebens und werden ohne
moralische Bedenken genossen. Denken Sie nur an die Familien einiger
Ihrer Bekannten, und ich bin sicher, die meisten werden sich klar der
einen oder anderen Grundhaltung zuordnen lassen.

*Die ungeschriebenen Gesetze des puritanischen Hauses haben ihre
Wirkungen auf alle Beteiligten.* Wenn der einzelne diese Regeln

annimmt, akzeptiert er damit einen genauen Orientierungsrahmen über richtiges und falsches Verhalten. Richtet er sich danach, ist er von der Schwierigkeit, moralische Entscheidungen fällen zu müssen, befreit. Dadurch sinkt auch der Grad seiner inneren Ängste. So wird sich ein puritanisches Heim auswirken, wenn es wirklich gut geregelt ist. Doch kann ein Mensch diese Gesetze nicht annehmen, wird sein Inneres von Unsicherheit erfüllt sein. Er wird zahlreiche Schuldgefühle entwickeln, wodurch seine Ängste zunehmen und die Lebensqualität leidet.

Die Disziplin in einer puritanischen Familie führt jedes Mitglied zur Entwicklung eines hohen Grades von Selbstkontrolle. Es handelt sich dabei um einen Lernprozeß von großem Wert, der dem einzelnen Familienmitglied auch dabei hilft, sich in zahlreichen täglichen Lebenssituationen zu bewähren. Dies ist wirklich sehr positiv, doch können dabei auch Probleme auftreten. Dies wird dann der Fall sein, wenn der Haushaltsvorstand seine Maßstäbe der Selbstdisziplin zu hoch für die anderen setzt. Er vergißt dann, daß die Selbstdisziplin, die er unschwer aufbringen kann, tatsächlich die Fähigkeit der anderen Familienmitglieder übersteigt. Er denkt dann: »Was ich kann, das schaffen die anderen auch. Das ist nur eine Frage des Charakters und moralischen Durchhaltens.« Doch das ist nicht ganz so einfach. Er ist älter und besitzt aus diesem Grunde eine reifere und besser integrierte Persönlichkeit. Oft ist der Fall noch etwas komplizierter. Manche Menschen dieser Art, die ich untersuchen durfte, zeigten in ihrer Charakterstruktur masochistische Züge. Sie genossen eine Art perverser Freude durch gewisse Grausamkeiten, die sie sich in ihrer übergroßen Selbstdisziplin zufügten. Dieses perverse Gefühl der Freude, das einer selbstquälerischen Neigung entspringt, muß dabei klar von jener Erfüllung unterschieden werden, die einer echten Selbstbeherrschung entspringt, die sich auch in schweren Zeiten bewährt.

Das puritanische Heim setzt strenge Wertmaßstäbe. Richtig ist richtig, und falsch ist falsch. Solange wir derartigen Regeln treu bleiben, helfen sie uns dabei, daß wir uns selbstsicherer fühlen können, wodurch unsere Ängste abnehmen. Doch es ist nicht immer alles in Regeln zu fassen. Ich kann nun schon den Puritaner hören, wie er mir sagt: »Wenn ich Zweifel habe, dann ist die Sache schon schlecht!« Doch die moralische Qualität unserer Tat ist oftmals von den Umständen abhängig, unter denen wir sie ausführen. Der Geschlechtsakt zwischen sich liebenden Ehepartnern wird auf der ganzen Welt als etwas hoch Moralisches angesehen, während die gleiche Handlung überall abgelehnt wird, wenn sie im Zuge einer Vergewaltigung begangen wird. Und zwischen diesen beiden Extremen gibt es innerhalb und außerhalb der Ehe noch ungezählte andere Möglichkeiten, deren moralischer Wert sich weniger einfach behaupten läßt. Das strenge Moralsystem des puritanischen Heimes müßte an einem derartigen Problem versagen.

Doch starre Moralsysteme werfen noch ein weiteres Problem auf. Nichts auf dieser Welt ist ganz schwarz oder ganz weiß. Immer gibt es auch Grauzonen. Ein strenges Wertsystem erleichtert uns zwar die Wahl zwischen richtig und falsch, doch es schafft zugleich im Denken harte Gegensätze, die nicht den Tatsachen entsprechen, wie sie wirklich sind.

Einige Aspekte des freizügigen Lebens in einem sinnenfrohen Heim tragen zur Steigerung der Lebensqualität bei, während andere Aspekte sie vermindern. Sicher ist es positiv, wenn die herrschende Freizügigkeit es erlaubt, daß man sich spontan in seinem Wesen Ausdruck verleihen kann. Man darf ohne schlechtes Gewissen Freude empfinden, und das System gestattet somit ein freies Entfalten der Persönlichkeit. Dennoch kann ein solches System der totalen Freiheit das Annehmen billiger Werte erlauben und sogar ermutigen. Das sinnenfreudige Heim kennt in der Regel wenig Selbstdisziplin. Alles, was etwas beschwerlich wirkt, wird zur Seite geschoben. Hierdurch geht man jedoch wichtigen Lernprozessen aus dem Weg. Man lernt es nicht, für eine glücklichere Zukunft kleinere Probleme und Unbequemlichkeiten zu ertragen.

Eine häusliche Atmosphäre, die ein freies Gespräch ermöglicht, trägt zur Lebensqualität bei. Hierbei geht es um etwas anderes als enge Familienbande. Diese betreffen eine eher gefühlsmäßige Beziehung zwischen den Familienmitgliedern, die im täglichen Miteinander als natürliche Gegebenheit erlebt wird. Es braucht darüber nicht analysiert oder gesprochen zu werden. Doch auch in einem Heim, in welchem das freie Gespräch herrscht, können diese Familienbande selbstverständlich existieren. Doch kommt als natürliches Element der freie und natürliche Gedankenaustausch auf allen Ebenen hinzu. Man spricht über ernste, heitere, persönliche und allgemeine Fragen mit selbstverständlicher Natürlichkeit. Gewöhnlich frage ich Patienten, die neu in meine Sprechstunde kommen, ob die Mitglieder ihrer Familie von diesem Besuch bei mir wissen. Oft bleiben solche Fragen bei einer Analyse der Lebensumstände eines Patienten unberücksichtigt, doch ich bin davon überzeugt, daß dieser Punkt wertvolle Aufschlüsse über den Grad der Kommunikation in der Familie liefert. Wer gewohnt ist, sich innerhalb der eigenen Familie abzukapseln, der glaubt leicht, daß alle Menschen in allen Familien ähnliche Lebensumstände haben. Ebenso denkt derjenige, in dessen Familie das offene Gespräch gepflegt wird, häufig, dies sei überall der Fall.

In einer eng verbundenen Familie gewinnt man durch die Förderung der anderen. Doch können die engen Bande für die Entwicklung des einzelnen auch hinderlich werden. Das Zusammengehörigkeitsgefühl in einer wirklich eng verbundenen Familie ist echt und ehrlich. Geht ein Mitglied durch eine schwere Zeit durch Krankheit, Beziehungsschwierigkeiten, Arbeitslosigkeit, Schulschwierigkeiten oder eine unerwartete Schwangerschaft, dann sind die anderen für es da, um zu helfen, wo immer es geht. In Familien, in denen das üblich ist, wird die Hilfe wortlos geschenkt. Einzig die Tat zählt. Das Empfinden, daß die anderen verstehen und helfen, lindert den Schmerz und trägt den Betroffenen, bis er von selbst wieder auf eigenen Füßen stehen kann.

Doch kann die zu enge Bindung an die Familie sich auf der anderen Seite auch als hinderlich erweisen, wenn es dadurch dem einzelnen nicht möglich ist, sich als eigene Persönlichkeit zu entfalten. Sind die Beziehungen zwischen Mutter und Sohn zu eng, dann wird es für den Sohn sehr schwer, eine glückliche Ehe einzugehen. Eine eng aneinandergebundene Familie macht es der heranwachsenden Persönlichkeit fast unmöglich, sich in eigenverantwortlichem Tun zu üben und selbständig Entscheidungen zu treffen. Hierdurch entsteht ein Mangel, der sich nicht nur in der Ehe, sondern auch in anderen Lebensbereichen negativ auswirkt.

Wer gekünstelte moralische Ideale für sein Familienleben hat, stellt damit wesentliche Grundwerte in Frage. In diesem Zusammenhang sagte mir einst eine Patientin: »Wir sind eine überaus offene Familie. Stets diskutieren wir über anstehende sexuelle Probleme, ohne darauf zu achten, wer gerade zuhört. Es macht uns auch nichts aus, wenn jemand ins Badezimmer kommt, und wir haben gerade nichts an.« Soweit gut. Ich bin sicher, daß Freiheit, Offenheit und Einfachheit zur Steigerung der Lebensqualität beitragen. Dennoch scheint mir das, was jene Frau sagte, ein Musterbeispiel gekünstelter Freiheit und Offenheit zu sein. Ich kenne Männer und Frauen, die auch in geringerem Maße solche Lebensumstände reizvoll fanden. Sie begannen, diesen neuen Lebensstil zunächst oberflächlich aufzunehmen, doch schon bald vergaßen sie darüber wichtige Grundwerte des Lebens.

Wer sich mehr Offenheit wünscht, der sucht nach neuen Moralvorstellungen und Konzepten menschlichen Zusammenlebens. Diese Suche ist positiv. Der Mensch ist auch eine Tierart, und als solche unterliegt er Wachstum und Wandel. Daher sehen wir auch in unserem sozialen Leben stets Veränderungen. Wenn wir immer ehrlichere Formen menschlichen Zusammenlebens finden wollen, müssen wir dauernd auf der Suche nach besseren Ideen und Vorstellungen sein. Durch neue Erfahrungen, die zunächst von den Offeneren und Mutigeren unter uns propagiert werden, ändern sich Moralansichten und Formen des Zusammenlebens fortlaufend. Doch ein Punkt ist dabei von größter Wichtigkeit: Bei der Suche nach etwas Neuem können wir nur dann etwas gewinnen, wenn wir wirklich nach einer *Verbesserung* streben. Möchte man das Neue nur um der Abwechslung willen, wird man mit Sicherheit weniger erfüllt durch das Leben gehen. Dies läßt sich gut bei scheinbar offenen Familien beobachten, die in Drogenkonsum, Homosexualität und sexuellen Experimenten ohne Liebe nach Neuem suchen.

Die Atmosphäre einer Familie mit Tradition wirkt auf verschiedene Mitglieder in unterschiedlicher Weise. Solche Traditionen sieht man deutlich in Familien, die seit Generationen Anwälte, Ärzte oder Geistliche stellen. Auch in Adelshäusern, bei Bauerngeschlechtern und in Künstlerfamilien bestehen entsprechende Traditionen. In diesen Fällen gibt es ungeschriebene Familiengesetze, was von jedem einzelnen erwartet wird. Von den Kindern fordert man, daß sie die Tradition weitertragen. Der Vater kann seinen Sinn im Leben dadurch finden, daß er sieht, wie alles, was er tut, eine direkte Bedeutung für seine Kinder hat. In einer festgefügten und klargegliederten Gesellschaft bewährt sich ein solches System. Doch in Zeiten des sozialen Umbruchs, wie wir sie gegenwärtig erleben, kann auch ein derartiges System nicht länger Bestand haben. Die jungen Menschen sind unzufrieden mit allem, was sie in ihrer Umgebung sehen. Ihre Ablehnung gegen das Überkommene richtet sich auch auf die traditionelle Organisation ihrer eigenen Familie.

Oft kann man spüren, daß die Atmosphäre einer Familie eher materialistisch ist, während in anderen Familien eine mehr menschliche Atmosphäre herrscht. In manchem Heim ist das Geld und die Frage nach dem Preis aller Dinge das häufigste Gesprächsthema. In anderen Familien wird Finanzielles kaum erwähnt.

Die Geldbesessenheit einer Familie hängt nicht vom vorhandenen oder nicht vorhandenen Wohlstand ab. Man findet sie in reichen Familien ebenso wie bei armen Leuten. Doch auch dann, wenn das Geld in einer Familie kaum erwähnt wird, kann es dennoch der beherrschende Faktor des Lebens sein. Bei genauem Beobachten wird hier die Grundhaltung zu erkennen sein, daß alles, was getan wird, nur ein Mittel zum Zweck ist. Und der Zweck ist jeweils das Geld. Auch wenn es dann scheint, es würde aus Liebe oder Freundschaft gehandelt, gibt es stets noch finanzielle Motive im Hintergrund. Dieses durchaus praktische und realistische Lebenskonzept hat einen biologischen Ursprung: Jeder, der überleben möchte, muß fähig sein, für sich selbst zu sorgen. Wer das schafft, wird im Kampf ums Dasein überstehen. Wer jedoch darin versagt, verliert damit auch seine Überlebenschancen. Dieses Gesetz der menschlichen Evolution gilt auch noch im heutigen Geschäftsleben.

Dennoch hat uns der Weg der Evolution auch schon auf eine Ebene gebracht, die über diesen ursprünglichen Instinkten liegt. Wir haben gelernt, auch an unsere Mitmenschen zu denken und sie zuweilen sogar auf unsere eigenen Kosten zu berücksichtigen. Dies ist ein neuer Aspekt in der Entwicklung der Menschheit, der uns deutlich von unseren steinzeitlichen Artgenossen unterscheidet. In einigen Familien läßt sich nun der dort herrschende menschliche Geist besonders intensiv empfinden. Alles unterscheidet sich hier von materialistischen Häusern. Solche Familien haben auf dem Wege der Evolution schon höhere menschliche Verhaltensformen entfaltet, wodurch sie der allgemeinen Entwicklung bereits auf positive Weise voraus sind.

Es gibt zwei grundlegende Tests für Ihre häusliche Atmosphäre: Kommen Sie selbst gerne wieder nach Hause? Und wie fühlen sich Gäste bei Ihnen? Dabei dürfen Sie nicht vergessen, daß andere Menschen auch anders als Sie empfinden. Oft nehmen die Eltern an, ihre Kinder würden ebensogerne nach Hause kommen, wie es bei ihnen selbst der Fall ist. Doch das muß gar nicht so sein. Zuweilen empfinden auch Kinder die häusliche Situation als sicher und geborgen, während die Eltern ganz andere Gefühle haben.

Der Besucher sieht derartige Verhältnisse oftmals klarer als die Familienmitglieder selbst. Dies kommt daher, daß die Angehörigen des Haushalts sich so an den Stil des Hauses gewöhnt haben und alle Aspekte des Zusammenlebens als völlig normal und selbstverständlich empfinden. Kinderbesuch kann den Eltern in dieser Hinsicht recht beunruhigende Einsichten vermitteln. Kürzlich sprach ich mit Eltern, die mir eine diesbezügliche Geschichte erzählten. Ihr Kind hatte einen Freund mit nach Hause gebracht. Nachdem die beiden Kinder miteinander gespielt und sich unterhalten hatten, war der Freund wieder gegangen. Nichtsahnend und unschuldig gab nun das Kind seiner Mutter einige Äußerungen des kleinen Besuchs wieder. Entsetzt erzählte mir die Mutter: »Ich hätte nie gedacht, daß wir uns so sehr von anderen Leuten unterscheiden!«

Ist die Atmosphäre in der Familie so, daß die Kinder zur rechten Zeit das Haus verlassen können? Wenn die Bande zu fest geknüpft sind, wird es für die Kinder schwer, das Heim zu verlassen, um ihr eigenes Leben zu beginnen. Dies liegt dann meist an der Beziehung zwischen

Mutter und Sohn. Doch manchmal ist es auch schwieriger zu durchschauen, wenn nicht das enge Band, das Mutter und Sohn verbindet, hier den Ausschlag gibt, sondern eine Vielzahl von kleinen Abhängigkeiten den jungen Menschen an die Familie fesseln. Die beste Möglichkeit auf diesem Gebiet ist eine Kombination aus Vertrautheit und Freiheit. Dann ist der einzelne zu gegebener Zeit frei, sein eigenes Leben zu beginnen.

Wenn eine Familie in gesellschaftlicher Hinsicht auf- oder absteigt und sich die wirtschaftlichen Verhältnisse ändern, kommt es zu größerer Unsicherheit und Angst. Das ist unvermeidlich. Wenn man neue Dinge erfährt, fühlt man sich weniger sicher, als wenn man dem Gewohnten nachgehen kann. Andauernde Unsicherheit läßt ihrerseits die inneren Ängste anwachsen, wodurch es dann in der Folge zu psychosomatischen Beschwerden kommt. Eine überraschend hohe Anzahl meiner Patienten kommen aus solchen Gründen. Oftmals ist es eine Ehefrau, die nach einem Erfolg ihres Mannes mit den hierdurch bedingten neuen Lebensumständen nicht zurechtkommt.

Ich habe oft beobachtet, wie erfolgreiche Kinder, deren Eltern zuvor Arbeiter waren, auch die Eltern in ihren Aufstieg einbeziehen wollten. Doch die Eltern konnten mit ihrem neuen Status nichts anfangen. Sie litten unter Spannungen und Verwirrung. Sozialer Abstieg einer Familie ist oft durch die mindere Begabung eines Sohnes gegenüber seinem Vater bedingt. Doch selbstverständlich sind Alkoholismus, Spielleidenschaft, Nervenkrankheiten und gescheiterte Ehen häufige Gründe, wenn es mit einer Familie abwärtsgeht.

Wer völlig isoliert lebt, wird den Mangel an Kontakten mit seinen Mitmenschen erfahren. Hier geht es nicht nur um Leute, die abseits von Ortschaften auf dem Lande wohnen. Ich denke da mehr an die Familien der großen Industriestädte, die keine lebendigen Kontakte zu ihrer Nachbarschaft unterhalten. Es gibt dafür vielfältige Gründe. Angehörige rassischer und religiöser Minderheiten sind hiervon betroffen, ebenso Familien, in welchen Mutter und Vater sehr introvertierte Persönlichkeiten sind. Darüber hinaus werden auch jene, die sozial und wirtschaftlich abstiegen, oft von ihrer Umgebung gemieden. Auch Menschen mit unschönen Charakterzügen, wie Prahlerei,

Unterwürfigkeit oder Mißtrauen, werden in der Regel ohne Freunde und alleine sein.

Das häusliche Leben braucht eine Ausgewogenheit zwischen gegenseitiger Teilnahme und Intimsphäre. Wir müssen dabei daran denken, daß die diesbezüglichen Bedürfnisse der Menschen sehr unterschiedlich sind. Extrovertierte Männer, Frauen, Jungen und Mädchen brauchen eine Familienatmosphäre, in der sie ihre Gedanken und Gefühle offen mit anderen teilen können. Doch Introvertierte haben das dringende Verlangen nach einem Freiraum, in dessen Stille ihr Geist arbeiten darf, damit sie ihre eigenen Gedanken und Gefühle sorgfältig betrachten können. Ein klares Beispiel dieses Prinzips liefert das Kasernenleben. Leicht fügt sich der Extrovertierte hier in die Gemeinschaft ein, während der Introvertierte dies sehr schwierig findet. Ihm fällt es sehr viel leichter, das Leben eines zurückgezogenen Gelehrten zu führen. Im häuslichen Leben muß jedem Familienmitglied die Gelegenheit gegeben werden, den Notwendigkeiten seiner eigenen Persönlichkeit zu genügen. Doch gleichzeitig soll das familiäre Zusammenleben ein großer Lernprozeß sein, der Introvertierte und Extrovertierte aus ihren extremen Verhaltensformen lockt, um sie zu einer wirklichkeitsgemäßen Einschätzung der Situationen des täglichen Lebens zu führen.

Jeder Angehörige des Haushalts sollte frei sein, seinen eigenen Interessen und Neigungen nachzugeben. Das sollte eigentlich als völlig normal gelten. Doch eine Menge Leute haben mir darüber ganz anders berichtet: »Ich würde eigentlich gerne dies und jenes tun, aber die anderen wären damit nicht einverstanden.« Dabei geht es dann meist um eine kreative Freizeitbeschäftigung wie Malen oder Töpfern oder um kulturelle Weiterbildung. Die uninteressierten Familienmitglieder hätten eigentlich nicht wirklich etwas gegen diese Beschäftigung, doch der Betroffene ist über ihren meist nicht böse gemeinten Witz gekränkt. »Vater bildet sich ein, er wäre Maler.« »Mutter kann ihre Töpferware gemeinsam mit dem Kuchen backen.« Eigentlich sollte man sich von derart scherzhafter Kritik nicht irritieren lassen. Doch wir sind sensible Menschen. Und wenn es um ein ehrliches Interesse oder eine Leidenschaft geht, ist man oftmals besonders empfindlich.

Das häusliche Leben funktioniert bestens, wenn wir in unseren Rollen als Gebende und Nehmende beweglich bleiben. Mann und Frau existieren in gegenseitiger Abhängigkeit. Daran sollte man stets denken. Nur der Schizophrene, der Psychopath und der asiatische Mystiker, der sich um das Nicht-Haften an der Welt bemüht, lebt ohne ein Nehmen und Geben von Gefühl. Die Frau hängt in einigen Bereichen von ihrem Mann ab, der Mann in anderen von seiner Frau. Dabei ist es nun äußerst wichtig, daß man diese Bereiche nicht zu fest voneinander abgrenzt und jedem seine klare und unverrückbare Rolle zuweist. Man muß fähig bleiben, seine gewohnte Rolle zu verlassen, wenn es im Sinne des anderen ist.

Das gleiche Prinzip gilt für die Beziehungen zwischen Eltern und Kindern. Zunächst waren die Kinder in all ihrem Tun und Lassen noch gänzlich von den Eltern abhängig. Schließlich hat sich das Rad der Zeit gedreht, und die Kinder standen auf eigenen Füßen. Sehr gut ist es nun möglich, daß die Eltern im Alter auf die Hilfe ihrer Kinder angewiesen sind. Dann wird es gut sein, wenn man sich zuvor nicht übermäßig auf die Rollen des Gebenden und des Nehmenden versteifte, weil es sonst den Eltern vielleicht schwerfällt, Hilfe von ihren Kindern zu akzeptieren.

Doch vielleicht ist eine Beweglichkeit von Augenblick zu Augenblick am wichtigsten. Dann wird es uns bestens möglich sein, einander in den größeren und kleineren Schwierigkeiten des täglichen Lebens beizustehen. Diese Beweglichkeit erlangen wir durch die Praxis der Mental-Ataraxie. Wir selbst erlangen Unbeschwertheit, und unser neues Selbstempfinden wird die anderen Familienmitglieder positiv beeinflussen. Dadurch bewegen wir uns auf eine immer größere innere Erfüllung zu, und die unbeschwerte Disziplin wird zu einem wesentlichen Teil unseres täglichen Lebens.

11. Kapitel

Das sexuelle Leben

»Genießen Sie Ihr gemeinsames Geschlechtsleben?« Dies ist eine übliche Frage des Psychiaters. Doch wir müssen einen Schritt weitergehen: »Trägt Ihr Geschlechtsleben zur Vermehrung der Lebensqualität bei oder eher zu deren Verminderung?«

Oft stelle ich meinen männlichen Patienten die Frage: »Genießen Sie Ihr Sexualleben?« Eine häufige Antwort lautet etwa: »Nun, sie hat sich noch nicht beklagen müssen.« Andere Männer sagen ohne zögern, daß sie es genießen, doch sobald das Gespräch etwas freier wird, geben sie zu, es wäre oft eine recht einseitige Angelegenheit. Wenn dies der Fall ist, trägt es mehr zur Verminderung als zur Erhöhung der Lebensqualität bei. Ähnlich ist es bei den Frauen. Einige sagen: »Ich lehne nie ab. Männer brauchen das nun einmal.« Oder: »Ach ja; ich genieße die Entspannung, die mir das verschafft.« Doch es gibt auch andere Erfahrungen, die mir besonders von jungen Männern und Frauen beschrieben werden. Diese sprechen von ihrer tiefen Begegnung und gegenseitigen Erfahrung in der Sexualität mit Worten, die geradezu poetisch genannt werden müssen. Ihr Geschlechtsleben richtet sie auf und prägt ihre gesamte Emotionalität in einer umfassenden Weise, daß nicht nur die Intimbeziehung, sondern auch das normale Alltagsleben einen Gewinn dadurch erfährt. Ich kenne derartige Fälle, weil ich aus beruflichen Gründen junge Männer und Frauen eine gewisse Zeit vor der Eheschließung oder dem ersten Verkehr und einige Zeit danach betreuen durfte. Es wurde mir klar, wie manche von ihnen ihr Leben durch die sexuelle Erfahrung in einer Weise bereicherten, die weit über den üblichen Reifungsprozeß nach einer Eheschließung hinausgeht, wie er besonders bei introvertierten Persönlichkeiten zu beobachten ist.

Einige Paare können ihre sexuelle Beziehung auch noch nach vielen Ehejahren zur Steigerung und Bereicherung ihres Gefühlslebens jung erhalten. Das Ergebnis ist ein großer Gewinn für die Qualität ihres Lebens. Durch Gespräche mit solchen Menschen habe ich erfahren, daß hierbei viele Einzelfaktoren eine Rolle spielen. Bei verschiedenen Paaren erwiesen sich unterschiedliche Faktoren als bedeutsam. Viele dieser Faktoren werden dabei nicht absichtlich von den beteiligten Personen hervorgebracht, sondern sie entstehen in einem gegenseitigen intuitiven Prozeß, dessen sich die Partner oftmals kaum bewußt sind.

Das sexuelle Geben und Nehmen steigert auch unsere geistige Fähigkeit des Gebens und Empfangens in anderen Lebensbereichen. Ich spreche hier von einer weitaus bedeutenderen Angelegenheit als jener, daß der Mann den Samen gibt und die Frau ihn empfängt. Es besteht dabei zugleich ein Geben und Empfangen von Gefühlen. Ja, mehr noch: Man gibt sich selbst! Und es ist ein Geben und Nehmen, bei dem beide sowohl Gebende als auch Nehmende sind. Unter diesem Blickwinkel handelt es sich um eine absolute Hingabe. Alles wird vollständig und ohne Einschränkung hingegeben. Auf der anderen Seite ist es ein absolutes Empfangen. Absolut, das heißt ohne Gier und ohne Bedenken.

Ein großer Teil unserer mitmenschlichen Beziehungen beinhaltet Geben und Nehmen auf materieller Ebene. Viele unter uns finden es schwer, frei etwas zu geben, während umgekehrt auch das offene Empfangen nicht leichtfallen möchte. Doch unser Geben und Nehmen erstreckt sich auf weitere Gebiete als nur die materiellen Beziehungen zu unseren Mitmenschen. Hier liegt der eigentliche Kern unseres Gefühlslebens. Wir geben Freundschaft und empfangen Freundschaft. Wir geben Liebe und empfangen gleicherweise Liebe. So ist es mit der Zärtlichkeit und der gesamten Skala menschlicher Gefühle, die uns im Leben wichtig sind. Durch das Geben und Empfangen auf der geschlechtlichen Ebene stärken wir unsere Fähigkeiten zu ganzheitlicher menschlicher Erfahrung.

Durch die Sexualität können wir unserer menschlichen Existenz eine neue Dimension erschließen, indem wir uns in völliger Wehrlosigkeit hingeben. In einer totalen sexuellen Intimität gibt der Mensch jede Kontrolle und Wachsamkeit restlos auf. Man verzichtet vollkommen auf jede Art einer Abwehrhaltung. Ein solcher Zustand wird nur sehr selten bei voller Bewußtheit erfahren. Er tritt in den unbewußten Momenten des Tiefschlafes auf, im getrübten Bewußtsein einiger Stadien des Rausches und ebenso in der Mental-Ataraxie. Doch in der sexuellen Erfahrung erlebt man diese Wehrlosigkeit in der Gegenwart eines anderen. Unter anderen Bedingungen geben wir unseren wehrlosen Zustand sofort auf, wenn wir berührt werden. Sogleich sind wir wachsam, und alle Abwehrmechanismen arbeiten wieder aktiv. Doch in der sexuellen Erfahrung kommt es zur Berührung, vielleicht sogar zum Schmerz, und dennoch wird der Bewußtseinszustand der Wehrlosigkeit beibehalten. Wenn man uns während des Schlafes oder in gewissen Stadien des Rauschzustandes anspricht, wird unsere Wachsamkeit wiederum nach Möglichkeit aktiviert. Doch im Augenblick sexueller Erfahrung spielt kein äußerer Impuls eine Rolle, wie bedrohlich uns dieser auch unter normalem Bewußtseinszustand erscheinen würde.

Worin besteht nun die große Wichtigkeit der Wehrlosigkeit in der sexuellen Erfahrung im Hinblick auf die Lebensqualität? Die weitaus meisten unserer Charakterzüge, wie Aggressivität, Argwohn, Schüchternheit, Anmaßung und all die anderen Haltungen der Persönlichkeit, sind tatsächlich nichts anderes als Abwehrmaßnahmen. Die Wehrlosigkeit während der vollständigen sexuellen Intimität kann nun ein Lernprozeß werden, der uns zu einer größeren Charakteroffenheit führt.

Es gibt drei wesentliche Elemente, die vorhanden sein müssen, wenn eine sexuelle Erfahrung positiv sein soll. Diese sind die Liebe, ein Empfinden für die Bedürfnisse des anderen und die Abwesenheit von Ängsten. Wenn diese Bedingungen gegeben sind, wird die sexuelle Erfahrung auf spontane Weise aufbauend für die beiden Partner sein. Es sind dann keinerlei Bemühungen oder absichtlichen Versuche notwendig. Alles wird in einfacher Weise wie von selbst geschehen.

Wenn sexuelle Erfahrung zur Qualität unseres Lebens positiv beitragen soll, muß diese auf Liebe gegründet sein. Ist dies nicht der Fall, können heilsame psychologische Reaktionen nicht auftreten. Doch findet hier eine Entwicklung auf zwei Ebenen statt. Einerseits ist die Liebe eine notwendige Voraussetzung der positiven sexuellen Erfahrung, denn ohne Liebe kann sich der Mensch keinesfalls dem anderen in vollkommener Wehrlosigkeit hingeben. Andererseits fördert die körperliche Vereinigung die immer mehr fortschreitende seelische Identifikation und Harmonie der Partner, wodurch auch das Empfinden der Liebe wiederum gesteigert wird.

Wir müssen ein Empfinden für die Bedürfnisse unseres Partners entwickeln. Wenn wir tatsächlich lieben, dann werden wir ganz von selbst ein tiefes Gefühl für die Bedürfnisse unseres Partners entwikkeln, denn seine Wünsche sind auch unsere Wünsche, und seine Vorstellungen sind zugleich unsere Vorstellungen. Dies kommt durch den Prozeß gegenseitiger Identifikation und Durchdringung zustande. Es ist nicht die Folge einer verstandesmäßigen Tätigkeit des Geistes. Doch arbeitet dieser Prozeß in unterschiedlichen Graden der Vollständigkeit. Viele junge Ehepaare fühlen, daß sie sich wirklich lieben, doch haben sie die vollständige Identifikation und Öffnung noch nicht erreicht. In einem solchen Falle ist das Empfinden für die Bedürfnisse des jeweils anderen noch nicht weit genug entwickelt, daß sich die Partner zur vollkommenen Vereinigung bei totaler Wehrlosigkeit führen könnten.

Angst verhindert eine ganzheitliche sexuelle Erfahrung. Genau dies ist die Ursache, die so viele Männer und Frauen jeden Alters nicht zur vollen Erfahrung des Lebens gelangen läßt. In den meisten Bereichen des täglichen Lebens bauen wir nervöse Spannungen auf, die wir jedoch ohne zu große innere Unannehmlichkeiten unterdrücken. Doch auf dem Gebiet der Sexualität funktioniert das nicht. Eine sexuelle Erfahrung muß echt und ohne jede Unterdrückung erlebt werden. Darum kann ich nicht deutlich genug darauf hinweisen, daß viele Männer und Frauen, die in gerade diesem Punkte Schwierigkeiten hatten, ihre Ängste durch Mental-Ataraxie abbauen konnten. Das Ergebnis war eine erhebliche Verbesserung der sexuellen Erfahrung in ihren körperlichen und seelischen Aspekten, wie sie die Betroffenen niemals für möglich gehalten hätten.

Zu Beginn dieser Woche kam eine Frau in meine Sprechstunde, die ich schon seit ein paar Monaten wegen ihrer chronischen Ängste behandelte. Sie erzählte mir, wie sie wegen ihrer Gefühlskälte stets sexuelle Probleme hatte. Doch seit sie durch regelmäßige entspannende Meditationen den Grad ihrer Ängste verminderte, hat sich ihr sexuelles Leben völlig verwandelt. Sie hat nunmehr die Freiheit, mehrere Höhepunkte zu erleben. Diese Verwandlung ist einfach durch die meditative Erfahrung eingetreten. Es bedurfte dazu keinerlei Gespräche über ihre sexuellen Probleme oder irgendwelcher speziellen Behandlungen. Die Frau erzählte mir begeistert, daß sich nicht nur ihr sexuelles Leben verändert hätte, sondern ihr gesamtes Dasein erschien ihr plötzlich in einem neuen Licht.

Abwechslung in der sexuellen Erfahrung ist ein wesentlicher Aspekt unserer Grundhaltung, den Geist für Neues offenzuhalten. »Es war so schön das letzte Mal. Laß uns heute nacht dasselbe tun.« Das ist gut. Vielleicht auch für das nächste Mal. Sogar noch für das Mal danach. Doch für immer? Nein! Wie bei so vielen anderen Dingen könnten wir uns auch hier von der Routine einfangen lassen. Dann geht alle Spontaneität verloren. Was zuvor ein spannendes Abenteuer war, wird nun etwas Gewöhnliches. Doch neue körperliche Erfahrungen werden auch neue Aspekte des Geistes wachrufen, und beide Partner können dadurch ständig reifen und innerlich wachsen.

Die Zärtlichkeitserfahrung in der Sexualität hilft uns dabei, auch im alltäglichen Leben weniger grob zu handeln. Man kann zwischen zwei Arten von Zärtlichkeit unterscheiden. Da sind einmal die sehr aktiven Mutterinstinkte der Frau, welche diese zu zärtlichem Verhalten bewegen. Auch im Mann gibt es derartige, allerdings weniger stark ausgeprägte väterliche Schutzreaktionen, die sich in Zärtlichkeiten äußern können. Wir können dies schon bei allen höheren Tierarten beobachten, wenn die Mutter die Jungen stillt, umsorgt und beschützt. Natürlich hat auch die menschliche Mutter ähnliche instinktive Verhaltensweisen. Auf der anderen Seite hat der Mensch jedoch gelernt, sein Zärtlichkeitsvermögen über die reine Brutpflege hinaus auszuweiten. Nach dieser erweiterten Vorstellung ist die Zärtlichkeit ein wesentliches Element der Menschlichkeit, das erheblich zur Steigerung der Lebensqualität beiträgt. Eine so verstandene Zärtlichkeit geht auch dann über die rein biologischen Erfordernisse hinaus, wenn es sich um eine Mutterschaft handelt. Es besteht hier beim Menschen eine Bewußtheit über das eigene Tun und dessen Folgen, während die instinktive Mutterschaft eher unbewußte und hauptsächlich automatische Zärtlichkeiten kennt.

Nun wollen wir diese Gedanken in Verbindung mit den sexuellen Beziehungen des Menschen bringen. Hier gibt es ein Geben und Nehmen von Zärtlichkeiten in einer sehr grundlegenden Form. Diese Erfahrung wird durch die Wehrlosigkeit der beiden Partner noch verstärkt. Das Geben von Zärtlichkeit an einen Wehrlosen hat eine tiefgreifende Wirkung auf den Gebenden selbst, weil es in einem solchen Zustand keine Forderung nach Zärtlichkeit gibt. Auf der anderen Seite erfährt man selbst die Zärtlichkeit des Partners als etwas zutiefst Bewegendes, denn man weiß, daß der andere sich in keiner Weise dazu gedrängt fühlen muß, zärtlich zu handeln. Auf diese Art können wir durch unser sexuelles Erleben wertvolle Erfahrungen sammeln, die sich auch auf andere Lebensbereiche ausweiten lassen, wo sie dann unser Dasein bereichern, ohne daß wir uns ihrer Herkunft unbedingt bewußt sein müssen.

Die körperliche Vereinigung fördert die Identifikation und Öffnung, durch welche die Liebe weiter gedeihen kann. Wenn wir lieben, identifizieren wir uns mit dem Geliebten. Damit setzen wir uns dem anderen gleich. Aus diesem Grunde verstehen Liebende die Gefühle und Handlungen des Geliebten. Doch Liebe geht noch weiter. Die Identifikation entwickelt sich zu einer vollkommenen Öffnung für den Partner. Dadurch werden die Gefühle und Vorstellungen des Geliebten aufgenommen und als eigene Gefühle und Vorstellungen erfahren. Auf diese Weise kann eine wirkliche geistige Einheit herbeigeführt werden. Das zeigt sich unter anderem auch in der Tatsache, daß junge Liebende sehr oft die gleichen Meinungen vertreten. In der Sexualität findet ein gegenseitiges Durchdringen und Aufnehmen statt. Dies vollzieht sich auf der körperlichen Ebene. Das Empfinden jener leiblichen Identifikation fördert und verstärkt ähnliche Prozesse im Seelenleben.

Die intime Nähe des körperlichen Kontaktes beim Geschlechtsver-kehr erschließt eine neue Dimension der menschlichen Kommunika-tion. Kürzlich sprach ich mit einem sehr ernsthaft wirkenden jungen Studenten. Dieser vertrat folgende Ansicht: »Wie kann man ein Mädchen wirklich kennen, wenn man keine sexuellen Kontakte mit ihm hatte?« Dieser junge Mann war nun keinesfalls ein Don Juan, der seine eigene Mittelmäßigkeit durch stets neue sexuelle Eroberungen ausgleichen muß. Vielmehr hat er einfach eine Grundtatsache des Lebens festgestellt. Wir müssen dabei sehr sorgfältig zwischen zwei verschiedenen Reaktionen unterscheiden. Einerseits sind enger Kon-takt und körperliche Nähe Bestandteile der erotischen Erfahrung. Auf der anderen Seite können sie auch einfach nur als Kommunikations-mittel dienen. In einer ganzheitlichen sexuellen Erfahrung treten diese Reaktionen nun unter ihrem erotischen und ihrem kommunikativen Aspekt gemeinsam auf.

Nichterotische Nähe und Berührung kann dann eingesetzt werden, wenn das, worüber man kommunizieren möchte, nicht mehr durch Worte auszudrücken ist. Das meinte der junge Student, der mich fragte: »Wie kann man ein Mädchen wirklich kennen, wenn man keine sexuellen Kontakte mit ihm hatte?« Hier dient die Sexualität als Kommunikationsmittel. Bei genauer Beobachtung können wir nun auch feststellen, wie die Sexualität in gleicher Weise auch in der glücklichen Ehe als ein Mittel der Kommunikation dient. Wir wollen ein einfaches Beispiel betrachten: Es können zwischen den Partnern Schwierigkeiten entstehen, die sich nicht ausschließlich durch Diskus-sion und Aussprache bewältigen lassen. Dennoch kann im Ge-schlechtsverkehr eine vollkommene und natürliche Kommunikation erreicht werden. In solchen Fällen ist dann die Sexualität hauptsächlich ein Mittel zur Verständigung, und die erotische Komponente nimmt den zweiten Rang ein. Als Ergebnis der hierdurch erreichten Verstän-digung bleibt die Lebensqualität der beiden Partner erhalten.

Sexuelle Erfahrungen können dem Individuum ein neues Empfin-den persönlicher Identität vermitteln. Ich spreche hier nicht von jener biologischen Reife, die eine Persönlichkeit mit dem Erwachen der Sexualität erlangt. Dabei handelt es sich lediglich um psychische

Reaktionen auf körperliche Empfindungen, die unabhängig davon auftreten, ob diese körperlichen Erfahrungen freudvoll oder schmerzhaft sind. Ich spreche auch nicht von dem Gefühl des Dazugehörens, wie es bei vielen jungen Menschen nach dem »ersten Mal« auftritt: »Jetzt habe ich getan, was alle tun. Ich weiß nun, was man dabei empfindet. Endlich bin ich einer von ihnen.« Auch diese Reaktion tritt unabhängig davon auf, ob die entsprechende Erfahrung glücklich oder unglücklich war. Der Betroffene sieht den geschlechtlichen Akt hier hauptsächlich als etwas an, das ihm die Welt der Erwachsenen eröffnet.

Von allen diesen Aspekten abgesehen geht es mir darum, daß die sexuelle Erfahrung unter günstigen Umständen tiefgreifende Auswirkungen auf das Empfinden der persönlichen Identität der Beteiligten hat. Und dies ist für sich alleine schon ein für das Individuum aufbauendes Erlebnis. Unser Empfinden individueller Identität ist etwas sehr Kostbares. Wir sind wir. Einzigartig! Innerhalb der Grenzen unseres biologischen Erbes und früher Prägungen sind wir die Meister unseres Schicksals! Dies alles gehört zu unserer inneren Identität.

Es gibt einige unter uns, die befürchten, sie könnten etwas von ihrer kostbaren Identität verlieren, wenn sie eine zu enge Bindung mit einem anderen Menschen eingehen. In diesem Falle hält einen der eigene Verstand während der sexuellen Erfahrung zurück. Man hat Angst, sich gehenzulassen, denn man denkt, man würde dadurch der eigenen Persönlichkeit beraubt. Wer sich dennoch vollkommen hingeben kann, wird jedoch einen völlig neuen und bereicherten Sinn in seiner persönlichen Identität finden. Wer sich aus freiem Willen dem anderen hingeben und aufschließen kann, wird seine persönliche Identität in einer Schärfe und Klarheit erleben, die auf keine andere Weise zu erlangen ist.

Die sexuelle Erfahrung von Eigenschaften unseres Partners ruft auch in uns die gleichen Eigenschaften wach, die vielleicht zuvor schlummerten. Die vollkommene Wehrlosigkeit und Offenheit der sexuellen Begegnung erlaubt es uns, an unserem Partner auch solche Eigenschaften wahrzunehmen, die er unter normalen Umständen hinter seinen psychischen Schutzreaktionen versteckt. Die Erfahrung der Zärtlichkeit, die uns der Partner vermittelt, ruft auch in uns die Zärtlichkeit wach. Die Erfahrung, daß unser Partner sich vollkommen frei hingibt, erweckt auch in uns eine gleichartige Reaktion freier Hingabe. Auf diese Weise bereichern sich beide Partner und steigern somit ihre Lebensqualität.

In der Sexualität können wir Tiefen und Höhen unserer eigenen Persönlichkeit erfahren, die uns ansonsten verborgen blieben. Lassen Sie mich das an einem einfachen Beispiel darstellen: Ein Mensch, der dauerhaft verspannt und ängstlich ist, muß sich stets selbst unter Kontrolle halten. Er meint, es würde ihm Schreckliches zustoßen, sobald er sich einmal gehenläßt. Es gibt viele Menschen unter uns, auf welche das zutrifft. Ruhe und Unbeschwertheit des Geistes sind Erfahrungen, die sie einfach nicht kennen. Ein solcher Mensch, ob Mann oder Frau, kann jedoch in der Selbst-Preisgabe einer sexuellen Beziehung bislang unbekannte Aspekte seiner eigenen Persönlichkeit entdecken.

Bei ersten Kontakten mit dem Partner macht man sich gegenseitig mit den Feinheiten seines Gefühlslebens vertraut. Dies ist ein Entdecken der Seele. In der Sexualität entdeckt man den Körper. Hierdurch werden auch Höhen und Tiefen des Geistes erfahren, die auf andere Weise nicht erkannt werden könnten. Wir erforschen die Körperlichkeit und nehmen an den seelischen Reaktionen des Partners teil. Dies ist angenehm, und es ist natürlich. Es macht uns Spaß und befriedigt zugleich unseren Trieb. Doch zu gleicher Zeit gehen wir weit über diese körperlichen und seelischen Handlungen hinaus. Sie sind nur das Mittel zum Zweck, damit wir etwas Tieferes und zugleich etwas Höheres erreichen können. Wir erfahren dabei etwas Geistiges, das jenseits des Körperlichen und Seelischen liegt. Doch wir erfahren es nicht nur. Diese körperlichen und seelischen Handlungen sind Meilensteine auf dem einzigartigen Weg in den innersten Bereich des Geistes unseres Partners. Dieser Weg steht uns offen, denn die absichtliche Wehrlosigkeit des Partners gestattet uns freien Eintritt. Und an geheimen Orten im Geiste des anderen werden wir Eigenes entdecken, von dem wir noch nicht ahnten, daß wir es besitzen.

In diesem Zusammenhang ist es gut, sich an die philosophische

Grundhaltung, von der wir ausgingen, zu erinnern. Wir erlangen die unbeschwerte Disziplin durch Mental-Ataraxie. Wenn wir nun einer besonders niederschmetternden Erfahrung ausgesetzt sind, hat sie nicht mehr die gleiche Wirkung auf uns wie zuvor. Wir besitzen nun eine innere Sicherheit, wodurch uns die Erfahrung nicht mehr grundlegend schädigen kann. Doch auch im Angesichte positiver Erfahrungen wirkt diese verstärkte Sicherheit: Wir sind nun frei und offen, um alle Aspekte des Positiven aufzunehmen.

12. Kapitel

Die Freizeit

Wir brauchen Freizeit. Ohne angemessene Freizeit kommt unser Leben bald an einen Punkt, an dem wir nicht mehr weiterkönnen. In seiner Stammesgeschichte hat sich der Mensch an Erholungszeiten gewöhnt. Stets nach den großen Jagdzügen brauchten die Menschen eine gewisse Ruhezeit nach dem Jagen. Ruhepausen und Freizeit mußte es auch nach den üblichen Stammeskriegen geben. Als der Mensch sich dann in der weiteren Entwicklung dem Ackerbau widmete, wechselten sich Zeiten verstärkter Aktivität und Freizeiten ab. So folgte auf die Zeit der Aussaat eine ruhigere Periode, die dann von der Erntezeit mit ihren vielfältigen Mühen abgelöst wurde. Doch nach erfolgter Ernte folgten wieder längere Freizeiten. Es scheint, als wäre es das biologische Erbe des Menschen, einen dauernden Wechsel zwischen Arbeits- und Freizeiten zu vollziehen, denn es bekommt uns nicht, stets in gleichem Tempo weiterzumachen.

Unangemessene Freizeit führt zu einem Anwachsen nervöser Verspannungen, was leicht zu psychosomatischen Beschwerden und Krankheiten führen kann. Auch zuviel Freizeit kann zerstörerische Folgen haben. In der Vergangenheit betraf dieses Problem ausschließlich die reichen Menschen einer sehr schmalen Oberschicht. Doch in der heutigen Wohlstandsgesellschaft, in der jedermann alle materiellen Grundbedürfnisse sehr leicht befriedigen kann, hat jeder, der es sich wünscht, ausgedehnte Freizeitmöglichkeiten. Natürlich kann dies in sehr beachtlicher Weise zur Steigerung der Lebensqualität beitragen. Doch dazu muß eine wesentliche Voraussetzung bedacht werden. Man muß seine gewachsene Freizeit auch in einer Weise verbringen, die unserem Wohlbefinden nicht schadet. Es geht darum, durch körperli-

173

che Ruhe frische Kräfte aufzubauen, Ängste zu reduzieren, die Persönlichkeit reifen zu lassen und inneren Gewinn aus kulturellen und kreativen Erfahrungen zu empfangen.

Wie die Tiere sind auch wir Menschen uns meist der Notwendigkeit körperlicher Ruhe zum Aufbau neuer Kräfte bewußt. Auf eine gewisse Weise spüren wir, daß sich unsere nervösen Spannungen vermindern, wenn wir einmal etwas weniger tun. Doch darüber hinaus weiß man selten wirklich, was man mit seiner Freizeit anfangen sollte. Die Resultate sprechen für sich. Die meisten Menschen streben in ihrer Freizeit nur nach kurzfristigen Genüssen, die ihnen im Augenblick erstrebenswert erscheinen. Trinken, Partys, oberflächliches Gerede, Sport nur als Zuschauer, stundenlanges unkritisches Fernsehen, pornographische und gewaltverherrlichende Filme, endloses Studieren der Sportzeitung, bedeutungslose sexuelle Abenteuer, das sind Begriffe, mit denen sich das heutige Freizeitverhalten kennzeichnen läßt. Dazu kommt in der Jugend eine Tendenz, die Zeit im Dunst der Drogenpfeife totzuschlagen.

Es ist dies eine lange Liste dekadenter Aktivitäten. Vielleicht denkt jetzt mancher Leser: »Aber so ist es doch in der Geschichte der Menschheit immer gewesen.« Nun, selbst wenn das stimmt, ist jetzt doch der Augenblick gekommen, an dem man dies zum Besseren wandeln sollte. Der erste Schritt dabei ist es, zu lernen, wie wir unsere Freizeit in einer Weise verbringen, die Spaß macht, erfüllend ist und zugleich die Qualität unseres Lebens steigert. Es ist dies ein Erziehungsproblem, mit dessen Lösung eigentlich in den Schulen begonnen werden müßte. Es müßte den jungen Menschen diese Idee in einer solchen Weise nahegebracht werden, daß sie erkennen, wie eine sinnvoll verbrachte Freizeit durchaus großen Spaß bereiten kann.

Wer eine stabilere seelische Grundstruktur aufweist, braucht die Freizeit weniger zum Aufrechterhalten seiner Gesundheit. Der verspannte, ängstliche und neurotische Mensch benötigt seine Ferien am häufigsten. Der reifere und stabilere Mensch, der die gleichen Arbeiten leistet, kann jedoch auch ohne die dringende Notwendigkeit einer Freizeit noch durchhalten. Zwar freut auch er sich auf seine Ferien; doch er bricht nicht zusammen wie ein verspannter Mensch, wenn diese aus geschäftlichen oder familiären Gründen einmal ausfallen müssen.

Das Tempo des modernen Lebens in der Großstadt weist keine so großen Unterschiede wie jenes der menschlichen Frühgeschichte auf. Während früher die Freizeiten ein natürliches Ergebnis der Arbeitsperioden gewesen sind, werden sie heute künstlich als Wochenenden oder Urlaubszeiten in den sonst gleichartigen Jahreslauf eingeplant. Die meisten Menschen empfinden diese Freizeiten als gesundheitliche Notwendigkeiten. Auf der anderen Seite gibt es jedoch Leute, die eine so reife und in sich gefestigte seelische Grundstruktur aufweisen, daß sie auch nach langen Arbeitsperioden keinerlei Gefährdungen ihrer Gesundheit kennen. Diese Menschen haben auf dem Weg der Evolution schon einen weiteren Schritt nach vorne getan. Für sie ist die Freizeit eigentlich keine Erholungsphase mehr, sondern sie können diese für weitergehende Aktivitäten nutzen.

Unser Bedürfnis nach bloßer Erholung wird weniger dringend, wenn wir zu einem ganzheitlichen Lebensstil gefunden haben. Dann ist es uns möglich, mit Leichtigkeit viele Stunden ohne Unterbrechung zu arbeiten, lange Arbeitsperioden ohne Urlaub durchzustehen. Denn dann haben wir etwas vom Geheimnis des Lebens erfahren. Wir genießen unsere Freizeit, wenn wir dazu kommen, wir genießen auch unsere Ferien, aber wir haben sie nicht mehr unbedingt nötig. Wir sind dann frei in uns selbst. Man muß nicht einer bestimmten Berufsgruppe angehören, um diesen Zustand erreichen zu können. Aber die meisten Menschen, die das erreichten und die ich kennenlernen durfte, waren Bauern. Andere waren selbständige Handwerker, Ärzte, Krankenschwestern und ein paar Hausfrauen. Ohne Übermüdung haben diese Menschen ihre jeweilige Arbeit genossen, auch wenn keine Freizeit oder Ferien in unmittelbarer Sicht waren. Alleine schon die genannten Berufe sind unter biologischen, menschlichen und schöpferischen Gesichtspunkten sehr erfüllend. Doch aus meiner Kenntnis dieser Menschen glaube ich nicht, daß ihre glückliche Lebensmeisterung nur alleine dem entsprechenden Beruf entspringt. Vielmehr gibt es hier einen Zusammenhang zwischen der Persönlichkeit des Menschen und dem Beruf, der tiefer ist als nur die Identifikation mit der Arbeit. Der

Mensch, der Beruf, das Leben sind hier in einer umfassenden Integration zu einer Ganzheit verschmolzen, und auf einer tiefen Bewußtseinsebene ist sich dieser Mensch jener Ganzheit gewahr.

Einige Menschen besitzen eine falsche Einstellung, die sie von den Freuden der Freizeit abhält. »Ist es denn überhaupt richtig, jetzt eine genußreiche Pause einzulegen? Sollte ich nicht besser etwas Vernünftiges arbeiten?« Dieser Gedanke taucht dann leicht auf. So mag es dem Studenten gehen, der sich für einen Abend von seinen Studien freimacht. Auch die Hausfrau kann diesen Gedanken haben, wenn sie sich einen Augenblick zum Ausruhen niedersetzt. Manche Ärzte, Anwälte oder Geschäftsleute beunruhigen sich in ihrer wohlverdienten Freizeit mit dem Gedanken, daß es vielleicht besser wäre, jetzt eine Fachzeitschrift zu studieren, die noch auf dem Schreibtisch wartet. Wem es so geht, der entwickelte in seiner Persönlichkeit perfektionistische Charakterzüge. Man versucht unbewußt, seine Angst dadurch zu bewältigen, daß man alles hundertprozentig richtig macht. Dann, so meint man, braucht man sich über nichts mehr Sorgen zu machen. Die Idee der Freizeit widerspricht der Tendenz, alles zunächst in perfekter Weise zu erledigen. Aus diesem Grund wird in solchen Menschen die Neigung aufsteigen, mit der Arbeit fortzufahren.

Unterschiedliche Typen von Menschen haben auch ganz verschiedene Freizeitbedürfnisse. Das ist ein sehr wesentlicher Aspekt. Durch die verkürzten Arbeitszeiten stehen dem Menschen heute größere Zeiträume der Erholung zur Verfügung. Die Regierungen bemühen sich daher, der Bevölkerung bessere Möglichkeiten zur Freizeitgestaltung anzubieten. Im allgemeinen jedoch sind Menschen, die ein Land regieren, ausgeprägte Extravertierte; und dies trifft für alle Länder der Erde zu. Hätten die Regierenden nicht diese Charaktereigenschaft, dann wären sie nicht dorthin gekommen, wo sie heute stehen. Die Schwierigkeit, die sich daraus ergibt, besteht nun in der Tatsache, daß sie für andere solche Erholungsmöglichkeiten bereitstellen, die sie selbst für erstrebenswert halten. Doch diese sind nicht immer auch für Menschen mit anderen Charaktereigenschaften annehmbar.

Der Extravertierte braucht Möglichkeiten zur geselligen Freizeitgestaltung. Die grundsätzliche Orientierung im Leben des Extravertierten richtet sich nach außen, auf die Wirklichkeit der Dinge und Menschen. Er interessiert sich weniger für die inneren Wirklichkeiten des Denkens und Fühlens. Aus diesem Grunde kann er auch am günstigsten zum Abbau seiner Ängste beitragen, wenn er das Gefühl der Sicherheit empfindet, mit Freunden zusammenzusein. »Nach der Arbeit fühle ich mich immer etwas angespannt. Doch dann treffe ich mich mit meinen Freunden. Schon wenn ich sie sehe, fühle ich mich gleich erholter.« Der Extravertierte, der in Gesellschaft trinkt, gewinnt mehr Entspannung aus dem Zusammensein mit den anderen als aus dem Alkohol. Dieser ist ihm nur ein Mittel, um mit anderen zusammenzutreffen. Wenn jedoch ein introvertierter Mensch in Gesellschaft anderer trinkt, dann gewinnt er seine Erholung eher aus dem Trinken, denn das Zusammensein mit den anderen erschafft ihm innere Spannungen. Somit benötigt der Extravertierte, um sich in der Freizeit zu erholen, die Gesellschaft anderer bei gemeinsamen Sportaktivitäten, Spielen oder Partys. Dies würde ihm beim Ausspannen helfen. Doch es gibt noch eine andere Seite dieser Medaille. Neben einem Ausspannen können wir unsere Freizeit auch dazu verwenden, uns als Persönlichkeiten fortschreitend zu entwickeln. Mancher Leser wird nun denken: »Aber die Freizeit ist zum Spaß da, nicht zu unserer Verbesserung!« Doch diese beiden Zwecke müssen sich nicht unbedingt widersprechen. Wir können das, was wir tun, genießen, also wirklich Spaß haben, dies jedoch bei einer Tätigkeit, die zur Weiterentwicklung unserer menschlichen Existenz dient. Dann gebrauchen wir unsere Freizeit zur Verbesserung unserer Persönlichkeit in einer Hinsicht, die mehr als nur zunehmende Reife ist.

Die geselligen Aktivitäten, zu denen sich der Extravertierte gewöhnlich hingezogen fühlt, können ihm in dieser Persönlichkeitsentwicklung nicht weiterhelfen. Um die weitere Entfaltung seiner Persönlichkeit zu fördern, müßte der Extravertierte vielmehr einen Teil seiner Freizeit Aktivitäten widmen, in denen er ruhig wird und sich seinem Inneren zuwendet. Er sollte lesen, nachdenken und dabei einfach unbeschwert bleiben. In der Regel wird es dem Extravertierten nicht sehr leichtfallen, sich derart anderen Beschäftigungen zuzuwenden. Doch wenn er zwischen seinen geselligen Aktivitäten etwas Zeit zur

Selbstfindung hat, wird dies seiner gesamten Persönlichkeit erheblich zugute kommen, denn er macht sich nun auch mit seinen inneren Wirklichkeiten vertraut. Vielleicht konnte mancher Leser eine solche Entwicklung bei einem extravertierten Bekannten beobachten, der einige Zeit an einer ernsthaften Krankheit litt und ans Bett gefesselt war. Das Ergebnis dieser Unterbrechung der gewohnten geselligen Aktivitäten und zwischenzeitlicher Leseerfahrungen und Perioden des Nachdenkens war dabei eine erheblich reifere Persönlichkeit.

Der Intorvertierte genießt am meisten einen gewissen Grad der Einsamkeit in seiner Freizeit. Der introvertierte Mensch neigt dazu, sich hauptsächlich mit den inneren Wirklichkeiten seines Geistes zu beschäftigen, wobei ihn die äußere Welt der Dinge und Menschen weniger interessiert. Meist bewältigt er seine Ängste durch einen Rückzug in sich selbst. Am besten kann der Introvertierte ausspannen, wenn er sich ganz ruhig in sich selbst zurückzieht. Er mag keine Mannschaftsspiele, denn er zieht einsame Sportarten vor: Golf, Ski-fahren, Segeln, Bergsteigen und Wandern. Er liest gerne und beschäf-tigt sich mit Steckenpferden, bei denen er alleine bleiben kann: Briefmarken, Fotografie, verschiedene Sammlertätigkeiten, Musik und Kunst. Der körperliche und seelische Abstand, den er damit von der Welt gewinnt, hilft ihm dabei, seine Ängste abzubauen. Doch seine Persönlichkeit kann er dadurch nicht weiterentwickeln. Um das zu erreichen, müßte er seine Freizeit ausgewogen zwischen einsamen und geselligen Aktivitäten gestalten. Dies kann ihm dabei helfen, eine reifere Persönlichkeit zu werden, die ihre zwischenmenschlichen Beziehungen unbeschwerter gestaltet. Ein guter Freund kann diesen Prozeß einer Annäherung an die Gesellschaft sehr fördern. Ein introvertierter junger Mensch, der sich, um Ängste zu vermeiden, von der Gemeinschaft mit anderen zurückgezogen hat, kann durch die Gegenwart eines Freundes lernen, mit anderen zusammenzusein. Später wird auch der freiere Kontakt mit anderen Menschen dann als etwas erfahren, was dem persönlichen Leben eine neue Dimension hinzufügt.

Perfektionistische Menschen mit strengem Charakter genießen es vorzugsweise, ihre Freizeit in klarer und deutlich geregelter Art zu verbringen. Solche Persönlichkeiten versuchen ihre Ängste dadurch zu bewältigen, daß sie alles vollkommen richtig machen. Wenn sie das Gefühl haben, alles sei recht erledigt, meinen sie, von Ängsten verschont zu bleiben. Aus diesem Grunde mögen sie es auch, wenn ihre Freizeit genau eingeteilt ist. Sie haben dann das Empfinden, ebenfalls die freie Zeit genau in Ordnung zu bringen, wodurch diese nicht von Ängsten bedroht wird. Arbeitet der perfektionistische Mensch im Garten, dann ist er erst befriedigt, wenn alles hübsch und gepflegt aussieht. Ist er ein Heimwerker, dann wird er stolz auf die gute Qualität seiner Arbeit sein, und man kann sicher sein, daß er sämtliche Werkzeuge wohlgesäubert wieder an ihren Platz zurücklegt. Wenn er in Urlaub fährt, dann geht er nach einem bestimmten Plan vor und kümmert sich schon vorher um Ausflugsmöglichkeiten und sein Besichtigungsprogramm. Dies alles kommt seiner psychischen Grundstruktur entgegen und hilft ihm dabei, Spannungen und Ängste zu reduzieren. Es scheint zwar leicht zu sein, einmal von diesen Prinzipien abzuweichen. Doch für den Perfektionisten trifft das nicht zu. Ich kenne einige Leute, meist Geschäftsmänner, die irgendwann meinten, es wäre das beste gegen ihre Verspannungen, einige Zeit faul in der Sommersonne am Strand zu liegen. Doch diese Leute kannten sich selbst nicht richtig. Jeder von ihnen kehrte verspannter und ängstlicher als jemals zuvor aus den Ferien zurück. Die plötzliche Freiheit und der Mangel an täglicher Routine hatten dem gewohnten Lebensstil zu sehr widersprochen. Der Perfektionist kann seine Freizeit jedoch am meisten genießen, wenn er sie in streng geplanter Weise verbringt. Doch dieses Bedürfnis, ordentlich und streng zu sein, schränkt auf der anderen Seite seine Persönlichkeit ein. Er gibt sich zu sehr mit den Kleinigkeiten ab, wodurch er oftmals nicht zu einer umfassenderen Gesamtschau der Dinge kommt. Wenn er seine Persönlichkeit weiterentwickeln möchte, muß er zu einer Ausgewogenheit zwischen geplanten Freizeitaktivitäten und freier Improvisation finden. Dazu braucht er etwas Erfahrung im Loslassen seiner selbst, eine größere Freiheit in seinem Tun, größere Freiheit in seinen eingefahrenen Denkbahnen, größere Freiheit im Gefühl und darin, die Dinge einfach gehenzulassen. Wenn er solche Momente in seiner

Freizeit erreichen kann, dann wird er auch im gewöhnlichen Leben weniger streng sein.

Ein unsicherer Mensch sucht vor allem Sicherheit in seiner Freizeit, denn sein gewohnter Ausweg aus Ängsten besteht im Streben nach Sicherheit. Der Unsichere wagt kein Risiko, weder körperlich noch ethisch oder moralisch. In seiner extremen Form führt dieses Verhalten dazu, daß man seine Freizeit nur noch still daheim verbringt. »Ich mag es, wenn ich alleine für mich zu Hause werkeln kann.« Selbstverständlich zieht sich auch der Introvertierte in sein Heim zurück, doch gehört dies bei ihm zu seinem Rückzug von den Mitmenschen. Der Unsichere dagegen bleibt daheim, um sich vor den Gefahren der äußeren Welt zu schützen. Aber selbst in seinen eigenen vier Wänden vermeidet der Unsichere jedes Risiko. Auf keinen Fall möchte er sich in Gefahr begeben. So setzt er sich nicht einmal der Gefahr aus, moderne Schriftsteller zu lesen, weil er fürchtet, von deren Ideen irritiert zu werden, wenn diese nicht mit seinen Gewohnheiten in Einklang stehen. Der Unsichere führt auf diese Weise ein äußerst eingeschränktes und geregeltes Leben, doch aus vollends anderen Gründen als der Perfektionist. In seinen Urlauben darf es keine Abenteuer geben. Nicht nur körperlichen Gefahren geht er dabei aus dem Weg, er scheut sich auch vor der Begegnung mit unerwünschten oder kräftigeren Mitmenschen. Manchmal gibt es Leute, die sich ihrer Unsicherheit sehr bewußt sind und merken, wie sie deshalb von anderen verspottet werden. Es kommt dann vor, daß ein solcher Mensch versucht, diesen Zustand durch übertriebene Aktivitäten in der Freizeit auszugleichen. Zu verschiedenen Zeiten hatte ich drei sehr unsichere junge Männer als Patienten in meiner Sprechstunde, die Flugstunden nahmen, um den Pilotenschein zu erwerben, damit sie von anderen als mutig und abenteuerlustig eingeschätzt und nicht mehr für Feiglinge gehalten würden. Keiner dieser jungen Männer hatte Spaß am Fliegen. Sie mußten es einfach aus einem inneren Zwang heraus tun. Diese Reaktion ähnelt dem Verhalten sexuell unsicherer Männer, die sich zum Vertuschen ihrer Unsicherheit gedrängt fühlen, indem sie versuchen, eine Frau nach der anderen zu verführen. Meist kann einer unsicheren Persönlichkeit geholfen werden, wenn sie sich zu einer etwas abenteuerlicheren Freizeitgestaltung entschließt. Ich kenne sehr viele vormals unsichere junge Männer und Mädchen, denen eine längere Reise in ferne Länder dabei zugute kam.

Wir haben nun gesehen, wie die Freizeit für verschiedene Menschen ganz unterschiedliche Bedeutungen besitzt. Die Gesellschaft müßte deshalb für jene, die auf ein äußeres Angebot angewiesen sind, eine entsprechende Vielfalt möglichst breit gefächerter Freizeitbetätigungen anbieten.

Doch jene Menschen, die das Wesen ihrer Persönlichkeit verstehen, können ganz aus eigener Entscheidung für sich solche Freizeitbeschäftigungen wählen, die eine Neigung zu Extremen ausschließen und der individuellen Fortentwicklung dienen.

Menschen, deren tägliche Arbeit in der Sorge um von ihnen Abhängigen besteht, sollten in der Freizeit diese Situation möglichst hinter sich lassen. Eine Mutter braucht in ihrer Freizeit die Möglichkeit, auch einmal etwas ohne die Kinder zu tun. Das Bedürfnis hierzu ist unterschiedlich, je nach Frau und den Anforderungen der Kinder. Kürzlich kam eine Frau mit einem siebenjährigen Kind, das geistig behindert war, in meine Sprechstunde. Aus guten Gründen trennt sich diese Mutter nie von ihrem Kind. Was sie auch unternimmt, immer ist das Kind bei ihr. Doch in den meisten Fällen kann ein Kindergarten den Müttern dabei helfen, einige Freizeit für sich zu gewinnen. Ich bin davon überzeugt, daß die Frauen hierzu heute ein verstärktes Bedürfnis haben. Der Horizont der Frau hat sich stark erweitert, und ihr Streben geht notwendigerweise weit über das Heim hinaus.

Eine gewisse Zeit der Untätigkeit ist keinesfalls Verschwendung, besonders dann nicht, wenn sie mit wirklicher Ruhe verbunden ist. Wir können eine aufgeregte Untätigkeit, eine stille Untätigkeit oder einfach eine schläfrige Untätigkeit erfahren. In jedem Falle befinden wir uns in einem völlig anderen Bewußtseinszustand, der jeweils eine ihm gemäße Wirkung auf unser Wohlbefinden hat. Bei der aufgeregten Untätigkeit steigt der Grad unserer Angst, und das Allgemeinbefinden wie auch die momentanen Gefühle sind ungut. Während der schläfrigen Untätigkeit erleben wir eine annähernde und kurzfristige Reduzierung unserer Ängste. Doch sobald die Untätigkeit eines freien Augenblicks tatsächlich in wirkliche Ruhe übergeht, werden unsere Ängste wirksam abgebaut, und wir gewinnen eine größere Klarheit der Gedanken und Freiheit von quälenden Gefühlen.

Ruhe ist mehr als nur Untätigkeit. In der Ruhe kann unser Geist ohne Kontrolle und Beschränkungen arbeiten. Dadurch erlangen wir oftmals ein tieferes Verstehen. Die Verminderung unserer Ängste erlaubt es unserem Geist, ganz ohne die üblichen Selbstbeschränkungen zu arbeiten. Er wird nicht länger gezwungen, in den üblichen Bahnen von Sorgfalt und Realismus zu denken. Deshalb braucht er sich nun nicht mit den ihn sonst hemmenden praktischen Einzelheiten und kurzfristigen Erfordernissen aufzuhalten. Der Geist kann sich nun frei bewegen, was in der notwendigen Wachsamkeit des täglichen Lebens nicht möglich ist. In solchen Momenten richtet er sich nicht auf Details, sondern er überschaut stets das Ganze. Man sieht die eigenen Probleme nicht mehr isoliert; sie erscheinen plötzlich vor einem größeren und tieferen Hintergrund. Neue Perspektiven können in der eigenen Situation erkannt werden. Aber mehr noch: In dieser freien Zeit der Ruhe und des Nichtstuns reift in uns ein größeres Verständnis des Lebens selbst heran.

Wenn wir in unserer Freizeit vor der Wirklichkeit flüchten, vermindern wir damit zwar kurzfristig den Grad unserer Ängste, doch unsere Lebensqualität verbessert sich nur geringfügig. Durch Freizeitaktivitäten, die eine Flucht vor der Wirklichkeit bedeuten, trennt sich der Geist einige Zeit von Problemen, die ihn beunruhigen. Es handelt sich dabei also um Schutzmaßnahmen. Der verspannte Geschäftsmann muß am Abend zunächst eine halbe Stunde in einem Kriminalroman lesen, bevor er einschlafen kann. Doch es wäre besser, wenn er seine Spannungen auf natürlichere Weise abbauen würde. So könnte er seinen Geist zunächst einige Minuten eine tiefe innere Entspannung erfahren lassen, und der Schlaf würde wie von selbst über ihn kommen.

Jede Aktivität kann eine natürliche Handlung oder aber ein Fluchtverhalten sein, je nach der damit verbundenen Bewußtseinshaltung. Wenn wir uns plötzlich gedrängt fühlen, aus dem Haus zu gehen, um Freunde aufzusuchen, weil wir es alleine einfach nicht mehr aushalten, dann ist dies ein typisches Fluchtverhalten. Besucht man diese Freunde aber hauptsächlich deshalb, weil man Freude daran hat, in Gemeinschaft mit ihnen etwas zu unternehmen, dann befriedigt man damit tatsächlich ein echtes Geselligkeitsbedürfnis der Persönlichkeit. Ebenso kann das Trinken eine bloße Flucht vor unseren Problemen sein, doch wir können auch gemeinsam in froher Runde aus Gründen des Geschmacks trinken. So kann das Betrachten eines oberflächlichen lustigen Filmes entweder eine Flucht oder der Ausdruck natürlichen Humorempfindens sein.

Wenn wir nun andauernd und überaus sorgfältig die Gründe, aus denen wir etwas tun, hinterfragen würden, könnte dies unsere Lebensfreude und Spontaneität erheblich einschränken. Dennoch müssen wir eine gewisse Wachsamkeit üben, unsere Motive überprüfen, damit wir nicht die Opfer unseres eigenen Fluchtverhaltens werden. Schon mit etwas Selbstbeobachtung kann eine solche Flucht entlarvt und schließlich unterbunden werden. Um dann einen besseren Weg einschlagen zu können, ist es sehr förderlich, zunächst am Abbau der eigenen Ängste zu arbeiten, die ein solches Fluchtverhalten immer wieder auslösen.

Freizeitaktivitäten in Gemeinschaft befriedigen unsere geselligen Bedürfnisse und zugleich auch sexuelle Bedürfnisse in sublimierter Form. In den frühen Tagen der Menschheitsentwicklung lernte der einzelne, daß er in der Gemeinschaft des Stammes oder der Sippe ein geborgeneres Leben führen konnte als in der Einsamkeit. Darum wurde der Mensch im Laufe seiner Evolution ein geselliges Wesen. Die heutigen geselligen Freizeitbedürfnisse gehen auf diesen Umstand zurück. Doch auch die gesellschaftlichen Kontakte mit Menschen des anderen Geschlechtes sind wichtig. Oft sprechen ein Mann und eine Frau unter Umständen miteinander, von denen es scheint, daß sexuelle Aspekte hier keinerlei Rolle spielen. Es sieht wie ein völlig gewöhnlicher mitmenschlicher Kontakt aus. Sicher ist dieser auch möglich. Doch meist sind sich Mann und Frau bei einem gesellschaftlichen Kontakt sehr wohl bewußt, daß die andere Person nicht dem eigenen Geschlecht angehört. Dieses Bewußtsein bildet dann die Grundlage des Verhaltens. In beiden Gesprächspartnern werden bestimmte Gefühle wachgerufen, wenn sie sich des Sexuellen in ihrem gesellschaftlichen Kontakt bewußt werden. Vielleicht ist es nur ein schwaches Empfinden der eigenen

Geschlechtlichkeit. Freizeitkontakte dieser Art sind sehr wichtig für uns. Sie erinnern uns daran, was wir sind, geschlechtliche Wesen mit geschlechtlichen Rollen und Neigungen.

Bei sportlicher Betätigung erfahren wir die Wirkungen verschiedener psychischer Reaktionen. Das Spiel ist ein Wettbewerb. Im Grunde ist es ein Kampf zwischen den Spielern. Fußball, Tennis, Schach, Karten, immer sind Wettbewerb und Kampf wichtige Elemente. Hierdurch wird ein Sinn für Wettstreit wachgerufen, den wir als biologisches Erbe jener Tage, als die Menschheit noch ums Überleben kämpfen mußte, in uns tragen. Doch betreiben wir auch andere Sportarten, bei welchen das Element des Wettstreites nicht so offensichtlich ist: Bergsteigen, Wandern in den Wäldern, Segeln, Skifahren. Diese Sportarten sprechen in uns Empfindungen an, die der Mensch in der Frühzeit der Entwicklung in seinem großen Kampf gegen die Gewalten der Natur erfahren hat. Selbstverständlich entstammt auch die tiefe Erfüllung, die viele Menschen in der Gartenarbeit finden, der gleichen psychischen Reaktion.

Im Sport bauen wir Aggressionen ab. Wir haben in uns einen angeborenen Schutzmechanismus, der uns auf aggressives Verhalten anderer selbst mit Aggressivität reagieren läßt. Wenn unser Chef am Arbeitsplatz direkte oder indirekte Aggressionen gegen uns hegt oder wenn es daheim ähnliche Probleme gibt, steigt auch in uns die Aggressivität auf. Aber wir haben gelernt, die Aggressionen umzuleiten. Die Aggressionen, die gegenüber dem Chef wach wurden, können zu Hause an der Ehefrau ausgelassen werden. Doch können sie auch in sportlicher Betätigung abgebaut werden, was sicherlich besser ist und dem Leben einige Erleichterung verschafft. Wenn Sie, lieber Leser, von dieser Methode zum Abbau Ihrer Aggressionen abhängig sind, dann denken Sie daran, daß diese von nervösen Spannungen bedingt ist. Tun Sie deshalb etwas zum Abbau Ihrer nervösen Spannungen durch die meditative Erfahrung der Mental-Ataraxie. Dann können Sie Ihre sportlichen Betätigungen als Spaß und Freude erleben, als einen symbolischen Wettstreit, in welchem nicht der Abbau von Aggression das wesentliche Element ist.

Sportliche Betätigung hat eine andere wichtige Wirkung auf uns, weil hier der Ausdruck unserer Aggressionen mit einer entsprechenden körperlichen Handlung verbunden wird. In der Frühzeit der Menschheitsgeschichte führten Aggressivitäten stets zum Kampf. Heute haben wir es gelernt, unseren Aggressionen durch Worte Luft zu machen oder unseren Gegner auf geschäftlicher und gesellschaftlicher Ebene zu bekämpfen. Bei sportlicher Betätigung vollzieht sich dieser Prozeß direkter und dadurch wirksamer, weil er wie in früheren Zeiten mit körperlicher Aktivität verbunden ist.

Bei allen Spielen gibt es Regeln. Das Einhalten der Regeln erfordert ein Streben nach Selbstdisziplin. Dies ist ein Lernprozeß, der uns auch im normalen Leben nützt. Dies ist ein äußerst wichtiger Aspekt. Allgemein entwickelt man seine Selbstdisziplin durch das Erfahren aufgezwungener Disziplin von außen, durch Eltern, Schule, Kirche und Gesetz. Doch im gegenwärtigen Stadium der gesellschaftlichen Evolution haben die Institutionen der Familie, der Schule, der Kirche und des Gesetzes deutlich versagt, dem jungen Menschen eine bleibende Selbstdisziplin zu vermitteln. Unter diesen Umständen wird die Selbstdisziplin, die man beim Spielen erlernt, sehr bedeutend. Man sieht es bei Kleinkindern, die ihre eigenen Spiele erfinden. Von jedem Teilnehmer wird erwartet, daß er die Regeln annimmt, ebenso wie bei den genau geregelten Sportarten der Erwachsenen.

Spiele lehren uns, gute Verlierer und gute Gewinner zu sein. In unserem täglichen Leben gibt es Fehlschläge und Erfolge. Wir neigen dazu, im Falle eines Fehlschlages mit Depressionen oder Überheblichkeit zu reagieren. Wie alle Gefühle des Menschen hat auch die Depression eine biologische Bedeutung. Wenn wir versagt oder einen Kampf verloren haben, hilft uns eine seelische Niedergeschlagenheit dabei, uns besser in der unterlegenen Situation zurechtzufinden. In früheren Zeiten war dies notwendig, denn man mußte sich nach der Niederlage dem Willen seines Bezwingers beugen. Doch im modernen Leben ist diese Depression sinnlos geworden. Es ist heute besser für uns, wenn wir nicht zu niedergeschlagen sind, damit wir Schritte zu einem Ausweg unternehmen können. Spiele lehren uns dies. Unter Sportlern gibt es keinen Platz für jenen, der nach einer Niederlage in tiefe Depressionen versinkt.

Eine andere psychische Antwort auf eine Niederlage oder ein Versagen besteht im Entwickeln einer überheblichen Haltung. Dabei geht es dann darum, andere für die eigene Niederlage verantwortlich zu machen. Ein Geschäftsmann unterliegt in einem geschäftlichen Konkurrenzkampf und bezichtigt daraufhin die Gegenseite skrupelloser und gesetzloser Methoden. Ein Student fällt beim Examen durch und macht das Prüfungssystem dafür verantwortlich. Eine Ehe kommt nicht zustande, und beide Parteien beschuldigen sich gegenseitig deswegen. Derartige Haltungen haben den biologischen Sinn, uns vor den Schmerzen der Niederlage zu bewahren. Doch ist es natürlich sehr viel besser, wenn eine Persönlichkeit die Reife besitzt, eigene Fehlschläge klar zu erkennen und einzugestehen. Auch das lernt man im sportlichen Spiel: »Du warst heute besser als ich.«

Sportlicher Wettkampf lehrt uns auch, richtig mit Siegen umzugehen. Ein stolzes Hochgefühl, das Gegenteil der Niedergeschlagenheit, ist die biologische Reaktion auf einen Erfolg. Wenn wir stolz sind, dann sind wir sehr zufrieden und selbstsicher. In früheren Zeiten der Menschheitsgeschichte half dies dem Gewinner, nun seinem Sieg entsprechend die Führung zu übernehmen. Doch die Zeiten haben sich geändert. Wer heute nach einem Sieg allzu stolz wird, verärgert dadurch seine Mitmenschen, die sich dann gegen ihn wenden. Im sportlichen Spiel lernt man, seinen Sieg bescheiden anzunehmen, und diese Haltung beeinflußt auch das tägliche Leben in positiver Weise.

Auch wenn man Sport als Zuschauer erlebt, kann dies positiv sein. Dabei kommt der wirksame psychische Mechanismus der Identifikation zum Tragen. Wir identifizieren uns mit unserer Mannschaft und ihren Spielern. Durch diese Gleichsetzung können wir im Zuschauen auch unsere eigenen Aggressionen abbauen. Doch wird der Betrachter in dieser Hinsicht stets weniger gewinnen als der aktive Sportler. Der Zuschauer hat keinen Anteil an der Erfahrung der Selbstdisziplin, die im Einhalten der Regeln besteht. Auch lernt er aus Sieg und Niederlage nicht in gleichem Maße wie die Spieler. Tatsächlich gibt es mehr überhebliche Reaktionen, etwa gegenseitiges Beschimpfen, unter Zuschauern als unter den Sportlern.

Zweifellos ist die Möglichkeit, Sportveranstaltungen als Zuschauer zu erleben, eine große Hilfe für Alte und Gebrechliche sowie für andere Menschen, die nicht am aktiven Sport teilnehmen können. Doch es besteht gerade für viele junge Leute heute die Gefahr, nur noch Zuschauer und keine Aktiven mehr zu sein. Eigeninitiative und Selbstvertrauen wachsen, wenn wir an sportlichem Spiel teilnehmen. Doch der Zuschauer hat davon nichts. Es ist leicht, diese Haltung des Zuschauers im täglichen Leben zu erkennen: Man kritisiert dann diejenigen, die etwas tun, und auch die Schiedsrichter, aber man hält sich selbst heraus.

Freizeitbeschäftigungen, die mit dem Sammeln von Gegenständen verbunden sind, befriedigen auf eine gewisse Weise unsere ursprünglichen Besitzinstinkte. In früheren Zeiten, als der Kampf ums Dasein den Menschen noch direkter als heute bedrohte, hatte derjenige, der die Gewohnheit annahm, Dinge zu horten, die besseren Überlebenschancen. Dies war insbesondere dann der Fall, wenn er Nahrungsmittel sammelte. Diese Eigenschaft des Hortens und Sammelns haben wir ererbt. Unterschiedliche Menschen zeigen diese Tendenz heute auf verschiedene Weise. Da gibt es die Hausfrauen, die Schrank und Speisekammer immer ganz gefüllt wissen möchten, auch wenn die heutige Versorgungslage dies keinesfalls notwendig macht. Sie mag einfach, daß es so ist, denn es gehört zu ihren ererbten Verhaltensmustern. Wenn man sie danach fragt, wird sie dann versuchen, dafür eine verstandesmäßige Begründung zu finden. Vielleicht wird sie sagen, daß sie auf eine unerwartete Krise vorbereitet sein möchte. Der gleiche psychische Mechanismus arbeitet auch bei Menschen, die völlig sinn- und nutzlose Gegenstände horten und aufheben. Meist geschieht dies mit der Begründung: »Das kann man alles noch einmal gebrauchen.« Wer einer echten Sammlertätigkeit nachgeht, sublimiert diesen ursprünglichen Trieb in etwas Gepflegteres, und dadurch erlebt er innere Erfüllung.

In ursprünglichen Zeiten bewunderte und respektierte man jene, die Dinge horteten, denn sie waren sicherer als andere. Auch heute noch erleben wir diese Reaktion in leicht abgewandelter Form. Es ist gesellschaftlich anerkannt, ein Sammler zu sein. Dies verschafft einem eine persönliche Note des Individualismus in den Augen der Mitmenschen, auch wenn das, was man sammelt, weder nützlich noch schön ist. Der Sammler genießt noch jene eigenartige Anerkennung, die aus vergangenen Zeiten herrührt.

Einige Menschen ergreifen ein Steckenpferd, um den Geist dadurch von den Problemen des Alltags zu befreien. Die Freizeitbeschäftigung läßt den Geist dann eine Weile all das vergessen, was ihm normalerweise Sorgen bereitet. Dies ist sehr gut für Menschen, die noch nicht die Fähigkeit zum Erlebnis innerer Ruhe entwickelten. Sie können sich nicht einfach hinsetzen, beruhigen und den Geist unbeschwert sein lassen. Um die Sorgen hinter sich zu lassen, müssen sie den Geist mit etwas anderem beschäftigen. Und wenn jemand nicht glauben möchte, daß er seinen Geist auch durch andere wirksame Methoden beruhigen könnte, wird er doch auch positive Resultate sehen, wenn er sein Steckenpferd einfach ausübt, um den Geist von den alltäglichen Sorgen abzulenken.

Unser Steckenpferd sollte unseren individuellen Bedürfnissen entgegenkommen. Ich kenne einige Menschen, die mit einer Freizeitbeschäftigung deswegen begannen, weil ein guter Freund damit gute Erfahrungen gemacht hatte. Doch der Freund war eine andere Persönlichkeit. Was ihm die höchste Erfüllung brachte, bescherte dem anderen nur herbe Enttäuschungen. Allgemein finden introvertierte Menschen in ihrer Freizeitbeschäftigung dann Befriedigung, wenn sie dieser in der Abgeschiedenheit nachgehen können. Extravertierte dagegen mögen Steckenpferde, die sie in Kontakt mit vielen Leuten bringen. Der Perfektionist wünscht sich eine ganz genau geregelte Freizeitbeschäftigung. Auf der anderen Seite jedoch entwickelt sich der Introvertierte durch Kontakt mit anderen, der Extravertierte durch einen gewissen Grad der Innenschau und der Perfektionist durch Beschäftigungen, die einen größeren Freiraum in Gedanken und Handlungen ermöglichen. Daran sehen wir, daß das, was man mag, und das, was man brauchen könnte, nicht immer die gleichen Dinge sind. Der leitende Gedanke sollte hier sein, daß unser Steckenpferd nicht zu weit von den Bedürfnissen unserer Persönlichkeit entfernt liegen darf, damit nicht Ängste aufgebaut werden, wodurch die positiven Wirkungen der Freizeit verlorengingen.

Viele Freizeitbeschäftigungen haben einen elitären Aspekt, der unser Ego aufbläht. Natürlich sind es gewöhnlich die sehr unsicheren Menschen, die sich hiervon angesprochen fühlen. Ich erinnere mich da an ein Gespräch bei einem Mittagessen vor einigen Tagen. Es ging um das Forellenfischen. Drei der Anwesenden waren erfahrene Forellenfischer. Dies gab ihnen eine gewisse Überlegenheit und verstärktes Selbstvertrauen, das sie von den anderen beiden Personen am Tisch abhob. Doch die beiden anderen schafften es rasch, das Thema zu wechseln, um über das Skifahren zu reden, worüber sie im Gegensatz zu den Fischern viel zu sagen hatten. Kaum hatte der Gesprächsgegenstand gewechselt, dehnte sich das Ego der Skifahrer aus, während sich jenes der Forellenfischer zusammenzog. Dies mag Ihnen, lieber Leser, vielleicht sehr simpel erscheinen, doch es zeigt, wie sehr eine elitäre Haltung mit bestimmten Freizeitbeschäftigungen verbunden sein kann.

Kreative Freizeitbeschäftigungen kommen unserem Bedürfnis entgegen, im Materiellen wie auch in unserem Innenleben neue Entdeckungen zu machen. Wir alle haben in stärkerem oder schwächerem Grade den Drang, etwas Neues herzustellen, nach neuen Wegen zu suchen und neue innere Gedankenbahnen zu beschreiten. Durch diese kreative Neigung erhob sich der Steinzeitmensch über das Tier und wurde fähig, sich selbst vor den Unbilden der Natur zu schützen. Alle Charakterzüge, die eine biologische Bedeutung für uns haben, sind mit angenehmem Empfinden verbunden, so auch die Neigung zur Kreativität. Aus dieser freudvollen Grundhaltung heraus wollen wir kreativem Schaffen nachgehen. Mehr noch: Das Empfinden der Freude ist so eng mit den kreativen Neigungen des Menschen verknüpft, daß wir aus kreativen Freizeitbeschäftigungen die gleiche innere Erfüllung erlangen wie durch biologisch sinnvolle Kreativität.

Wenn wir freudig einem kreativen Steckenpferd nachgehen, erweitert sich diese Kreativität auch auf andere Lebensbereiche. Durch kreatives Tun können wir nur gewinnen. Wenn unsere tägliche berufliche Pflicht in Routine besteht, wie es meist der Fall ist, fördert uns ein kreatives Steckenpferd da, wo uns der Arbeitstag zuwenig bietet. Wir gewinnen Freude, weil unser Geist in einer Weise vorgehen darf, die in der Vergangenheit von biologischer Bedeutung war. Auch leitet die kreative Freizeitbeschäftigung oft einen wichtigen Lernprozeß ein. Indem wir unseren Geist frei und ohne Beschränkungen experimentieren lassen, gewöhnt er sich an einen größeren Freiraum. Dies wird sich auf ganz ungezwungene Weise bald auch im täglichen Leben auswirken. Unser Leben wird freier und schöpferischer.

Künstlerische Betätigung hilft uns dabei, die universelle Harmonie der Natur zu erkennen. Wir erfahren uns dann selbst als Bestandteil unserer Umgebung. Der einzelne mag dies vielleicht selbst nicht so sehen. »Ich mag meine Kunst. Irgendwie ist sie eine Herausforderung an mich. Ich fühle mich besser, wenn ich etwas geschaffen habe.« Aber warum mag er es? Warum hat er Freude daran? Warum empfindet er es als Herausforderung? Warum fühlt er sich besser, nachdem er es getan hat? Seit der Frühzeit der Menschheit besitzen wir einen besonderen Sinn für die Harmonie der Natur. Die Jahreszeiten kommen und gehen; es gibt die Zeit der Saat und die Zeit der Ernte; Kinder werden geboren; die Eltern sterben; die Kinder haben ihrerseits Nachkommen. Dies sind ganz offensichtliche Manifestationen der wesenhaften Harmonie allen Seins. Wir beobachten diese Dinge, und wir empfinden dabei, daß weitaus mehr dahinter ist. Und in künstlerischen Betätigungen geben wir diesem Empfinden durch Gestalt und Form und Farbe und Licht unserer Schöpfung einen besonderen Ausdruck, wie unvollkommen und umrißhaft dieser auch sein mag.

Lesen kann Fluchtverhalten sein. Es kann auch Information und kulturelle Bildung bedeuten. Gegenwärtig liest man meist aus Gründen der Flucht und der Information. Solche Lektüre, die man nur zur Wirklichkeitsflucht liest, läßt sich leicht erkennen. Doch zuweilen beschäftigen wir uns auch mit informativen Texten, nur um dadurch vor etwas anderem zu fliehen. Man liest am Abend nicht nur in der Zeitung, weil man sich über das Weltgeschehen informieren möchte. Man will dadurch vielmehr auch Abstand von den Problemen des Alltags gewinnen. Zuweilen kommt in einem lesenden Menschen das Bewußtsein auf, er werfe seine Zeit damit hinaus. Er liest dann weniger ernsthafte Literatur, sondern vielmehr solche Texte, die historische,

190

soziale, politische oder technische Informationen enthalten. Dadurch glaubt er mehr zu gewinnen als durch das Lesen erfundener Handlungen.

Das Lesen kulturell bedeutender Texte bringt unseren Geist auf eine höhere Funktionsebene. Hiermit meine ich nicht das Lesen von Büchern über kulturelle Themen. Es geht vielmehr um Romane und Erzählungen, die unseren Geist mit neuen Weisen des Denkens und Fühlens bekannt machen, die sich von jenen unseres täglichen Lebens unterscheiden. Durch die klare Entwicklung der Handlung des Autors wird auch unser lesender Geist in eine gewisse Klarheit versetzt. Indem wir uns dann mit den geschilderten Charakteren identifizieren, erfahren wir selbst mehr von den tiefen Möglichkeiten menschlichen Fühlens. Durch das Zusammenwirken der Charaktere in der Handlung lernen wir Probleme kennen, die uns ansonsten verborgen bleiben. Von solchen Leseerfahrungen können wir wesentliche Anregungen und Bereicherungen für unser Leben gewinnen. Dabei ist es nicht notwendig, sich nur mit solchen Texten auseinanderzusetzen, die gute Handlungen und Gefühle schildern. Die klassische Literatur beschäftigt sich häufig auch mit dem Bösen, etwa in den großen Tragödien. Aus den psychischen Reaktionen, die wir auf solche Lektüre zeigen, ziehen wir gleichfalls einen bedeutenden Vorteil.

So wie wir aus dem Lesen kulturell wertvoller Texte Nutzen ziehen können, schädigt uns auf der anderen Seite gewisse Literatur erheblich. Auch dies läßt sich wieder vor dem Hintergrund der menschlichen Entwicklungsgeschichte betrachten. In der frühen Zeit der Menschheit konnten wir unseren Geist nur in einer sehr schwachen und einfachen Weise gebrauchen. Allmählich entwickelten wir die Fähigkeit, klarer und logischer zu denken. Wir haben dabei auch Formen des Empfindens gelernt, die uns zuvor gänzlich unbekannt waren. In der Vergangenheit waren wir mehr mit unserem eigenen Überleben beschäftigt, heute müssen wir mehr an andere denken. Früher erfuhren wir rauhe Gefühle wie Feindseligkeit, Furcht und Gier, die uns im Kampf ums Dasein dienten. Heute lernen wir zunehmend die Bedeutung von Liebe und Mitempfinden. Vor diesem Hintergrund sollten auch die eigenen Lesegewohnheiten untersucht werden. Wir haben einen echten Gewinn von kulturellen Lesestoffen, die uns direkt oder indirekt zu einem Bewußtsein der neuen und menschlicheren Aspekte des Lebens führen. Auf der anderen Seite erniedrigen wir uns selbst durch solche Lektüre, die uns zu den primitiven Gedanken und Gefühlen zurückführt, die wir im Prozeß der Evolution schon hinter uns gelassen haben.

Woher kommt die Vorliebe für Lektüre, durch die wir uns eigentlich menschlich erniedrigen? Ich glaube, die Antwort hierauf läßt sich im eben Dargelegten finden. Alle Haltungen und Reaktionen, die in der Vergangenheit von biologischer Bedeutung für die Menschheit waren, sind in uns eng mit angenehmen Empfindungen verbunden. Aus diesem Grunde mögen wir es, diese Reaktionen zu erfahren. Und was wir mögen, das wollen wir immer wieder tun. Wer in der Vergangenheit keinen Gefallen an diesen Reaktionen fand, gebrauchte sie nicht, wodurch er auch keine Chance zum Überleben hatte. Wer das Gefühl der Aggressivität mochte, war auf jeden Fall der bessere Kämpfer. Wer Gier und Lust mochte, der hatte mehr Nachkommen. Heute haben wir zwar ähnliche Neigungen zur Liebe und zum Mitempfinden hervorgebracht, doch sind die alten Vorlieben für die primitiveren Gefühle noch nicht erloschen. »Ich mag einen guten Kampf.« Darum bevorzugen viele Menschen die eigentlich erniedrigende Literatur. Sie genießen die angenehmen Gefühle, die mit dem Ansprechen der ursprünglichen Reaktionen verbunden sind. Wenn wir jedoch unsere Lebensqualität steigern wollen, müssen wir zu solcher Lektüre greifen, die uns das positive Bewußtsein vermittelt, die mit den neuen und menschlicheren Gefühlen verbunden sind. Oft geschieht der Griff nach erniedrigender Literatur aus einem Fluchtverhalten heraus. Man möchte den Geist von den alltäglichen Schwierigkeiten befreien. Doch auf der anderen Seite müssen wir festhalten, daß nicht jede derartige Fluchtlektüre den Menschen erniedrigt.

Es gibt noch einen anderen Aspekt, der sich wohl am besten durch ein Beispiel belegen läßt: Gestern am Morgen kam ein junger Arzt in meine Praxis. Es handelt sich um einen empfindsamen und idealistischen Menschen und wirklich guten Mediziner. Sehr beschämt gestand er mir: »Ich habe eine stark ausgeprägte Begierde nach Pornographie.« Er hatte seine junge Frau völlig damit verstört, als er versuchte, ihr sein Problem zu erklären. Nachdem ich den Fall kurz mit ihm durchgesprochen hatte, war mir klar, daß sein Drang nach Pornographie ihn nur dann überkam, wenn er unter starkem Druck stand. Dies führte zu Spannungen, wozu jeweils Schwierigkeiten in der Praxis, familiäre Probleme oder auch sexuelle Mißverständnisse mit seiner Frau beitragen konnten. Mir sind viele Patienten mit ähnlichen Beschwerden begegnet. Sobald sie gelernt hatten, Druck und Spannungen abzubauen, verschwand auch der Drang zur Pornographie. Ich bin sicher, daß es bei diesem jungen Arzt ähnlich sein wird.

Durch die Darstellung von Gewalt können Theater und Film die Qualität unseres Lebens erhöhen oder vermindern. Eine Neigung zur Gewalt ist Teil unseres biologischen Erbes. Noch in den modernen Großstädten kommt es heute leicht zu Handgreiflichkeiten. Die Sexualität ist ein wesentlicher Aspekt unseres Daseins. Je mehr wir hierüber begreifen, um so nützlicher kann uns dieses Verständnis werden. Darum strebt der Mensch nach Informationen über Gewalt und Sexualität und sieht sich entsprechende Filme und Theaterstücke an. Dabei identifiziert er sich mit den Schauspielern und nimmt selbst gefühlsmäßig an der Handlung teil.

In der Frühzeit der Menschheitsgeschichte war die Fähigkeit zum gewaltsamen Handeln für das Überleben notwendig. Um gewalttätig zu sein, war gleichfalls eine Neigung zur Grausamkeit erforderlich. Ohne einen solchen Trieb zur Grausamkeit wäre das gewaltsame Handeln weniger wirksam gewesen. Vom Steinzeitdasein über ursprüngliche Jägergesellschaften und einfache Agrargemeinschaften haben wir langsam einen besseren Zustand entwickelt, der die Gewalt als Mittel des Überlebens nicht mehr notwendig macht.

Wenn nun ein Film oder ein Theaterstück uns durch die Darstellung der Gewalt eine Abscheu vor ihr vermitteln und das Mitempfinden wachsen lassen, dann hilft uns das beim Erreichen einer menschlicheren Lebenshaltung. Doch sobald die Gewalt im Film oder auf der Bühne verherrlicht und unkritisch unterbreitet wird, ruft dies die alten und schlummernden Neigungen zur Grausamkeit und Gewaltanwendung im Menschen wach. Die zunehmende Entwicklung einer mitmenschlichen Haltung wird hierdurch behindert.

Sexuelle Darstellungen im Film und auf der Bühne können unser Leben bereichern oder erniedrigen. Dabei spielt es keine Rolle, ob man Nacktheit, Geschlechtsorgane oder selbst den Geschlechtsverkehr darstellt. Alles kommt dabei nur auf die Haltung der beteiligten Charaktere in der Handlung an.

In den frühen Tagen der Steinzeit war die Sexualität hauptsächlich eine rein körperliche Angelegenheit. Wenn wir nun einen Film sehen, in dem ein Geschlechtsverkehr nur als körperlicher Vorgang gezeigt wird, erniedrigen wir unsere Gefühle, denn wir identifizieren uns mit den jeweiligen Darstellern, was die primitiven Empfindungen der Frühzeit in uns anspricht. Dieser Vorgang kann allerdings nicht bei einem Film auftreten, der zeigt, wie erniedrigend diese Art des Verkehrs von einem der Beteiligten empfunden wird. Doch wenn wir auf der Bühne oder im Film eine sexuelle Handlung sehen, die Liebe und Zärtlichkeit in einer umfassenderen Weise zeigt, als sie in unserem eigenen Leben eine Rolle spielen, kann dies eine bereichernde Funktion für unser Leben haben. Wir sind dann Zeuge einer Möglichkeit, wie wir uns selbst weiterentwickeln können.

Wie wir in diesem Kapitel gesehen haben, spielt die Freizeit eine wesentliche Rolle für unsere Lebensqualität und unser körperliches Wohlbefinden. Die Freizeit kann uns Zeiten wirklicher Ruhe ermöglichen. Dabei müssen wir uns daran erinnern, daß wirkliche Ruhe mehr als bloße Untätigkeit ist. Menschen, die durch einen hohen Grad der Angst stets verspannt sind, werden es schwierig finden, auch nur einen Augenblick wirklicher Ruhe zu erlangen. Es scheint ihnen unerreichbar wie der Mond oder unverständlich wie den meisten Menschen die Gesetze der höheren Mathematik. Unser moderner Lebensstil trägt dazu erheblich bei, indem er uns vorgibt, ständig irgend etwas zu tun.

Trotzdem kann jedermann mit dieser Situation fertig werden, wenn er den Grad seiner nervösen Spannungen durch die Übung der Mental-Ataraxie herabsetzt. Viele Menschen, die diesen Weg gegangen sind, haben davon berichtet, wie sie zunächst in der Meditation Momente der Ruhe erlebten, die sich schließlich auch spontan im täglichen Leben zeigten.

13. Kapitel

Der Streß in unserem Leben

Streß ist ein Ausdruck der Diskrepanz zwischen unseren Möglichkeiten und den Anforderungen, die an uns gestellt werden. Aus diesem Grunde ist der Streß also nicht das Hauptproblem, vor dem wir hier stehen. Es geht um die Beziehung zwischen unseren Problemen und unserer Fähigkeit, diese zu lösen. Wenn Anforderungen, die an uns gestellt werden, sehr hoch sind, stehen wir erheblich schneller unter Streß. Werden die Anforderungen an einem freien Tag oder durch eine leichtere Tätigkeit geringer, nimmt auch der Streß ab. Wenn wir gut mit den Dingen unseres Lebens zurechtkommen, erfahren wir wenig Streß. Gelingt uns das Anstehende nicht, erlebt auch der Streß Höhepunkte. Streß ist also der jeweilige Ausdruck des Verhältnisses unserer Möglichkeiten zu anstehenden Forderungen.

Im gewöhnlichen Leben neigen wir dazu, nur die anstehenden Probleme zu betrachten, wobei keinerlei Beachtung auf unsere Möglichkeit, damit umzugehen, fällt. Wir wollen hierzu extreme Beispiele anführen. Der Befehlshaber einer Armee braucht in einer Schlacht nicht unter großem Streß zu stehen, wenn sein Training und seine persönliche Integrität derart sind, daß er in dieser Situation weiß, was er zu tun hat. Ähnlich braucht auch der Flugkapitän nicht in Todesangst zu geraten, wenn er einen Maschinenschaden bemerkt, denn er weiß, wie er mit dieser Situation umgehen muß. Auch das verlassene Mädchen muß nicht verzweifeln, wenn es einige philosophische Einsicht in die Grundgegebenheiten des Lebens besitzt. Sogar die Frau, die ihre ganze Familie bei einem Unfall verloren hat, kann einen derart starken religiösen Glauben haben, daß sie sich nicht selbst durch diesen Schlag aufgibt. Auf der anderen Seite jedoch können ganz kleine

Alltagsprobleme am Arbeitsplatz zu erheblichem Streß führen, wenn jemand keinen Halt hat oder keine gefestigte Persönlichkeit ist. Sogar das tägliche Problem, die Kinder rechtzeitig in die Schule zu bekommen, kann einer im Straßenverkehr unerfahrenen Hausfrau große Streßerfahrungen bringen.

Der Streß ist gefährlich, denn er bringt Ängste hervor. In diesem Buch wurde bereits der Umstand behandelt, wie Ängste dann entstehen, wenn unser Hirn nicht mehr alle die Nervenimpulse aufnehmen kann, die durch äußere Reize an es herangetragen werden. Eben das ist auch beim Streß der Fall. Es handelt sich hier um die Diskrepanz zwischen der Anzahl und der Intensität der auf uns einströmenden Reize einerseits und unserer Fähigkeit, diese aufzunehmen, andererseits. Was wir als »Streß« bezeichnen ist im Grunde nichts anderes als diese neurologische Gegebenheit, die wir dann allerdings in ihrer Auswirkung aus der menschlichen Erlebnisebene betrachten.

Wir können Streß abbauen, indem wir unsere Fähigkeit, mit Anforderungen umzugehen, durch das Üben der Mental-Ataraxie steigern. Jeden Tag kann ich hierfür Beispiele sehen. Ein Geschäftsmann wird plötzlich ohne Streß mit Problemen fertig, die ihn früher unter starken Druck gesetzt hätten. Eine Frau, deren Mann Alkoholiker ist, läßt sich hierdurch nicht länger selbst hängen. Ein Student, dem seine Studien früher sehr viel Streß bescherten, geht diesen jetzt freudig nach. Ein Mädchen kommt besser mit den Unsicherheiten zurecht, die ihm sein untreuer Liebhaber bereitet. Und es gibt viele Fälle mehr. Durch die Praxis der Mental-Ataraxie steigern wir unsere Fähigkeit zur Problembewältigung. Diese Diskrepanz zwischen den Anforderungen an uns und unserer Fähigkeit, diese zu bewältigen, vermindert sich, und wir erfreuen uns an einem Dasein mit weniger Streß.

Wir begegnen den Anforderungen, die an uns herantreten, durch praktische Handlungen und durch innere psychische Bewältigung. Wenn der Chef seinen schwierigen Tag hat, müssen wir uns bemühen, die Dinge ganz besonders auf die von ihm gewünschte Weise zu erledigen. Doch darüber hinaus müssen wir auch das Aufkommen von Streß vermeiden, indem wir den herrschenden Zustand innerlich bewältigen. Diese Bewältigung ist äußerst wichtig, um ein Aufkommen von Aggressionen zu verhindern. Wenn wir uns ganz nach dem Chef richten, doch dabei gleichzeitig feindselige Gefühle gegen ihn aufstauen, wäre dies keine wirksame Bewältigung und würde in der Folge zu starkem Streß führen. Doch wenn wir alles auf die von ihm gewünschte Weise erledigen, ohne dabei in inneren Aufruhr zu geraten, haben wir die Fähigkeit zur wirklichen inneren Ruhe verwirklicht. Wir können dann reif handeln, und die an uns gestellten Anforderungen schaffen uns keinen Streß mehr.

Anforderungen an uns, die wir plötzlich zu bewältigen haben und die zu Streß führen, tauchen oftmals in völlig unerwarteten Bereichen auf. Wenn man an Streß denkt, hat man meist wachsende Arbeitslasten oder die Folgen eines plötzlichen Unfalls oder persönlichen Schicksalsschlages vor Augen. Der Geschäftsmann denkt an bevorstehende Entscheidungen. Die Hausfrau denkt an Anforderungen der Kinder, die ihre Geduld erfordern. Junge Menschen sind stets mit den Erfordernissen ihrer Ausbildung konfrontiert. Es ist jeweils leicht zu beobachten, wie diese Gegebenheiten den Streß auslösen. Doch es gibt andere unvorhersehbare Faktoren, deren wir uns meist nicht gewärtig sind.

Wie auch immer unser Lebensstil sein mag, es gibt gefühlsmäßige Anforderungen an uns, denen wir uns stellen müssen. So müssen wir zum Beispiel mit den Launen der Menschen unserer Umgebung zurechtkommen. Da ist die Stimmung des Chefs am Arbeitsplatz, auf die wir uns einstellen müssen, die Stimmung des Ehepartners und anderer, mit denen wir nahen Umgang haben. Man nimmt solche Stimmungen als Reizbarkeit, Niedergeschlagenheit oder einfach Abwesenheit wahr. Wie immer die Stimmung der anderen auch sein mag, sie stellt uns vor bestimmte Anforderungen und kann damit auch zum Anwachsen von Streß beitragen.

Wir müssen uns den Anforderungen unseres Liebeslebens und anderer grundlegender Triebe stellen. Dies gilt für jeden Menschen! Kommen Sie mit Ihrem sexuellen Trieb zurecht, der unter unangemessenen Bedingungen ebenso leicht erwachen kann wie unter angemessenen? Schaffen Sie es, Ihren Sexualtrieb mit Gefühlen der Liebe und Zärtlichkeit zu verbinden? Wie steht es mit den anderen einfachen

Trieben? Haben Sie Schwierigkeiten mit dem Essen und Trinken und geraten derart unter Streß?

Unser Körper an sich stellt seine Anforderungen. Können wir auch dann, wenn wir müde sind noch das Notwendige arbeiten? Oder müssen wir uns dann zu jeder Tat zwingen und geraten so unter Streß? Wenn unsere Arbeit Unannehmlichkeiten oder sogar Schmerzen mit sich bringt, können wir dennoch mit entspanntem Geist das Notwendige tun? Oder geraten wir unter Streß, weil unser Geist stets gegen die Situation ankämpft?

Auch unser eigenes Seelenleben stellt uns vor Anforderungen, denen wir angemessen begegnen müssen. Wir haben in uns ein Pflichtgefühl, dessen Anforderungen an uns ebenso wirklich und dringlich sind wie jene unseres Chefs am Arbeitsplatz oder die der Kinder daheim. Unser Bewußtsein stellt eigene Anforderungen. Wenn wir diese nicht erfüllen können, spüren wir oft, wie Schuldgefühle schwer auf uns lasten.

Auch über das Pflichtbewußtsein hinaus gibt es noch ein idealistisches Empfinden, welches uns vor Forderungen stellt. Verschiedene Charaktere erleben dies in unterschiedlicher Weise. Für Sportbegeisterte mag dies nicht mehr bedeuten als ein Sinn für Fairneß. Für andere ist es ein tiefes Mitempfinden mit anderen Menschen oder gar eine Art mystischer Erfahrung. In irgendeiner Form erfährt dies jeder Mensch als eine innere Anforderung, die erfüllt sein möchte.

Die Anforderungen unseres Innenlebens können verschiedene Gestalt annehmen. Zum Beispiel gibt es da die Anforderung, etwas zum Abschluß zu bringen. Eine Arbeit im Beruf oder das Aufräumen des Hauses vielleicht. Wenn wir dieser Forderung genügt haben, kann unser Geist leichter zu erholsamer Ruhe finden. Ich weiß im Augenblick besonders gut, worüber ich hier schreibe, weil ich in Kürze dieses Manuskript abschließen werde. Dennoch kommt es im täglichen Leben oftmals vor, daß wir es nicht schaffen, eine Sache zum Abschluß zu bringen. Unter solchen Umständen müßten wir dann fähig sein, auch einmal eine unabgeschlossene Sache zu akzeptieren, ohne dadurch gleich nervöse Spannungen aufzubauen. Dann wird auch unser Streß nur minimal sein.

Anforderungen, denen wir uns stellen müssen, hängen mit unserem modernen Lebensstil zusammen. Diese sind deshalb beachtenswert, weil sie neu für uns sind. Der Mensch hatte im biologischen Sinne noch nicht viel Gelegenheit, Erfahrungen mit ihnen zu sammeln.

Alleine der Umstand, daß man in einer Stadt lebt, bringt schon besondere Anforderungen mit sich. Zum Beispiel müssen wir lernen, uns anzupassen, denn die Anpassung erleichtert uns die Harmonie im engen Zusammenleben mit vielen Menschen. Selbstbeschränkung und Verständnis sind dabei ebenfalls hilfreich und daher ein notwendiger Bestandteil des Großstadtlebens. Weil jedoch die meisten Menschen ihr Verständnis gegenüber dem anderen noch nicht sehr weit entwikkelt haben, spielt die Anpassung, die ein eher unbewußter Vorgang ist, eine wesentlichere Rolle. Insbesondere junge Menschen kommen mit der Forderung nach Anpassung häufig nicht klar. Das Ergebnis ist, daß sie hierdurch Streß aufbauen.

Das Großstadtleben erfordert auch eine gewisse Art der Unpersönlichkeit. Dies zeigt sich in der Regel darin, daß man seinen eigenen Tätigkeiten nachgeht, ohne sich sehr um die anderen Menschen zu kümmern. Dies ist durchaus notwendig. Wenn wir uns persönlich um so viele andere Menschen bemühen wollten, kämen wir darüber nicht mehr zu unseren eigenen Dingen. Doch hierdurch ist es für einen Fremden sehr schwer, Freunde zu finden, derer er zur Befriedigung seiner geselligen Bedürfnisse bedarf. Dadurch führt das Großstadtleben oftmals zu einer beträchtlichen Isolation, was für den einzelnen die Probleme der Einsamkeit mit sich bringt.

Auch erfordert das Großstadtleben, daß wir ohne enge Kontakte mit der Natur bleiben müssen. Dies trennt den Menschen von etwas, das seit Hunderten Generationen ein untrennbarer Bestandteil seines Lebens war. Der moderne Großstädter muß damit auf doppelte Weise fertigwerden: Zunächst muß er sich Ersatzbefriedigungen suchen, mit denen er dann auch innerlich umgehen können muß.

Das moderne Leben wird zu einem großen Teil vom Bestreben nach materiellem Erfolg beherrscht. Daraus folgend stellt sich der einzelne selbst vor die Forderung, etwas zu erreichen. Es gibt nur wenige Mitmenschen, die davon frei sind. Viele meinen nur, daß sie frei davon wären. Sie rechtfertigen dann ihre Anstrengungen, materiellen Erfolg zu erlangen, durch irgendwelche Vernunftgründe. Vielleicht behaupten sie auch, daß sie sich mit Freude in einer solchen Weise anstrengen. Unter »Materialismus« verstehe ich eine Haltung, die einen Dinge nicht wegen idealistischer Beweggründe oder dem Wunsch nach innerer Erfüllung tun läßt, sondern bei der es nur um den materiellen Nutzen geht. Natürlich ist ein solcher Materialismus nichts grundlegend Neues. Doch die moderne Gesellschaft verlangt von jedem Menschen, daß er sich diesem Prinzip mehr oder weniger unterordnet. Ob daraus für uns Streß folgt oder nicht, hängt von unserer Fähigkeit ab, uns davon nicht unter Druck setzen zu lassen. Wenn wir unseren materiellen Anforderungen auf unsere Weise ohne innere Konflikte nachkommen können, werden wir auch frei von Streß sein. Insbesondere dann, wenn wir einen idealistischen und menschlichen Lebensstil anstreben, müssen wir uns von diesem Druck befreien.

Die Abwertung der Familie stellt ganz besondere Anforderungen an den heutigen Menschen. Wenn junge Leute heute heiraten, haben sie oft schon ein gewisses Gefühl, daß dies nicht für das ganze Leben sein muß. Dies schafft einen Zustand der Unehrlichkeit und Unsicherheit, unter dem besonders das Mädchen leidet. Aber auch das Zusammenleben ohne Eheschließung bringt derartige Unsicherheiten mit sich. Wenn die Beziehung auseinanderbricht, muß meist das Mädchen alleine für die Kinder sorgen. Diese Schwierigkeiten nehmen dann noch zu, wenn die Eltern nicht in der Lage sind, es dann aufzunehmen, um ihm zu helfen.

Natürlich bringt die Abwertung des Familienlebens es mit sich, daß junge Leute es heute früher lernen, auf eigenen Beinen zu stehen. Dies kann den jungen Menschen dann vor Probleme stellen, wenn er den Konsequenzen, die sich hieraus ergeben, psychisch noch nicht gewachsen ist. Doch die älteren Menschen haben wohl die größten Probleme. Ihre erwachsenen Kinder sind nicht mehr darauf eingestellt, sich um sie zu kümmern und ihnen ein Heim zu bieten. Darum sind viele alte Menschen heute auf sich alleine gestellt und müssen kämpfen, um damit zurechtzukommen.

Die neue Rolle der Frau stellt sie vor veränderte Anforderungen. Die Frau ist heute Meisterin ihres eigenen Schicksals und hängt nicht mehr in allen Belangen von ihrem Ehemann ab. Dies erfordert, daß sie sich mehr als in früherer Zeit Entscheidungen stellen muß. Zudem muß sie die Aggressionen, die sie im Berufsleben aufbaut, in besonderer Weise bewältigen, denn ihr Umgang mit den Kindern daheim erfordert eine gewisse Passivität. Auch muß die Frau damit zurechtkommen, sich durch den verstärkten Einsatz ihres Verstandes im Berufsleben nicht ihres natürlichen Einfühlungsvermögens zu berauben, welches ihr ein Eingehen auf die Kinder ermöglicht, bevor diese sich mit Worten ausdrücken können.

Doch vielleicht sind die Anforderungen, die sich aus dem Tun ungewohnter Dinge ergeben, noch gewichtiger. Die moderne Frau erobert sich aktiv eine neue Rolle. Sie tut bisher ungewohnte Dinge, von der ihre ältere Schwester nicht einmal geträumt hätte. Doch wer neue Dinge versucht, der ist sich dabei nicht so sicher wie bei gewohnten Handlungen. Unsicherheit jedoch begünstigt das Aufkommen von Angst. Eine moderne Frau oder eine Frau, die den Lebensstil einer modernen Frau annehmen möchte, lebt notwendigerweise mit einem höheren Grad an Ängsten als solche Frauen, die ganz dem traditionellen Frauenbild entsprechen.

Aus diesem Grunde erfährt die moderne Frau in verstärktem Maße nervöse Spannungen und dadurch erhöhte Reizbarkeit und eine beachtliche Neigung zu psychosomatischen Beschwerden. Wie ungerne man das vielleicht auch hören mag, es ist eine Tatsache des Lebens. Es bedeutet, daß die moderne Frau wirklich stärkeren Ängsten ausgesetzt ist als jene, die sich am traditionellen Frauenbild ausrichtet. Eine Lösung dieses Problems bietet die Mental-Ataraxie, durch deren Praxis die moderne Frau ihre Ängste reduzieren kann, wodurch sie wirklich frei für neue Erfahrungen wird.

Der Verlust des religiösen Glaubens stellt den Menschen vor Anforderungen besonderer Art, die sehr leicht zu Streß führen können. Das Erfordernis besteht hier meist in etwas, das geeignet ist, den religiösen Glauben zu ersetzen. Unterschiedliche Menschen begegnen diesem Erfordernis auf verschiedene Weise. Einige wenden sich ganz der Vernunft zu und werden Atheisten. Andere meinen, sie sollten sich eine eigene Philosophie zurechtlegen, die sich nicht an bestehenden

Lehren orientiert. Einige Menschen wenden sich mystischen Lehren zu, während andere das Verlorene in der Harmonisierung mit der Natur suchen. Auf jeden Fall kommen wir besser mit dem Leben zurecht, wenn wir unser Leben auf einem Glauben oder einer philosophischen Überzeugung aufbauen. Doch wenn uns in diesem Punkte innere Zweifel zu schaffen machen, können diese sehr leicht als Streß im täglichen Leben erfahren werden.

Wir müssen daran denken, daß alles auf unsere innere Einstellung ankommt, wenn wir Streß vermeiden wollen. Das Richtige zu tun ist nicht immer ausreichend. Wir können das Richtige tun, weil der Chef es von uns verlangt, weil die Kinder es brauchen oder unser Studium es erfordert. Doch Streß können wir nur dann vermeiden, wenn wir in diesem Tun eine unbeschwerte Haltung einnehmen. Es ist das gleiche Prinzip wie beim inneren Pflichtgefühl. Wir tun das Richtige, wenn wir den kranken Verwandten besuchen oder der Versuchung widerstehen, dem Finanzamt gegenüber unser Einkommen etwas zu untertreiben. Wir haben zwar das Richtige getan, doch wenn dadurch Streß erfahren wird, sind wir von der inneren Unbeschwertheit noch ein Stück entfernt.

Die Diskrepanz zwischen den Anforderungen, die man an uns stellt, und unseren Möglichkeiten, diese zu bewältigen, wird kleiner, wenn wir reife Persönlichkeiten werden. Konsequent nimmt dann auch der Streß ab. Mit anderen Worten: Der reife Mensch kommt mit allem gut zurecht. Auch erhebliche Anforderungen, die das Leben an ihn stellt, wird er ohne Streß bewältigen können.

Welche Anforderungen auch immer auf uns zukommen mögen, alltägliche Probleme am Arbeitsplatz oder Schwierigkeiten aus dem innersten Winkel unseres Geistes, wir bewältigen sie besser, wenn wir die meditative Übung der Mental-Ataraxie praktizieren. Alleine das wäre schon ein angemessener Lohn unseres Übens, daß wir besser mit Problemen umgehen können. Doch wir sollten darüber nicht jene größeren Dinge vergessen, die in unserer Praxis verborgen liegen. Es sind weniger äußerliche Dinge, von denen wir erst wie von fernen Lichtern einen Schein wahrgenommen haben. Es ist die wahrhafte innere Ruhe und der Weg zu wirklicher Erfüllung des innersten Wesens. Hieraus fließt die unbeschwerte Disziplin ins tägliche Leben.

Dritter Teil

Der entfernte Horizont

Wie wir Verständnis erlangen

Wir üben die Mental-Ataraxie, um eine natürliche Ordnung in unser inneres Leben zu bringen. Hierdurch wird sich auch das äußere Leben auf natürliche Weise ordnen. *Wir erschließen unseren inneren Reichtum.*

14. Kapitel

Die theoretischen Grundlagen der Mental-Ataraxie

Dieses Buch ist ein praktischer Ratgeber. Doch unsere Selbsthilfe ist vollständiger, wenn wir auch etwas über die theoretische Basis wissen, auf der es aufgebaut ist.

Mehr als irgend etwas anderes vermindert die Angst unsere Lebensqualität. Dies kann nicht genug betont werden. Die Angst schadet unserer Lebenserfahrung durch nervöse Spannungen und innere Erstarrung. Sie macht uns unsicher am Arbeitsplatz und in menschlichen Beziehungen. Sie ist der Grund aller psychosomatischen Beschwerden und Unannehmlichkeiten. Sie drängt uns in Abwehrhaltungen, die unseren Charakter verzerren. Dadurch sind wir nicht die Persönlichkeiten, die wir sein könnten.

Angst kommt dann auf, wenn unser Gehirn es nicht schafft, alle Nervenimpulse zu verarbeiten, die in es eindringen. Einige dieser Impulse kommen durch Auge und Ohr aus unserer Umgebung. Andere treffen aus den verschiedenen Organen des Körpers ein. Andere entstehen im Gehirn selbst, in Gestalt bewußter Gedanken des Geistes oder verdrängter Ideen, deren sich der Geist nicht oder nicht klar bewußt ist. Wenn unser Gehirn all diese Impulse nicht auf einmal verarbeiten kann, erfahren wir Angst.

Angst aktiviert unsere Abwehrmechanismen in einer Weise, die beim gegenwärtigen Stand menschlicher Entwicklungsgeschichte nicht mehr angebracht ist. Unser Körper reagiert auf Angst mit zunehmendem Herzschlag, steigendem Blutdruck und besserer Durchblutung der Muskeln sowie anderen Funktionen, die uns für körperliches Wehren bereitmachen sollen.

In den frühen Tagen der Menschheitsgeschichte war ein solches

Reagieren durchaus angemessen, denn meist war das Ansteigen von Nervenimpulsen auf das Gehirn durch das Auftreten einer äußeren Gefahr bedingt. Doch heute wird die Vielfalt von Impulsen, die wir nicht mehr verarbeiten können, meist durch zwar ungefährlichere, aber doch kompliziertere Vorgänge ausgelöst. Unsicherheit und Sorgen entstehen im Geist selbst. Das Vorbereiten auf eine körperliche Tätigkeit ist deshalb eine gänzlich unangemessene Reaktion auf diese neue Art von bedrohlicher Situation.

Angst dient auch als ein Warnsignal, daß etwas mit uns nicht stimmt. Doch tatsächlich steigert dieses Warnsignal die innere Angst noch mehr. Ein Gefühl der Besorgnis ist wesentlicher Bestandteil jeder Angstreaktion. Die biologische Funktion bestand einst in einem Warnen, daß etwas noch nicht in Ordnung ist. Doch durch die Angst bedingt, können wir meist nicht erkennen, was nicht in Ordnung ist. Und wenn wir es nicht erkennen können, dann ist es auch nicht möglich, etwas dagegen zu unternehmen. Darum ist dieses Warnsignal, das dem Menschen in der Vergangenheit gute Dienste erwies, heute eher gefährlich als nützlich. Es weist uns auf eine äußere Gefahr, doch die Ursachen liegen im eigenen Geist.

Der allgemeine Glaube, daß etwas Angst notwendig ist, damit wir unsere Dinge in korrekter Weise erledigen, spricht für eine niedere Verständnisebene von den Dingen des Lebens. Diese verbreitete Vorstellung besagt, das unangenehme Gefühl der Angst würde den Menschen motivieren, zur Tat zu schreiten. Auch das schlechte Gewissen und Furcht können den Menschen dazu bringen, etwas zu tun. Doch dies ist wahrhaft ein Handeln auf niederer Ebene. Und dies trifft selbstverständlich auch für die Angst zu.

Unser Geist besitzt die Fähigkeit, Ängste abzubauen, wenn dafür die notwendigen Voraussetzungen geschaffen werden. Dies ist von großer Bedeutung, und ich habe in meinen klinischen Protokollen den klaren Beweis erbracht, daß dies trotz aller Zweifel tatsächlich stimmt. Aus diesem Grunde ist das endlose Erforschen von Kindheitskonflikten in der hergebrachten Psychotherapie eigentlich nicht sehr notwendig. Vor einigen Jahren, als ich damit begann, meine Ideen zu veröffentlichen, hielten mir die herkömmlich arbeitenden Psychiater entgegen, daß meine Erfolge nur von kurzer Dauer wären, denn die Patienten müßten bald einen Rückfall erleiden. Doch inzwischen habe ich lange genug gelebt, um zu wissen, daß dies nicht geschehen wird. Wer einmal gelernt hat, aus eigener Kraft seine Ängste abzubauen, darf sich einer bleibenden Befreiung erfreuen.

Die innere Ruhe in der Mental-Ataraxie schafft die notwendigen Voraussetzungen, damit unser Geist seine Ängste reduzieren kann. Die natürlichen Heilkräfte des Körpers können nur zum Wirken kommen, wenn dafür die notwendigen Bedingungen geschaffen werden. So kann ein Knochenbruch nicht richtig verheilen, wenn die Knochenstücke nicht in die richtige Lage gebracht werden. Nach einem Herzanfall brauchen wir die nötige Ruhe, damit sich unser Körper erholen kann. Ähnlich verhält es sich mit der Angst. Unser Geist braucht jene Art innerer Ruhe, wie sie in der Mental-Ataraxie erlangt wird.

Die Wirkungen dieser Ruhe des Geistes halten auch nach dem Ende der Meditationssitzung an. Die Menschen sind sich dies zu unterschiedlichem Grad bewußt. Nach ihrer ersten Erfahrung mit der Mental-Ataraxie berichten die Patienten in der Regel, daß sie sich den ganzen weiteren Tag ungewohnt unbeschwert und frei von Anstrengung fühlten. Mit zunehmender Übungspraxis weitet sich auch diese innere Ruhe nach der Meditation allmählich aus. Diese bleibende Wirkung unserer Meditation baut Ängste ab und beeinflußt unser alltägliches Leben in positiver Weise.

Die Ruhe der Mental-Ataraxie entspringt einer Rücknahme der Geistesaktivitäten. Dies ist eine völlig normale Reaktion. Die meisten Menschen erfahren sie zeitweilig im Tagtraum, wenn der Geist ungezwungen umherwandern darf und schließlich zur Ruhe kommt. Dann ist der Mensch sich nicht länger seiner Umgebung bewußt.

Rücknahme der Geistesaktivitäten bedeutet das Annehmen einer ursprünglicheren Funktionsweise des Bewußtseins. Als Ergebnis der Evolution hat der Mensch ein zunehmend komplizierteres Gehirn entwickelt, welches er auf immer speziellere Weise zu nutzen wußte. Wir denken heute auf einer erheblich höheren Ebene, als es der Neandertaler konnte. Rücknahme der Geistesaktivitäten bedeutet nun, daß wir zu einer ursprünglicheren Weise des Denkens zurückkehren. Doch dürfen wir das nicht mit einer inneren Rückkehr zur Geisteshaltung des Kindes verwechseln. Auch das kann bei manchen Menschen beobachtet werden, wenn sie nicht mit den Anforderungen des Erwachsenenlebens zurechtkommen. Sie versuchen dann auf eine sehr kindliche Weise zu erhalten, was sie wollen, indem sie ein entsprechendes Verhalten zur Schau stellen.

Diese Rücknahme des Geistes in der Mental-Ataraxie geht weiter als nur zur Bewußtseinshaltung des Kindes. Mein Beweis dafür ist nicht nur die Erfahrung mit Hunderten meditierender Patienten. Ich habe ebenfalls entsprechende Hinweise aus meiner Arbeit mit der Hypnose erhalten. Es bestehen Ähnlichkeiten zwischen der Rücknahme der Geistesaktivität in der Meditation und jener in der Hypnose. Wie ich in meinem Buch *A System Of Medical Hypnosis* ausführlich dargelegt habe, besteht das Wesen der Hypnose in einer »atavistischen Regression«, einer Rücknahme des Geistes zu ursprünglichsten Funktionen.

Der Meditierende erfährt diese Rücknahme als Aufhören des verstandesmäßigen Denkens, einen Rückgang äußerer Wahrnehmung und das Aufhören des Gewahrseins der unmittelbaren Umgebung. Doch das Wissen, daß er diese Erfahrung gemacht hat, erlangt der Meditierende erst nach der Übung, wenn er wieder die normale Ebene seines Denkens eingenommen hat.

Dies ist ganz offensichtlich, denn wir können unseren Bewußtseinszustand nicht verstandesmäßig erfassen, wenn der Verstand gerade ruht. Erst rückblickend können wir erkennen, daß unser Geist einige Zeit nicht in irgendwelche Inhalte verstrickt war. Wir hörten zwar Geräusche, doch diese hatten keine eigentliche Bedeutung für uns. Wir hatten einige Zeit tatsächlich vergessen, wo wir waren. Wenn wir dies bemerken, wissen wir, daß wir zuvor eine Phase der Rücknahme des Geistes erlebten.

Die Rücknahme des Geistes ist ein schöpferischer Prozeß, denn er erlaubt uns, die Dinge in ihrer natürlichen Einfachheit zu erfahren. Normalerweise nehmen wir unsere Gedanken in einer Verkleidung wahr, die aus Gewohnheiten besteht. Dadurch erscheint uns der betroffene Gedanke nicht als das, was er eigentlich sein könnte. Doch es gibt auch einen Kern blanker Wahrheit in jedem Gedanken, der in

208

unserem Geist aufsteigt. Wenn wir lernen, unseren Geist in einer ursprünglichen Weise arbeiten zu lassen, können wir auch unsere Gedanken in ihrer natürlichen Einfachheit ohne jede Verkleidung erfassen. Somit wird es uns gelingen, auch unsere eigene Stellung im ganzheitlichen Sein in innerer Klarheit zu erfassen: Leben und Tod, die Jahreszeiten, all die Rhythmen, die in der Natur wirken, offenbaren sich uns in einer Deutlichkeit, die uns zuvor verborgen blieb. Ein dreißigjähriger Künstler erklärte, die Mental-Ataraxie hätte ihm zu einem Leben verholfen, »welches man nie zuvor für möglich gehalten hätte«.

Die Rücknahme des Geistes ist ein schöpferischer Prozeß, denn er läßt unklare und unangemessene Gedankenmuster hinter sich. Dadurch stehen wir auf einer sicheren Grundlage, die unserem Handeln neue Möglichkeiten bietet. Wir können unsere veralteten Verhaltensmuster nicht als Grundlage zum Aufbau eines neuen Lebens gebrauchen. Wir können keinen neuen und besseren Lebensstil annehmen, wenn wir nicht zuvor zu etwas Einfachem zurückkehren, von wo aus wir dann allmählich fortschreiten. Die vorübergehende Rücknahme der Geistesaktivität in der Meditation erlaubt uns das Ablegen veralteter Verhaltensmuster, um dann von neuem das Bessere aufzubauen.

Die Rücknahme der Geistesaktivitäten ist auch schöpferisch in dem Sinne, daß sie uns wirkliche Einsichten in unser Wesen erlaubt. Das Ausschalten der psychischen Schutzmechanismen läßt uns das eigene Wesen so sehen, wie es wirklich ist. Normalerweise läßt unser Geist die Erkenntnis dessen, was wir wirklich sind, nicht zu, weil dies zu schmerzhaft für uns wäre. Wir würden uns gedemütigt fühlen. Darum verdrängen und entschuldigen wir unser Wesen und Dinge, die wir tun, oder wir suchen für alles eine vernünftige Erklärung. Durch derartige unbewußte Schutzmaßnahmen sehen wir uns selbst nicht so, wie andere uns sehen können. Doch sobald wir unsere Geistesaktivitäten zurückziehen, verschwinden diese Schutzmaßnahmen oder hören zumindest auf, in gewohnter Weise zu arbeiten. Nun dürfen wir uns mehr als das sehen, was wir tatsächlich sind. Was jedoch das Wichtigste dabei ist: Die innere Ruhe und Unbeschwertheit, welche die Rücknahme der Geistesaktivitäten begleitet, erlaubt uns diesen Blick auf unser Wesen ohne Schmerz oder geistige Verwirrung, die dabei unter normalen Umständen eintreten würden.

Die Rücknahme der Geistesaktivitäten erweist sich auch deshalb schöpferisch, weil wir nun keine Angst mehr haben, unsere Gedanken und Gefühle in ungewohnte Bahnen zu lenken. Dies ist eine Frucht des Abbaus der Ängste. Wir besitzen dann eine innere Selbstsicherheit. Und diese Sicherheit erlaubt es uns, unseren Geist neue Abenteuer im Denken und Fühlen erleben zu lassen. Unterschiedliche Menschen werden das zum verschiedenem Grade erleben, doch jeder kann es erfahren. Menschen, die auf diese Weise ihren Geist befreiten, erkennen oft erst rückblickend, wie sehr sie sich zuvor durch Befürchtungen selbst beschränkten.

Die Rücknahme der Geistesaktivität ist auch schöpferisch, weil sie den Geist von den Zwängen der Vernunft befreit. In der Regel ist uns das Ausmaß, zu welchem wir von der Vernunft beherrscht werden, nicht bewußt. Doch Vernunft und logisches Denken sind in unserem Geist so fest verankert, daß ihre oftmals starren Bahnen einen schöpferischen Durchbruch verhindern. Selbstverständlich brauchen wir logisches Denken, und auch die Vernunft ist etwas äußerst Wichtiges. Doch wir brauchen ebenso dringlich gewisse Momente, in denen wir von den üblichen Denkbahnen frei sind. Solange wir uns selbst an diese gewohnten Bahnen ketten, können wir das Wunderbare jenseits des Üblichen nicht wahrnehmen.

Die Rücknahme der Geistesaktivität ist in einer weiteren Weise schöpferisch: Durch den Abbau von Ängsten legen wir auch mechanische Schutzreaktionen ab, die unsere Persönlichkeit normalerweise verzerren. Vielleicht ist dies eine der bedeutendsten schöpferischen Errungenschaften. Sie vollzieht sich nicht auf einmal, sondern man kann es eher als langsamen Prozeß beobachten. Ich kenne viele Menschen, deren Persönlichkeiten sich durch Mental-Ataraxie in bemerkenswerter Weise gewandelt haben. Ohne Ausnahme vollzog sich dieser Wandel stets hin zu größerer Freiheit und Offenheit. Jene Charakterzüge, die ihren Ursprung in den Schutzmechanismen haben, nahmen dabei ab: Egoismus und selbstsüchtiges Verhalten.

Die Rücknahme der Geistesaktivität ist schöpferisch, weil sie den

210

menschlichen Evolutionsprozeß unterstützt: Indem alte Verhaltensmuster zurückgenommen werden, schafft man zugleich Raum für neue. In diesem Sinne erlaubt die Rücknahme der Geistesaktivität in der Meditation das Entfalten neuer Fähigkeiten des Geistes. Eine fest verankerte aggressive Haltung verhindert das Entwickeln von Mitempfinden, das schon eine höhere Stufe der Evolution anzeigt.

Auf ähnliche Weise verhindert unser übliches logisches Denken das Aufkommen intuitiver Einsichten und ein direktes Einfühlungsvermögen. Die Rücknahme von gewohnten Geistesaktivitäten schafft in unserem Inneren einen Freiraum, in welchem sich neue Schritte der Evolution zwanglos und ihren eigenen Gesetzen gemäß vollziehen können.

Ich betone hier stets die Bedeutung der Rücknahme von Geistesaktivitäten. Damit habe ich in der Vergangenheit schon manchen Meditierenden verärgert, wenn ich zum Beispiel auch behauptete, daß die Praxis von Zen und Yoga derartige Rücknahmen beinhaltet. Manche Menschen glauben offenbar, daß eine Rücknahme oder ein Schritt zurück gleichbedeutend mit Rückständigkeit oder etwas Negativem ist. Doch das trifft selbstverständlich nicht zu.

Auf unserem Evolutionsweg hin zum Höheren gehen wir eine Weile vorwärts. Dann jedoch treten wir einen kleinen Schritt zurück, um das Erreichte zu stabilisieren. Dann geht es weiter nach vorne. Ohne diese kleinen Zwischenschritte nach hinten wäre wirklicher Fortschritt undenkbar. Die Rücknahme von Geistesaktivität in der Mental-Ataraxie ist in diesem Sinne zu verstehen. Sie fördert daher unsere Entwicklung zu ganzheitlicherem Menschsein.

Die Mental-Ataraxie erlaubt das spontane Entfalten eines idealistischeren Wertsystems. Dies zeigt sich darin, daß zahlreiche Meditierende nach menschlicheren oder sozial sinnvollen Arbeitsmöglichkeiten suchen oder sich zeitweilig sehr aktiv an Hilfeleistungen für Bedürftige beteiligen. Man erkennt es auch durch die Haltung, die der Meditierende nun seiner Familie und seinen Arbeitskollegen gegenüber einnimmt. Oftmals berichtet der Meditierende nicht selbst von diesem Wandel in seinem Wertsystem. Ich habe derartige Berichte oft von Familienmitgliedern oder Kollegen der Betroffenen erhalten. Der

Wandel vollzieht sich stets von eher materialistischen hin zu idealistischen Werten. Ich bin davon überzeugt, daß dies insbesondere eine Frucht des Angstabbaus ist.

Dies ist ein eigenartiges Phänomen. Wenn der Mensch in der Vergangenheit bedroht war und Angst hatte, wandte er sich seiner Religion und einem idealistischeren Wertsystem zu. Darauf setzte er dann seinen Glauben, wodurch er wieder Sicherheit erlangte. Doch die Zeiten haben sich geändert. Wenn der Mensch sich heute bedroht fühlt, setzt er seinen Glauben auf die Sicherheit materieller Errungenschaften. Wird die Angst nun geringer, ist man nicht mehr so abhängig von materiellen Dingen. Man wird frei für die wirkliche innere Entfaltung eines idealistischen Wertsystems.

Eine interessante Beobachtung bei meinen Patienten war, daß sich das idealistische Wertsystem in spontaner Weise von selbst in ihnen entfaltete. Es gab dabei keinerlei direkte oder indirekte Beeinflussungen von meiner Seite. Es kommt automatisch als Teil einer ganzheitlich menschlichen Lebenserfahrung, zu welcher uns die Mental-Ataraxie führt.

15. Kapitel

Jenseits der Entspannung

Die vollkommene meditative Erfahrung liegt jenseits der Entspannung des Körpers und des Geistes, jenseits des Besiegens von Unannehmlichkeiten. Worin besteht sie dann? Ist es etwas Fremdartiges und Unnatürliches? Keinesfalls! Es gibt in diesem Zusammenhang nichts Wunderliches, Dramatisches oder Aufregendes zu berichten. Erwarten Sie keine Ekstasen oder Ausnahmezustände des Geistes. Erwarten Sie lediglich die Erfahrung tiefer Natürlichkeit, ausschließlicher Natürlichkeit! Im ersten Moment wird man vielleicht annehmen, diese Natürlichkeit sei etwas Fremdes, denn in unserem gewöhnlichen Leben ist sie uns verlorengegangen. Doch ist diese Erfahrung von derart grundsätzlicher Einfachheit, daß wir davon fast überwältigt werden und ganz darin eintauchen.

Vor einigen Tagen schon habe ich den obenstehenden Abschnitt niedergeschrieben. Gerade las ich ihn wieder. Am heutigen Morgen war eine Patientin in meiner Sprechstunde, eine dreiundzwanzigjährige verheiratete Sprachtherapeutin. Es war ihre dritte Sitzung, und sie war schon erheblich weniger verspannt. Als sie ging, da schaute sie mich noch einmal an und sagte: »Es ist so tief und doch so einfach!«

Worte müssen versagen. Wir können die Meditation nur dann begreifen, wenn wir sie auch praktizieren. So ist es wirklich! Und so ist es mit vielen Bereichen des Lebens, die man erfahren haben muß, um sie zu verstehen. Vor vielen Jahren sprach ich mit einem sehr alten heiligen Yogi am Himalaya über Meditation. Eines Morgens sagte er mir: »Du kannst einem Kind eine Banane zeigen, doch du kannst ihm nicht erzählen, wie sie schmeckt.« Das ist eine grundlegende Wahrheit. Und natürlich trifft sie auch auf die Meditation zu.

213

Man kann im ersten Moment von der Einfachheit des meditativen Vorganges erschreckt werden, wenn man sich dessen scheinbaren Mangels an verstandesmäßigen und logischen Grundlagen bewußt wird. So ging es einem fünfzigjährigen Techniker, der über starke nervliche Verspannungen und Schlaflosigkeit klagte. Nach zwei Sitzungen bei mir erzählte er, daß er danach ein so erholsames Wochenende beim Skifahren verbracht hätte, wie er es nie zuvor im Leben erfahren durfte. Doch bald meinte er, er müsse die Behandlung bei mir abbrechen, denn mein Verfahren der Mental-Ataraxie erschien ihm zu wenig logisch faßbar. Dennoch kam er wieder zurück und setzte die Behandlung fort. Heute braucht er seit zwei Jahren keine Schlafmittel mehr, von denen er zuvor fünfundzwanzig Jahre abhängig war. Er hat inzwischen internationalen beruflichen Erfolg erlangt. Diesen schreibt er der größeren Unbeschwertheit seines Geistes zu, wodurch auch seine Gedanken sich klärten.

Eines Tages sagte mir die Geschäftsführerin einer Kleiderhandlung: »Ich habe mich so sehr verändert, seit ich zu Ihnen komme. Wie kann das nur passieren? Sie sagen mir nicht, daß ich anders denken soll, und doch hat sich mein ganzes Denken verändert!«

Obwohl es in der Tat schwer ist, über das, was hier vorgeht, zu sprechen, gibt es dennoch einige allgemeine Prinzipien, die in diesem Zusammenhang zu einem größeren Verständnis angesprochen werden können.

In der Meditation können wir unseren Geist Gedanken erleben lassen. Das kommt Ihnen vielleicht seltsam vor. Im normalen Leben denken wir zwar unsere Gedanken, doch wir »erleben« sie nicht. Ich versuche nun, Ihnen etwas höchst Einfaches, doch zugleich äußerst Wichtiges, zu beschreiben. Es geht hier um die Bewußtheit unserer Gedanken, eine sehr einfache Form der Bewußtheit. Nehmen Sie einmal an, ein anderer Mensch befindet sich mit Ihnen im gleichen Zimmer. Sie sind sich dann der Gegenwart des anderen bewußt, ohne näher darüber nachzudenken, daß nun ein anderer Mensch in diesem Zimmer ist. Sie erleben einfach eine Bewußtheit der Gegenwart des anderen. In gleicher Weise können wir unsere Gedanken in der Meditation erleben.

214

Es hilft unserem meditativen Erleben von Gedanken, wenn wir zuvor ganz bewußt Gedanken in unserem Geist bewegen. Wir gehen dabei folgendermaßen vor: Vor dem Beginn der eigentlichen Meditationsübung nimmt unser Geist ganz bewußt einen anstehenden Gedanken auf und erwägt diesen entsprechend den Gesetzen der Logik und des Verstandes. Wir denken also in ruhiger und natürlicher Weise einfach nach. Dann lassen wir die Meditation beginnen. Der normale Denkprozeß verschwindet aus unserem Geist, und wir erleben nun einfach in der beschriebenen Weise die Gegenwart unserer Gedanken. Im Fortschreiten der Meditation erlebt unser Bewußtsein nun bald die Gegenwart anderer Gedanken. Diese anderen Gedanken haben eine Beziehung zu jenen, die wir zuvor absichtlich gedacht haben. Doch ist diese Beziehung keine logische. Sie befindet sich jenseits der Logik. Diese neu auftauchenden Gedanken können uns blitzartige Einsichten vermitteln, die im gewöhnlichen Denken unmöglich sind.

Wir beginnen unsere Meditation zunächst mit äußerlich klar faßbaren Dingen, um schließlich sehr viel weiter zu gelangen. Der Beginn unserer meditativen Erfahrung ist noch mit dem Körper verbunden, also einer sehr greifbaren Sache. Wir erfahren die allmähliche Entspannung des Körpers in all seinen Teilen, bis es uns gelingt, zum Erlebnis einer ganzheitlichen Körperentspannung vorzudringen. Dann vollzieht sich ein entscheidender Schritt. Von der greifbaren Erfahrung des Körpers wenden wir uns in das schwer faßbare Gebiet der inneren Entspannung. Es ist nun unser inneres Wesen, das sich entspannt, das selbst zu dieser Entspannung in einem wunderbaren Einheitserlebnis wird. Wenn uns dies gelingt, können wir unseren Geist noch einen Schritt weitergehen lassen.

Wir erfahren das Loslassen unseres Wesens. Dies schließt ein Empfinden von Freiheit, großer Freiheit ein. Wir haben nicht das Gefühl, uns vor irgend etwas schützen zu müssen. Wir liefern uns der meditativen Erfahrung aus. Doch diese Auslieferung ist keine ungeordnete. Wenn wir durch das vorherige Denken bewußter Gedanken unserem Üben eine Ausrichtung gegeben haben, wird unser Meditieren darin seine Orientierung finden. In der Freiheit des Loslassens können wir unsere Gedanken in freier und einfacher Weise erleben, denn sie werden nicht durch die üblichen Schutzreaktionen verzerrt.

Neben dem Loslassen des eigenen Wesens gibt es noch einen tieferen Prozeß in der Meditation: »Das Sich-Zulassen«. Wenn wir dazu kommen, uns einfach so, wie wir sind, zuzulassen, erfahren wir auch Aspekte unserer Persönlichkeit, die uns unter gewöhnlichen Umständen verborgen bleiben. Vielleicht erscheint Ihnen diese Idee seltsam und schwer zu begreifen. Doch sie ist recht einfach und dabei noch sehr wichtig. Üblicherweise halten uns psychische Schutzmechanismen davon ab, daß wir uns so sehen, wie wir tatsächlich sind. Doch wenn im meditativen Vorgang unsere Angst verschwindet, können wir unser eigenes Wesen vor einem Hintergrund der Sicherheit zulassen. Hierdurch werden wir ganz neue Erkenntnisse über uns selbst gewinnen und einen bedeutenden Lernprozeß einleiten.

Wir können unseren Geist wirklich lernen lassen. Unser tägliches Leben ist eine Abfolge unterschiedlicher Erfahrungen. Eine Erfahrung nach der anderen durchlaufen wir dabei. Wenn wir einmal kritisch darüber nachdenken, müssen wir feststellen, daß wir aus diesen täglichen Erfahrungen nur sehr wenig lernen. Nur zuweilen kommt das vor. Wenn wir einen herausragenden Fehler begangen haben, halten wir fest, es nicht mehr zu tun. Doch normalerweise lernen wir nur wenig aus unseren täglichen Erfahrungen. Dafür gibt es viele Gründe. Es gibt in uns eine ausgesprochen starke Neigung, alles immer wieder in genau der gleichen Weise wie zuvor zu machen, einen angeborenen Konservatismus. Es ist einfach bequemer, beim Bewährten zu bleiben. Aus diesem Grunde auch lernen wir aus unseren täglichen Erfahrungen nicht so viel, wie wir daraus lernen könnten. Doch in der Meditation lassen wir uns selbst zu. Unser Wesen erfährt dabei eine tiefe Freiheit. In diesem Zustand werden wir nicht von unseren üblichen Neigungen zurückgehalten. Nun kann der Geist aus Erfahrungen in einer Weise lernen, die zuvor unmöglich war. Es geht dabei nicht nur um die Erfahrungen der Meditation und ihrer Wirkungen. Auch die Möglichkeit, aus den Erlebnissen des täglichen Lebens zu lernen, wird sich ungeahnt steigern.

Im Loslassen der Mental-Ataraxie erleben wir eine innere Freiheit, die ein Teil unseres Wesens ist. Viele Geschichten von Menschen, die ein Martyrium erlitten, berichten davon, wie diese zur inneren Freiheit gelangten, während ihr Körper geschunden und gequält wurde. Wir können die Wirkungen der inneren Freiheit in der Meditation erleben. Die Freiheit wird während der Praxis einfach dasein. Wir sind innerlich befreit, und unser Geist durchläuft in dieser Erfahrung wichtige Lernprozesse. Endlich können wir die Fesseln sprengen, die unseren Geist im alltäglichen Leben in seiner Bewegung hindern.

Eine sensible fünfundvierzigjährige Frau kam als Patientin zu mir, weil sie seit zwanzig Jahren an nervösen Verspannungen litt. Viele Jahre hatte sie versucht durch Yoga-Übungen und Zen-Meditation Freiheit von ihren Beschwerden zu finden, bevor sie zu mir kam. Vor einiger Zeit erhielt ich einen Brief von ihr: »Ich danke Ihnen, daß Sie mir diese unbeschreibliche Methode vermittelten. Es ist wie ein Flug mit sanften Schwingen und dabei doch völlig unfaßbar. Ich habe danach so lange gesucht, und nun lag es immer ganz in meiner Nähe! Leider hatte ich nicht sofort die für mich geeignete Methode gefunden.«

Die innere Freiheit in der Meditation erlaubt uns den Ausdruck unserer Kreativität. In unserem wachen Leben haben wir ein Problem von allen Seiten durchdacht, darüber nachgegrübelt und uns mit allen wesentlichen Aspekten beschäftigt. Doch wir sind nicht zu einer Lösung gekommen. Unter solchen Umständen ist es nicht selten, daß uns die Lösung durch die Meditation offenbart wird. Unser Geist ist dann frei von den gewohnten und oftmals beschränkenden Denkbahnen. Wir grübeln nun nicht mehr über das Problem nach. Unser Geist ist ruhig und frei. In der Stille dieses Zustandes können wesentliche Ideen zueinander finden. Ohne Anstrengung oder geistige Mühe wird uns die Antwort nun zufallen. Eine Musikerin sagte mir: »Ich habe nun eine völlig neue Dimension musikalischer Wahrnehmung entdeckt.«

Wenn wir wirklich entspannt sind, werden unsere zwischenmenschlichen Beziehungen in einer Weise erleichtert, die sonst nicht möglich ist. Dies war die Entdeckung vieler Menschen mit unterschiedlichen sozialen Hintergründen. Einst kam ein völlig unsicherer Gemeindebediensteter in meine Praxis, der bei jedem Gespräch ins Schwitzen geriet. Bald durfte er berichten: »Ich fühle mich so gut. Wie leicht kommt man doch mit Menschen zurecht, wenn man entspannt ist.« Eine zuvor verspannte zweiundvierzigjährige Frau, die wegen sexueller Probleme zu mir gekommen war, berichtete: »Ich begegne Menschen nun mit größter Leichtigkeit. Ich kann sie sogar anschauen, wenn ich mit ihnen rede.«

Eine fünfundvierzigjährige Bibliothekarin sagte: »Ich fühle mich innerlich vollkommen erleichtert, ja, ich bin um zwölf Jahre verjüngt.« Einen Monat später fügte sie hinzu: »Es wird immer besser. Ich beobachte mich nicht andauernd selbst voller Mißgunst. Auch meine Haltung gegenüber Männern hat sich geändert, und ich bin insgesamt geselliger geworden.«

Schließlich möchte ich Ihnen noch von einer hübschen jungen Frau berichten, die über ernsthafte und chronische nervöse Verspannungen klagte. Sie sagte nach der Behandlung: »Mein Leben hat sich gewandelt, ohne daß ich selbst etwas dazu tun mußte. Ich bin ein neuer Mensch geworden, lebe ein neues Leben und komme plötzlich mit allen Problemen zurecht.« Später erhielt ich von ihr ein Dankschreiben, in welchem sie mir mitteilte, daß sie plötzlich beginnt, die Menschen zu mögen. Auch hatte sie ihre alte Liebe zur Musik wiederentdeckt. »Es scheint, als wären Ketten, die mich immer behinderten, plötzlich gesprengt.«

Wir sind entspannt. Doch wir erfahren dabei etwas, was weit jenseits der Entspannung liegt. Es zeigt sich in der inneren Unbeschwertheit. Es ist einfach eine Stille da, die völlig natürlich zu unserem Wesen gehört. Durch diese Erfahrung lernt unser Geist Unsagbares, was sich schließlich in unserem ganzen Wesen ausdrückt. Eine fünfzigjährige verheiratete Frau war während ihres ganzen Lebens stets innerlich aufgewühlt gewesen. Nach ersten Erfahrungen mit der Mental-Ataraxie sagte sie: »Endlich innere Freiheit und Stille! Meine Aufgeregtheit hat endlich aufgehört.«

Unser Geist lernt. Und wir lernen. Es ist ein einziger Prozeß. Wir erfahren unseren Körper, unseren Geist, unser Wesen, unser Innerstes. Doch alles ist zu einer erlebnismäßigen Ganzheit geworden. In der Meditation können wir diese Ganzheit wirklich erfahren. Es ist

218

mehr als ein Zusammenfügen verschiedener Teile. Es ist eine tatsächliche Ganzheit!

Wir haben mit der Entspannung einzelner Muskelgruppen begonnen. Dann spielten nicht mehr einzelne Muskeln eine Rolle, sondern der ganze Körper wurde erlebt. Schließlich aber gelangen wir zu jener umfassenden Einswerdung, in welcher Körper, Geist und innerste Erfahrung eine Ganzheit werden.

In der Meditation erfahren wir unsere Natürlichkeit. Es ist dies mehr als die Natürlichkeit des Meditationsvorganges. Wir erleben die Natürlichkeit aller Dinge, auch unseres Wesens. Unser Empfinden für Natürlichkeit wird sich dabei vertiefen und erweitern zugleich. Es gibt dabei nichts Seltsames oder Beunruhigendes. Wir erfahren einfach die Natürlichkeit dessen, was wir tun. Doch je länger wir praktizieren, um so mehr wird sich unser Empfinden für das Natürliche erweitern. Schließlich erfahren wir nicht nur unser Tun, sondern auch uns selbst in aller Natürlichkeit. Dadurch wird auch unsere Natürlichkeit in den gewöhnlichen Dingen des Alltags gefördert.

In unserer Meditation erfahren wir wirkliche Einfachheit. Ich muß betonen, daß es hier nicht darum geht, Theorien über die Einfachheit aller Dinge aufzustellen oder irgendwelche Meinungen darüber zu verkünden. Nein! Ich schlage Ihnen vor, die grundlegende Einfachheit aller Dinge in der Meditation selbst zu erleben. Denken Sie nicht über die Einfachheit nach! Lassen Sie diese vielmehr zu einem Teil Ihres Lebens werden. Dies ist keinesfalls schwer. Die Mental-Ataraxie ist tatsächlich etwas sehr Einfaches. Wir erfahren dabei, wie einfach die Meditation ist, und dadurch geht uns auch etwas über die grundlegende Einfachheit unseres Wesens auf. Dieser Vorgang vertieft sich allmählich. Langsam wird er zu mehr als nur einem Empfinden für Einfachheit. Er wird selbst zur Einfachheit. Wir sind es dann selbst. Die Einfachheit macht unser Wesen aus. Es handelt sich dabei nicht um eine Wahrnehmung, nicht um einen Wert, den wir akzeptieren! Nein, wir erfahren die Sache selbst! Die Wirkung hiervon wird auch nach der Meditation anhalten. Wir können dann auch im Leben alle Dinge unter dem

Aspekt ihrer grundlegenden Einfachheit betrachten. Die Kompliziertheit, in die wir normalerweise alles kleiden, spielt für uns dann keine Rolle mehr.

In der Meditation erfahren wir etwas von der natürlichen Harmonie allen Seins. Im gewöhnlichen Leben können wir, vorausgesetzt es interessiert uns, über die natürliche Harmonie des Universums oder der uns umgebenden Natur nachdenken. Doch wir erfahren in diesem Nachdenken diese Harmonie nicht als Teil unseres Wesens. Dies ist ein großer Mangel, denn wir selbst sind ein Teil der universellen Harmonie, ein kleines Stück des großen kosmischen Bildes. Ich glaube, daß uns innere Ängste davor zurückhalten, diese universelle Harmonie zu erfahren. Wenn wir unter Druck stehen, wird unser Empfinden für Harmonie jäh unterbrochen. Dies trifft auf uns alle zu. Auch wenn wir uns von gewöhnlichem Druck befreien können, bleiben in uns Ängste zurück, die den Blick auf die Harmonie verdunkeln. Doch sobald wir mit der Meditation beginnen, tritt hier eine Änderung ein. In der Ruhe unseres Geistes verschwinden die Ängste. Die nun grundlegende Stille läßt das Empfinden der Harmonie wieder zu. Wenn der Meditationsvorgang sich vertieft, gehen wir weit über das bloße Empfinden der Harmonie hinaus. Unser Körper, unser Geist und unser ganzes Wesen nehmen nun an dieser Harmonie teil.

Die große Erfahrung jenseits der Entspannung kommt als das Bewußtsein einer neuen Dimension unseres Lebens über uns. Für einige Menschen ist dies eine Art religiöser Erfahrung. Erst gestern kam ein junger Mann von neunundzwanzig Jahren in meine Sprechstunde. Bei seinem ersten Besuch hatte er über heftige Kopfschmerzen geklagt, die ihn seit seinem vierten Lebensjahr heimsuchten. Die Kopfschmerzen wurden in der Regel durch Streß ausgelöst. Oft waren sie so stark, daß nur eine Injektion durch einen herbeigerufenen Arzt Linderung bringen konnte. Ich schrieb mir wörtlich auf, was er mir gestern beim Eintreten sagte: »Ich glaube, ich bin geheilt. Ich bin Gott nähergekommen. Die Kopfschmerzen sind fast fort.« Er erzählte mir dann ausführlich, wie die Meditationsübungen, die ich ihm beigebracht hatte, ihn näher zu Gott führten. Er empfand dies so, obwohl es in der Art und Weise meines Lehrens keinerlei religiöse Elemente gibt. Ich spreche lediglich von entspannender meditativer Erfahrung.

Eine Christin kam in meine Sprechstunde, weil sie sich verspannt fühlte, solange sie denken kann. Nach zwei Sitzungen sagte sie mir: »Ich fühle mich hervorragend und herrlich unbeschwert.« Zwei Monate später blickte sie mir offen ins Gesicht und meinte: »Es ist doch eine spirituelle Erfahrung, oder etwa nicht?«

Eine Jüdin sagte mir nach der Übung: »Das ist keine Meditation. Das ist ein kleines Wunder!«

In der Erfahrung jenseits der Entspannung liegt die vollkommene Freiheit von Ängsten. Schon dies ist für nahezu jeden Menschen eine neue Art der Lebenserfahrung. Wir alle führen unser tägliches Leben vor dem Hintergrund von Ängsten. Das ist das Los des Zivilisationsmenschen. Wir wissen nicht, wohin wir gehen. Einige besitzen Glauben. Doch dieser ist niemals vollkommen. Darum lauert in jedem die Angst. In einigen ist sie sehr stark, in anderen wechselt ihre Intensität. Doch immer gibt es Ängste im Hintergrund, die den Geist aufgeregt bewegen und eine Entspannung des Wesens verhindern. In der Meditation verschwindet dieser düstere Hintergrund plötzlich. Da ist dann eine Stille, die uns in normalen Lebenssituationen unbekannt bleibt. Unser Leben erobert sich damit eine neue Dimension.

Im Zustand jenseits der Entspannung erfahren wir die völlige Abwesenheit von Abwehrhaltungen. Auch hierin zeigt sich die neue Lebensdimension. Im gewöhnlichen Leben ist es nur im Schlaf oder in der Bewußtlosigkeit, daß wir einmal frei von Abwehrhaltungen sind. Doch selbst im Schlaf ist diese Freiheit nicht vollständig. Wir träumen. Dabei verzerren unsere Abwehrhaltungen den Inhalt des Traumes stets so, daß dieser nicht zu schmerzhaft für uns wäre. Doch in der Meditation befinden wir uns weder im Schlaf noch in der Bewußtlosigkeit. Wir sind wach, aber still und frei von Abwehrhaltungen.

Die Freiheit von Abwehrhaltungen im Zustand jenseits der Entspannung hat tiefgreifende Auswirkungen auf unsere Persönlichkeit. Es ist eine neue Erfahrung, eine tiefe Selbsterkenntnis. Dabei erkennen wir uns nicht im Sinne verstandesmäßigen Erfassens. Logische Funktionen spielen in der Meditation keine Rolle. Wir erleben uns plötzlich so, wie wir wirklich sind. Dies wird durch die Abwesenheit der Abwehrhaltungen möglich. Solange diese Haltungen in uns wirken, können wir uns niemals wirklich selbst erkennen, denn jedes Element einer Selbsterkenntnis würde durch sie verzerrt. Vielleicht wird Ihnen dieser Vorgang etwas klarer, wenn Sie an einige Ihrer Freunde und deren Selbsteinschätzung denken. Auch jene Menschen, die über ihre Selbsteinschätzung zuweilen nachdenken, haben nur eine verzerrte Wahrnehmung ihres geistigen und spirituellen Wesens. Doch in der meditativen Erfahrung sehen wir uns so, wie wir sind. Das ist wirklich Selbsterfahrung.

Die Freiheit von Abwehrhaltungen schafft Vertrauen. In uns gibt es eine tiefe Tendenz, kein Vertrauen zu entwickeln. In der frühen Stammesgeschichte der Menschheit hatten jene die größeren Überlebenschancen, die nicht allzu vertrauensselig waren. Diese ererbte Tendenz wird durch die frühkindliche Erfahrung regelmäßig bestätigt. Doch wer stets mißtrauisch ist, beraubt sich dadurch der Möglichkeiten ganzheitlicher Lebenserfahrung. Wenn wir Vertrauen schenken können, fühlen wir uns nicht nur selbst freier, wir wecken dadurch auch Vertrauen in anderen Menschen. In der Wehrlosigkeit tiefer Meditation entsteht in uns eine größere Fähigkeit zur Vertrauensbildung.

Die Erfahrung psychischer Wehrlosigkeit ist ein Schritt zu größerer Offenheit unserer Persönlichkeit im täglichen Leben. Im täglichen Leben verhält sich eigentlich kein Mensch wirklich offen. Jeder kämpft in stärkerer oder schwächerer Weise mit bestimmten Verzerrungen seiner Persönlichkeit. Bei gründlicher Analyse erweisen sich alle diese Beschränkungen als unbewußte Schutzmechanismen, die uns eine größere Sicherheit verschaffen sollen. Dabei spielt es keine Rolle, welche Gestalt diese Schutzmechanismen jeweils annehmen. Kleinlichkeit, Ernsthaftigkeit, Mißgunst, all dies sind Haltungen des Geistes, durch welche dieser sich vor Ängsten schützen möchte. Ebenso verhält es sich mit der Aggressivität, der Gier, der Schüchternheit oder der Selbstsucht. Wenn wir frei von Ängsten wären, würden wir auch Sicherheit empfinden. Dann gäbe es keine Notwendigkeit mehr, schüchtern, gierig, aggressiv oder selbstsüchtig zu sein. Tatsächlich sind alle diese unangenehmen Charakterzüge nur unbewußte Mittel, mit der Angst fertigzuwerden. Auf diese Weise läßt uns Angst nicht jene Menschen sein, die wir eigentlich sein könnten. Die Wehrlosigkeit der Meditation wirkt als ein Gefühl der Sicherheit auch in unser tägliches Leben hinein. Auf diese Weise kommen wir einem ganzheitlichen Menschsein allmählich näher.

In der Erfahrung jenseits der Entspannung fließen unser körperliches Sein und die Umwelt ineinander. Im gewöhnlichen Wachzustand treffen wir klare Unterscheidungen zwischen uns selbst und unserer Umwelt. Gewisse Dinge werden als zu uns gehörend erlebt, andere dagegen nicht. Unser körperliches Sein wird dabei klar durch seine Grenzen bestimmt. Doch in der Erfahrung der Mental-Ataraxie geht diese klare Unterscheidung verloren. Wir fühlen uns eingebettet in alles, was uns umgibt. Wie wir selbst sind die anderen Dinge Teile eines größeren Ganzen, und in diesem größeren Bilde sind die Grenzlinien zwischen uns und den äußeren Dingen nicht mehr von Interesse. Wir erleben, wie sich alles zur Erfahrung einer universellen Ganzheit verdichtet, in welcher unser körperliches Eigensein für die Dauer der Meditation keine Rolle mehr spielt.

Auch im gewöhnlichen Leben gibt es ähnliche Erscheinungen. Ein Handwerker kann in einer solchen Weise mit seinem Werkzeug verschmelzen, daß dieses zu einem Teil seines Wesens wird. Die Kelle des Maurers wird zu einem Teil seiner Persönlichkeit, so geht es dem Skifahrer mit seinem Sportgerät und besonders dem Geiger mit seinem Instrument. Selbst unser Auto empfinden wir manchmal als ein Teil von uns, und wir sagen über einen anderen Fahrer: »Er hat mich fast gerammt.« Doch dabei meinen wir das Auto. In der Meditation erlebt diese Ausweitung unseres Identitätsempfindens eine erhebliche Steigerung.

Neben unserer körperlichen Identität wandelt sich auch das Gefühl der Individualität: Gewöhnlich empfinden wir unsere Identität als etwas vom Körper Verschiedenes, obwohl doch irgendwie im Körper beheimatet. Wir sagen: »Mein Körper.« Damit meinen wir, unseren Körper zu besitzen. Wir sagen auch: »Mein Gehirn, mein Geist, meine

Persönlichkeit, meine Seele.« Wir sprechen den eigentlichen Sitz unserer Individualität keinem bestimmten körperlichen Organ und keiner geistigen Funktion zu. In der Meditation weitet sich das, was wir als »mein« erfahren, erheblich aus. Die ganze Welt um uns herum wird nun eine Identifikationsmöglichkeit. Wir gehören dann nicht mehr nur zu unserem Körper, sondern wir sind mit der gesamten Welt verbunden. So wie wir früher sagten: »Mein Körper«, können wir nun sagen: »Meine Welt.«

Wir erfahren das reine Sein. Manchmal hatte ich mit Menschen, die meine Hilfe suchten, Gespräche wie das folgende.

»Sie wollen, daß ich versuche, mich zu entspannen.«

»Nein. Kein Versuchen. Sie sollen eigentlich nicht etwas tun.«

»Also möchten Sie, daß ich schlafe.«

»Nein! Ich möchte nicht, daß Sie schlafen. Sie sollen eigentlich nicht etwas tun.«

»Aber irgendwas muß man doch tun!«

In der Erfahrung jenseits der Entspannung schlafen wir nicht, wir sind nicht bewußtlos, und wir tun nichts. Wir sind einfach. Einfach nur dasein, mehr nicht. Wir sollen auch nicht versuchen, zu empfinden, daß wir leben. Schon das würde zuweit gehen. Wir erfahren in der einfachsten Weise, daß wir da sind.

Das ist nicht sehr schwer. Es ist nur so, daß wir uns derart daran gewöhnt haben, immer etwas zu tun, daß uns die Idee des einfachen Seins nicht sehr eingänglich ist. Wir stellen uns vor, wir sollen entspannt sein, wir sollen ruhig sein, wir sollen still sein. Immer meinen wir dabei, daß wir diese Entspannung, Ruhe und Stille »machen« sollten. Doch in der Erfahrung reinen Seins ist dies nicht so. Hier herrscht grundlegende Einfachheit und Natürlichkeit: Man ist einfach da.

In der Erfahrung jenseits der Entspannung verstehen wir unsere Stellung in der natürlichen Ordnung der Dinge. Dabei geht es nicht darum, während der Meditation die Lösung eines bestimmten Problemes zu erlangen. Auch das ist zwar häufig möglich, doch betrachten wir nun eine andere Funktion des Geistes. Wir erlangen in der Meditation plötzlich tiefe Erkenntnisse. Dann wissen wir plötzlich!

Wir empfinden die Bedeutung der Dinge, wir erfahren Sinn! Wir erkennen dadurch mehr über das Leben, an dem wir teilhaben. Wir erfahren unsere Stellung im großen Zusammenhang aller Dinge in einer Weise, die uns zuvor unbekannt war.

Vielleicht werden Sie, lieber Leser, mich jetzt fragen: »Wenn Sie diese höhere Erkenntnis erlangt haben, weshalb teilen Sie uns dann nichts Näheres darüber mit?«

Die Antwort lautet natürlich, daß es sich bei dieser Erkenntnis nicht um etwas handelt, was den Gesetzen der Logik und des Verstandes folgt. Aus diesem Grunde läßt es sich auch nicht in Worte fassen. Ein Dichter versucht durch Symbole und Gleichnisse das zu verdeutlichen, was sich nicht mehr ausdrücken läßt. Ich bemühe mich dagegen, Ihnen diese Erkenntnisse zu vermitteln, indem ich Sie dazu anrege, selbst die entsprechenden einfachen Erfahrungen zu machen. Durch diesen indirekten Weg können Sie selbst zur Erfahrung dessen gelangen, was ich Ihnen nicht mehr zu sagen vermag.

In der Erfahrung jenseits der Entspannung kommt es oft zu spontanen Lösungen wesentlicher Lebensprobleme. Dies ist etwas anderes als unser philosophisches Erkennen des größeren Zusammenhanges und der Bedeutung aller Dinge. Was ich hier andeute, vollzieht sich meist dann, wenn der Meditierende in seinem persönlichen Leben gerade nach der Lösung eines gewichtigen Problems sucht. Dabei handelt es sich meist um wichtige Entscheidungen, die auf die weitere Lebensführung von großem Einfluß sein können. Es gibt da ein weites Spektrum an Möglichkeiten: berufliche Veränderungen, Familienprobleme, Liebesbeziehungen. Viele Menschen, die ich in den vergangenen Jahren in die Erfahrung jenseits der Entspannung einführen durfte, sagten mir diesbezüglich: »Nun kenne ich endlich die Lösung eines Problems, das ich seit langer Zeit mit mir herumtrage.« Dann fragte ich sie nach dem Problem und nach der Lösung. Dabei kam heraus, daß ich in zahlreichen Fällen keine Ahnung hatte, worum es ging. Dies beweist klar, daß die Lösung aus eigener Meditationserfahrung und nicht durch unbewußte Beeinflussungen von meiner Seite auftauchte.

Wenn wir erstmals die Erfahrung der Mental-Ataraxie machen, spüren wir sogleich, daß dies gut für uns ist. Dieses Gefühl tritt spontan und ganz natürlich auf. Der Beweis dafür ist, daß viele Übende derartige Bemerkungen äußern, ohne daß ich sie darauf hinweise. Doch es ist klar, daß dieses allgemeine positive Gefühl viele unterschiedliche Aspekte hat.

Die Mental-Ataraxie tut gut, weil sie den Grad unserer Ängste senkt. Es tut gut, und wir fühlen uns gut. Daraus entspringt häufig ein Bewußtsein guter Gesundheit und geistiger Unbeschwertheit. Es ist positiv, wenn man sich gut fühlt. Dies entspricht einem natürlichen biologischen Zustand. Das positive Gefühl zeigt also an, daß wir uns in Einklang mit den biologischen Gesetzmäßigkeiten befinden.

In der Mental-Ataraxie erfahren wir ein Empfinden für das Gute, das tief in unserem Wesen begründet liegt. Dies ist schwierig zu beschreiben, doch für viele Menschen ist es Wirklichkeit. In der Mental-Ataraxie eröffnet sich uns durch die Abwesenheit der Angst ein Blick in unser Innerstes, der uns unter normalen Gegebenheiten nicht gewährt wird. Wir erfahren dabei etwas an uns, das uns zuvor verborgen war, etwas Gutes. Wir gelangen zu einem Bewußtsein der Quelle des Guten in uns.

So fühlen es viele Menschen, und dieses Empfinden entspricht der Wahrheit. Es ist wahr im Sinne von »Tatsächlichkeit«, denn wir alle haben tief in uns eine natürliche Fähigkeit zum Guten.

Wenn wir in der Meditation fortschreiten, fallen die Beschränkungen weg. Unser Bewußtsein kann nun Gedanken aufnehmen, die zuvor unterdrückt wurden. Auf diese Weise erlangt der Meditierende völlig unerwartete Einsichten über sein eigenes Wesen. Interessant ist in diesem Zusammenhang, daß ähnliche Erscheinungen auch unter Hypnose auftreten. Ich kenne dies aus einer Zeit, als ich selbst noch mit hypnotischen Methoden Patienten analysierte. So kann ein Patient sich unter Hypnose plötzlich versteckter homosexueller Wünsche bewußt werden, die ihn sogar aus dem seelischen Gleichgewicht bringen können, weil er nicht damit umgehen kann. Auch in der Mental-Ataraxie kann der Übende ungeahnte Einsichten in sein Wesen erlangen. Doch treten diese Einsichten schrittweise und natürlich auf. Niemals ist mir bei der Mental-Ataraxie ein Fall bekannt geworden, daß der Übende mit einer Einsicht nicht mehr umgehen konnte, was hingegen bei der Hypnose häufig vorkommt.

Wenn wir unseren Geist entspannen, kann es zu verschiedenartigen inneren Erscheinungen und Bildern kommen. Diese sind gänzlich ungefährlich und gehen rasch wieder vorbei, wenn wir ihnen keine Bedeutung beimessen. Sie sind kein Bestandteil der Mental-Ataraxie, weshalb wir uns nicht näher damit zu beschäftigen brauchen. In der Mental-Ataraxie geht es um das Erlangen innerer Ruhe und Unbeschwertheit, nicht um das Erschaffen innerer Bilder, obwohl dies im Zustand tiefer Entspannung sehr leicht ist.

Zuweilen habe ich bei drogenabhängigen Jugendlichen die Ausnahme gemacht, sie beim Üben auch auf die Möglichkeiten des Erzeugens innerer Bilder hinzuweisen. Ich wollte ihnen damit zeigen, daß man auch ohne gefährlichen Drogenkonsum ähnliche innere Erscheinungen hervorbringen kann. Einige dieser jungen Leute haben daraufhin die Droge aufgegeben, um sich der meditativen Erfahrung zu widmen. Dies führte zu erheblichen Veränderungen zum Positiven in ihrem Leben. Doch von dieser Ausnahme abgesehen, rate ich allen Übenden, innere Bilder nicht zu beachten oder aufzubauen.

Ein zwanzigjähriger Junge, der zuvor drogensüchtig war, sagte mir: »Sie haben mir sehr geholfen. Es ist ähnlich wie die Droge, nur erheblich besser. Ich höre mit den Drogen auf.« Einen Monat später: »Sie haben mir etwas gezeigt, was ich nie für möglich gehalten hätte, eine neue Welt. Mein Leben ist besser, weil mein Charakter sich stärkt.« Zwei Monate später: »Ich habe über alles nachgedacht. Das Wichtigste ist, daß ich mich jetzt sicherer fühle.«

Eigenartige Erscheinungen verschwinden sofort, wenn wir sie nicht willentlich festhalten. Wenn wir uns um solche Dinge nicht kümmern, können diese auch nicht die Ruhe unserer Meditation stören. Wir verweilen dann weiter in der Unbeschwertheit unseres Seins.

Manche Menschen haben ein krankhaftes Verlangen danach, ungewöhnliche innere Erfahrungen zu machen. Es sind dies labile Menschen, die nach Sensationen suchen. Vom psychologischen Gesichtspunkt könnte man sie mit Drogensüchtigen vergleichen oder Leuten, die mit kriminellen oder sexuellen Taten experimentieren, nur um Abwechslung und Sensationen zu haben. Wer in der Meditation nach solchen Sensationen sucht und ein entsprechend labiler Charakter ist, kann unter Umständen die gewünschten Erfahrungen machen. Einst war in meiner Sprechstunde ein junger schizophrener Arzt, der behauptete, auf diese Weise besondere Gespräche mit Gott zu führen. Ich wies ihn an, er solle sich nur auf die innere Ruhe seines Geistes konzentrieren. Solche Visionen verschwinden stets sofort, wenn sie nicht vom Übenden bewußt aufrechterhalten werden. Sie sollten sich daher keine Sorgen machen, wenn Sie anfänglich während der Mental-Ataraxie unerwartete Erscheinungen erfahren.

Derartige Erscheinungen treten auf, weil wir unsere normale kontrollierte Haltung während der Meditation aufgeben. Das Aufgeben dieser Kontrolle kann auf drei Ebenen betrachtet werden. Zunächst ist da die bewußte Kontrolle. Unter normalen Umständen kontrollieren wir ganz bewußt, ob und wie wir unsere Gefühle ausdrücken. In der Entspannung der Mental-Ataraxie verschwindet dies. Letzte Woche kam eine Frau in meine Sprechstunde, die drei Monate zuvor ihren Sohn bei einem Unfall verloren hatte. Nachdem ich sie in die Mental-Ataraxie geführt hatte, begann sie leise zu schluchzen, obwohl sie seit dem Tode ihres Sohnes kein einziges Mal geweint hatte. Sie hatte das Kontrollieren der Gefühle aufgegeben. Gewöhnlich erweist sich eine solche Erfahrung als sehr heilsam für die Persönlichkeit.

Wir sind alle zu einem gewissen Grade gehemmt, der Introvertierte mehr als der Extravertierte. Unsere Hemmungen sind nichts anderes als Schutzvorrichtungen, die uns vor den Auswirkungen eines zu freien Auslebens unserer Gefühle bewahren sollen. Vor ein paar Tagen sagte mir ein junger Mann nach einer Übungssitzung, daß er plötzlich an seinen Chef denken mußte, wobei er merkte, daß er diesen wirklich haßt. Durch das Aufgeben der normalen Hemmungen konnte er in der Meditation erfahren, was er wirklich empfindet.

Die dritte Ebene der Kontrolle, die in der Mental-Ataraxie verschwindet, betrifft verdrängte Bewußtseinsinhalte. Viele Gedanken, Wünsche und Träume werden verdrängt, damit sie das Bild, das wir von uns gewonnen haben, nicht stören. Ein junger Lehrer erzählte mir kürzlich, daß er während des Übens homosexuelle Lüste bezüglich seines Bruders verspürte. Diese waren ihm zwar nicht völlig neu, doch gab ihm der Vorfall die Möglichkeit, die ganze Sache mit mir auszusprechen.

Wir können während der Meditation auch verschiedene Erscheinungen wahrnehmen, die unseren Körper betreffen. Am meisten kommt es dabei zur Erscheinung des Fließens. Alles fließt dann in die Stille, und unser Körper scheint sich in diesem Fluß zu befinden. Diese Wahrnehmung ist von großer innerer Ruhe begleitet. Ich bin überzeugt, daß diese Erscheinung etwas mit der Abwesenheit der Angst zu tun hat. Ängste binden uns fest. Ist die Angst verschwunden, können wir den Anker lichten und uns frei ins Meer der Stille treiben lassen.

Es kann auch vorkommen, daß unser Körper in der Vorstellung erhebliche Ausmaße annimmt. Er scheint dann alles um uns zu überragen. Auch dies hängt mit der Abwesenheit der Ängste zusammen. Wenn wir frei von Angst sind, empfinden wir uns als größere Persönlichkeiten: Wir denken größer, handeln größer, sind größer.

Manchmal fühlen Menschen, daß insbesondere das Gesicht, der Mund und die Lippen groß sind. Wenn dies auftritt, scheinen meist auch die Hände sehr groß zu sein. Dieses seltsame Phänomen hängt mit der Rücknahme der Geistesaktivität in der Meditation zusammen. Es ist eine Art der Erinnerung an unser Dasein im Mutterleib, wo Gesicht, Hände und Mund vergleichsweise erheblich größer waren.

Es ist nicht ungewöhnlich, verschiedene visuelle Erscheinungen zu haben. Obwohl die Augen geschlossen sind, gibt es auf der Netzhaut Wahrnehmungen von Farben, Formen und Mustern. Die Farben können eine ungewöhnliche Strahlkraft haben. Sie wechseln und fließen ineinander. Oft bewegen sie sich in Rhythmen. Eine solche Erscheinung kann so interessant sein, daß man dazu neigt, sie zu verlängern oder wiederholen zu wollen. Doch ich möchte Ihnen sehr raten, sich hauptsächlich auf den eigentlichen Zweck Ihrer Übung zu konzentrieren. Es geht um das Erreichen einer inneren Unbeschwertheit, damit wir ein besseres Leben führen können. Solche Farberscheinungen können auch Gestalt annehmen und sich zum Bild eines

Tagtraumes zusammenfügen. Doch ich betone nochmals, daß diese Wahrnehmungen sofort verschwinden, wenn wir uns auf den eigentlichen Sinn des Meditierens konzentrieren.

Lang vergessene Ereignisse der Vergangenheit können als Erinnerungen im Geist erscheinen. Ein labiler junger Arzt erzählte mir, daß er die Meditation zu diesem Zweck gebrauchte. Er tat es einerseits, weil er sich von den Erinnerungen an die Kindheit einen heilenden Effekt versprach, andererseits, weil er es amüsant fand, sich an längst Vergangenes zu erinnern. Doch er nahm damit die ernste Gefahr in Kauf, sich plötzlich mit Erinnerungen konfrontiert zu sehen, die er bei seinem labilen Zustand vielleicht nicht verkraftet hätte. Als ich ihm sagte, er solle sich einfach auf seine eigene natürliche Unbeschwertheit konzentrieren, verschwand plötzlich die Flut störender Erinnerungen.

Während einer Meditationssitzung können wir erhebliche Stimmungsschwankungen erfahren. Wir beginnen in ausgeglichener Stimmung, weder besonders glücklich noch besonders traurig. Doch im Fortschreiten der Meditation füllt sich unser Geist plötzlich mit Trauer. Dies kommt daher, daß wir im gewöhnlichen Leben sehr viele Momente der Trauer unterdrücken. In der Meditation werden diese nun gemeinsam erfahren. Wir erfahren damit also etwas Aufgestautes. Häufiger jedoch erfolgt die Schwankung in die andere Richtung: Wir fühlen uns extrem glücklich, euphorisch, ja sogar etwas ekstatisch. Dies kommt durch die Abwesenheit der gewohnten Ängste zustande.

Der Grund, weshalb ich davor warne, diesen Phänomenen besondere Bedeutung beizumessen, liegt einfach darin, daß eine Persönlichkeit mit schizophrenen Anlagen sich hierdurch den Ausbruch einer Krankheit bedingen könnte. Das Wahrnehmen seltsamer Erscheinungen während der Meditation ist für den gesunden, in sich gefestigten Menschen etwas völlig Ungefährliches. Niemand sollte sich von dieser Warnung beunruhigt fühlen und sich von der Meditation zurückziehen. Hierdurch würde man auf erhebliche körperliche, geistige und spirituelle Wohltaten verzichten, die uns die Meditation schenkt.

Ein schizophrener Mensch hingegen hat Schwierigkeiten mit seiner Wahrnehmung der Realität. Er könnte darüber in Verwirrung geraten, was äußere materielle Wirklichkeit ist und was hingegen in seinem eigenen Geiste auftaucht. Die Bilder, die in der Meditation auftauchen können, sind oftmals sehr lebhaft und erinnern an tatsächlich Existierendes. Ein junger Mensch mit schizophrener Anlage könnte auf diese Weise also verunsichert werden. Dazu kommt, daß junge Schizophrene dazu neigen, sich lieber mit geistigen als mit materiellen Wirklichkeiten zu beschäftigen. Aus diesem Grund besteht eine Neigung junger Schizophrener zu Yoga, Zen, esoterischen Praktiken und Meditation.

Obwohl der falsche Gebrauch der Meditation in dieser Weise eine Störung bei schizophren veranlagten Menschen fördern kann, kann der richtige Gebrauch des Meditierens dem Schizophrenen bei der Überwindung seiner Schwierigkeiten helfen. Dies ist eine Angelegenheit von größter medizinischer Bedeutung. Auch dem schizophrenen Menschen kann durch Meditation geholfen werden. Doch ich muß dabei auf einen wichtigen Umstand hinweisen: Wenn Sie, lieber Leser, unter schizophrenen Zuständen leiden, oder wenn Sie um Ihr inneres Gleichgewicht fürchten, dann verzichten Sie keinesfalls auf die wunderbaren Möglichkeiten der Meditation. Doch ziehen Sie sich in einem solchen Falle nicht einsam zum Meditieren zurück. Bedienen Sie sich der Meditation! Doch üben Sie unter der Anleitung eines Psychiaters, der in derartigen Dingen erfahren ist.

Wir besitzen ein natürliches Recht auf die Harmonie, die in unserem Inneren verborgen liegt. Wie ich mehrfach in diesem Buch aufgezeigt habe, ist die Mental-Ataraxie ein Pfad, der zur großen Stille in unserem Inneren führt.

Einige von uns sind sich nicht der natürlichen Harmonie des Universums bewußt, andere wissen nichts von der Harmonie der uns umgebenden Natur. Doch zu viele Menschen kennen nicht die Harmonie ihres innersten Wesens. Doch wir alle können durch Mental-Ataraxie am Abbau der Beschränkungen arbeiten, die uns von dieser Harmonie trennen. Wir können die Angst überwinden und schließlich unseren inneren Reichtum finden.

Epilog

Wir haben vom Leben gesprochen, und mancher Zweifel des Geistes hat sich geklärt. Doch nur die Tat zählt.

Wir wollen zuerst den Körper bewachen und stärken, denn er ist die Festung, in der wir wohnen und von der aus wir kämpfen müssen.

Wir wollen unseren Geist befreien. Es soll ihm Disziplin verliehen werden, und Wissen soll ihn bereichern. Denn der Geist ist das Wesen unseres Seins.

Ruhe wird über uns kommen. Ruhe und Frieden werden mitten im Getriebe und Handeln bei uns sein. Es ist die Ruhe des innersten Geistes.

Wir erlangen Erkenntnisse jenseits der Beschränkungen unseres Verstandes. Unser Geist ist frei, die eingefahrenen Bahnen des Gewohnten zu verlassen.

Wenn die Stille über uns kommt, können wir uns wahrhaft in der Gemeinschaft der Menschen freuen. Wir brauchen dann weder die Einsamkeit der Berge noch die oberflächlichen Vergnügungen der Spiele und Wirtshäuser.

Wir arbeiten, um dem Lande zu dienen, in dem wir leben. So wissen wir, daß wir zum Nutzen aller beitragen, die um uns sind. Dann können wir uns unserer erholsamen Freizeit wirklich erfreuen, um danach alles noch besser zu machen.

Wenn wir die Liebe erleben, wird sie uns reinigen. Im Lieben werden wir das Irdische hinter uns lassen, um unser wahres Sein zu erlangen.

Unser Geist ist klar. Wir sehen die Farben der Dinge und die verborgene Bedeutung dessen, was wir erkennen.

Im wahren Erkennen gibt es keine Gegensätze. Diese verschwanden im umfassenderen Bilde, das wir von uns gewinnen durften.

Wir wissen: Es gibt Kummer und Leid. Doch unser Geist bleibt ruhig. Nie mehr kann er verletzt werden.

Die Jahreszeiten kommen und gehen. Aussaat, Reife und Erntezeit. Geburt, Wachstum und Tod. Wir fühlen den Rhythmus und die Harmonie aller Dinge. Und alles ist gut.

Und jenes andere, das im Angesicht des Sturmes und in der Stille der Nacht erscheint, auch wenn es nur in einem Tautropfen wohnt? Schätze es! Denn es ist geboren aus dem Geist, der alles überschreitet.

IHR PROGRAMM ZUR SELBSTHILFE

Frederick Bailes **ICH LEBE GLÜCKLICH**

In sieben Tagen ein neues Leben! Glauben Sie es nicht – versuchen Sie es! Dieses Buch ist in zwei Teile gegliedert. Im ersten Teil schildert der Autor, wie ihm das Gesetz der Schöpferkraft vor über 30 Jahren das Leben rettete. Er erklärt dieses Gesetz in einer, auch für den Laien, leicht verständlichen Weise. Der zweite Teil des Buches wird Sie mit allen notwendigen Methoden zum Gebrauch dieses schöpferischen Gesetzes vertraut machen. Diese Methoden wirken nicht wie ein Zauberstab, mit dem man eigenartige und undurchschaubare Bewegungen ausführt. Vielmehr entspringen sie einer klaren Schau der menschlichen Natur. Der Mensch denkt in Bildern. Worte und Begriffe dagegen sind Werkzeuge, die uns dabei helfen, uns mit anderen über diese Bilder zu verständigen. Die hier angesprochenen Methoden sind so aufgebaut, daß Sie sich das Wirken des schöpferischen Prozesses bildhaft vorstellen können. Auf diese Weise wird Ihr eigenes Vertrauen und Ihr Einsatz gestärkt, wodurch höhere Wirksamkeit entsteht.

Der Autor hat diesen Methoden folgende Bezeichnungen gegeben:
1. Die »Nebel-Methode«
2. Die »Methode der unsichtbaren Welle«
3. Die »Methode des Ausdehnens und Zusammenziehens«
4. Die »gebietende Methode«
5. Die »Methode der räumlichen Konzentration«

Sie erfahren etwas über die Wurzeln Ihres unheilsamen Denkens, die Möglichkeiten, dieses zu überwinden und hierfür hilfreiche kurze meditative Gebete. 258 Seiten.

John Randolph Price **DEINE ZUKUNFT IST JETZT**

Aufruf zur Rettung der Erde. Dieses Buch ist der Heilung und Harmonisierung unseres Planeten und allen darauf bestehenden Lebensformen in Liebe gewidmet. Es ist gleichzeitig ein Aufruf der planetarischen Kommission, sich mit all jenen Menschen gedanklich zu verbinden, die diese Idee, deren Zeit gekommen ist, kraftvoll unterstützen. Denn: Jeder Gedanke – auch der von unauffällig lebenden Menschen ohne Einfluß und Position – ist beteiligt an den Ursachen weltbewegender Wirkungen. Sind wir uns dieser ungeheuren Verantwortung, der sich niemand entziehen kann, bewußt? Wir stehen am Anfang eines neuen Zeitalters. Eine kollektive Bewußtseinsveränderung des Menschen würde bedeuten, daß wir endlich Krieg und Vernichtung, Haß und Unversöhnlichkeit hinter uns lassen und zu neuen, friedlichen Ufern aufbrechen. Und wie, so mögen Sie fragen, kommen wir von hier nach dort? Wenn ein jeder von uns die Entscheidung trifft, seine Gedanken von der materiellen Ebene auf die spirituelle umzulenken, das bedeutet durchaus nicht, sich von materiellen Gütern loszusagen. Im Gegenteil. Aber wir müssen aufhören, ihnen nachzulaufen, ihnen eine falsche Bedeutung beizumessen und sie anzubeten wie einen falschen Gott. Dadurch wird das kollektive Bewußtsein mit negativer Energie genährt, die alles Übel verursacht, denn: **Was oder wen wir vergöttern, dem geben wir Macht über uns.** 191 Seiten.

David B. Goodstein **SUPERLIVING**
LIEBER REICH UND GLÜCKLICH...

Erfolg, Reichtum, Glück und Liebe – all das kann Teil Ihres Lebens sein. Bevor er diese Erfahrungen machte, sagte der Autor von sich: »Ich war hoffnungslos, mein Leben grau in grau, ich war ein Einzelgänger, nicht beliebt und nicht sehr liebevoll. Ich hamsterte mein Geld und meine Zeit. Und ich war überzeugt, daß so ziemlich jeder an meiner Misere schuld hatte, ausgenommen ich selbst. Dann verlor ich auch noch meinen Job.« Die Wende im Leben eines Menschen wird so gut wie nie durch einen Glücksfall ausgelöst. Der Autor befand sich in einer Situation, als käme ihm auf der Autobahn geradewegs jemand entgegenrast, um ihn zu vernichten. Erst als er begriff, daß er der Geisterfahrer war – ständig auf der falschen Spur –, das heißt, daß er seinen Kurs ändern mußte, kam die Wandlung. Dies ist ein ehrlicher, schonungsloser Lebensbericht, in dem der Autor gleichzeitig ein praktisches neues Programm enthüllt, das Ihnen hilft, emotionale und psychologische Barrieren zu durchbrechen, die Sie bisher daran gehindert haben, ein reiches und volles Leben zu erfahren. 227 Seiten.

Verlangen Sie das Gesamtprogramm beim
**Verlag Peter Erd, Gaißacherstraße 18, Postfach 75 09 80,
8000 München 75; Telefon (0 89) 7 25 01 26**

IHR PROGRAMM ZUR SELBSTHILFE

Dr. Evarts G. Loomis
J. Sig Paulson

HEILEN DURCH LIEBE UND ERKENNTNIS

Ein neues Leben im Ganzheitsbewußtsein. Dieses Buch wurde von zwei außergewöhnlichen Männern geschrieben, die – und es liegt nahe so zu denken – auf ganz verschiedenen Bereichen wirken. Um so überraschender ist ihre Erkenntnis von ihrer gemeinsamen, nicht zu trennenden Verantwortlichkeit: den Menschen gesund zu machen, ihn »ganz« zu erhalten, ihm zu helfen, mit dem Universum in natürlicher Harmonie zu leben. Der eine dieser Männer, Dr. Evarts G. Loomis, ist Mediziner, der andere, J. Sig Paulson, ein Geistlicher. Wir haben die Zuständigkeiten von Arzt und Priester längst getrennt. Für uns tritt der Seelsorger in Aktion, wenn der Mediziner mit seiner Kunst am Ende ist. So wird es in unserer Zeit praktiziert, und es ist längst in Vergessenheit geraten, daß Hippokrates, der Vater der Medizin, ein Geistlicher war. Er behandelte Körper **und** Seele seiner Patienten, erfragte ihre Ängste und Nöte, denn meistens sind es unausgesprochene seelische Belastungen, die sich als Krankheit manifestieren. Erst wenn der Mensch angstfrei und voll Vertrauen in die Schöpfung seinen Weg geht und sich als Ganzheit von Körper und Geist begreift, kann er gesund bleiben und werden. Wem es gelingt, dieses universale Bewußtsein zu entwickeln, für den ist auch das Alter kein Schreckgespenst mehr, weiß er doch, daß er diese Lebensphase der Reife und die ihr innewohnende Schönheit gesund erleben und genießen kann. Und so sind sich beide Autoren darüber einig, daß es gilt, in diesem Ganzheitsbewußtsein zu leben, um seelische Ausgeglichenheit und körperliche Gesundheit zu erreichen. Das von Dr. Loomis gegründete Zentrum für Ganzheitsmedizin in Meadowlark/Kalifornien basiert auf diesen Erfahrungen und erfreut sich aufgrund des enormen Erfolgs größter Beliebtheit weit über die Grenzen der USA hinaus. 287 Seiten.

Dr. Ainslie Meares

**ÄNGSTIGE DICH NICHT –
LEBE UND GEWINNE!**

Wie man Ängste abbaut, um glücklich zu leben. Es ist eine Tatsache, daß nichts unser Leben so sehr beeinflußt wie die Angst. Ihr verdanken wir das flaue Gefühl im Magen, die Schweißausbrüche oder die Herzbeklemmungen, wenn wir in einer schwierigen Situation stecken. Es ist die Angst, die alle psychosomatischen Leiden, alle Hemmungen verursacht. Aber das ist nicht alles. Das schlimmste, was sie uns antut, ist, daß sie uns in Abwehrhaltungen hineinzwingt, die sich äußern in Aggressivität, Mißtrauen, Selbstsucht und vieles mehr. Diese uns durch Angst aufgezwungenen Eigenschaften lassen es nicht zu, daß wir zu jenen Menschen werden, die wir sein könnten. Mit anderen Worten: Wir können noch so sehr an uns arbeiten, noch so sehr bestrebt sein, eine störende Eigenschaft abzulegen, es wird nicht eher gelingen, bis wir die Angst abgebaut haben, die als Ursache für diese Fehlhaltung in Frage kommt. Mental-Atarxie ist ein schwieriges Wort für eine unkomplizierte Methode, zu einem Abbau der Ängste zu gelangen. Ihre Auswirkung wird sofort spürbar im täglichen Leben, sei es in der Arbeitswelt, in Freizeit und Familie oder im sexuellen Bereich. Der Autor dieses Buches praktiziert mehr als 30 Jahre als Psychiater, und er ist immer mehr von den konventionellen Behandlungsweisen abgerückt zugunsten einer Methode, die durch Entspannung und meditative Erfahrungen im Zustand der Stille leidvolle innere Zustände, durch Angst hervorgerufen, beseitigt. 233 Seiten.

Claude M. Bristol
Harold Sherman

TNT – EINE KRAFT IN DIR WIE DYNAMIT

Die meisten Menschen blockieren sich ständig selbst und behindern damit ihr natürliches Vorwärtskommen. Sie halten es für vermessen, sich in einer Position zu sehen, die ihnen nach der sozialen Stufenleiter „nicht zukommt". Und das ist das grundlegende Übel. Nur derjenige, der eine solche Idee zuläßt, der sie ständig im Auge behält, d. h. sie innerlich verbildlicht, wird sie unweigerlich durchsetzen. Die Kraft in uns, die ihr zum Durchbruch verhilft, ist bei jedem Menschen in der gleichen Stärke vorhanden. Es ist ein schier grenzenloses Potential, über das wir verfügen. Aber nur wenige Menschen wissen davon und nutzen es für ihre Ziele. Diejenigen, die es tun, sind die Planer und Vollbringer auf dieser Welt. Die große Masse gedankenloser menschlicher Wesen folgt nur ihrem Kielwasser. 216 Seiten, Leinen.

IHR PROGRAMM ZUR SELBSTHILFE

Sidney Petrie und
Dr. Robert Stone

SELBSTHILFE DURCH AUTOGENIC

Nichts ist so anhänglich wie schlechte Gewohnheiten! Was wollen wir uns nicht alles abgewöhnen: das Rauchen, übermäßigen Alkoholgenuß, das ewige Naschen, in unerwarteten Situationen sofort Versagerängste zu entwickeln, und überhaupt immer gleich emotional zu reagieren, u. v. a. m. Es ist so schwer, wenn nicht gar unmöglich, denken Sie. Wenn es Ihnen bisher nicht gelungen ist – **mit Autogenic schaffen Sie es!** Die Autogenic-Methode orientiert sich zwar am Autogenen Training, ist aber eine durch neue Erkenntnisse wesentlich verbesserte Methode und führt in der Praxis zu außerordentlichen Erfolgen. 256 Seiten.

Alle wichtigen Autogenic-Formeln dieses Buches haben wir auch als **Kassetten** verfügbar. Damit können Sie Ihren Erfolg mühelos steigern.

Petrie / Stone

DAS AUTOGENIC-KASSETTEN-PROGRAMM

Was ist Autogenic? Autogenic ist eine in Amerika entwickelte Selbsthilfemethode, die sich zusammensetzt aus Autogenem Training (Selbstentspannung von Körper und Geist) und bestimmten Konditionierungsformeln. Eine mit Erfolg praktizierte Therapie, von der heute Menschen in allen Lebensbereichen profitieren. Und das ohne Willensanstrengung! Die erwünschte Wirkung wird erreicht durch Entspannung und Imagination (geändertes Vorstellungsbild). **Die Resonanz ist überwältigend.** Was man häufig weder mit guten Vorsätzen, Diäten noch Medikamenten erreichte, wird möglich durch Selbstsuggestion.

Mit folgenden Kassetten:
- Mühelos schlank auf Dauer
- Erfolg beim anderen Geschlecht
- Andere für seine Ziele gewinnen
- Ab sofort Nichtraucher
- Frei von Schlafstörungen
- Frei von Migräne
- Mühelos lernen
- Nicht mehr alkoholabhängig
- Gesund und vital
- Finanzielle Sicherheit
- Glücklich und selbstsicher
- Depressionen überwinden
- Angst überwinden
- Streß und Nervosität überwinden

LEXIKON DER TRAUMDEUTUNG

Wir alle träumen pro Nacht eineinhalb Stunden. Durch die Träume versucht unser Unterbewußtsein Kontakt mit unserem Verstand herzustellen und ihm eine Botschaft zu übermitteln. Doch meistens können wir die vielen Symbole und okkulten Sinnbilder, die es dabei anwendet, nicht entschlüsseln. Wir können die Botschaft nicht aufnehmen. Dieses Lexikon lüftet den Schleier der Geheimnisse. Es deutet 2500 Träume. Es enthüllt Ihnen, was die seltsamen Begebenheiten, Gegenstände, Menschen, Orte und Gefühle Ihrer Traumwelt in Wirklichkeit für Sie bedeuten. 432 Seiten, kartoniert.

Marianne Streuer

GESUNDHEIT FÜR EIN GANZES LEBEN

Dieses Buch unterscheidet sich von den im Übermaß angebotenen, mehr oder weniger einseitig ausgerichteten, Fitneß-, Ernährungs- und Schönheitsfahrplänen durch Einbeziehung einer Lebensbejahenden Grundeinstellung und macht es so wertvoll. 152 Seiten.

Verlangen Sie das Gesamtprogramm beim
Verlag Peter Erd, Gaißacherstraße 18, Postfach 75 09 80,
8000 München 75; Telefon (0 89) 7 25 01 26

IHR PROGRAMM ZUR SELBSTHILFE

Dr. Joseph Murphy

LASS LOS UND LASS GOTT WIRKEN
103 Meditationen für Gesundheit, Wohlstand, Erfolg und Harmonie

Meditieren heißt loslassen und gleichzeitig neue Kraft schöpfen. Schmerzliche Erfahrungen werden aufgelöst, es wächst das Urvertrauen in die Schöpfung und ihre Wege. Das Leben gewinnt an Intensität und erfährt eine Wandlung zum Positiven.
Dies ist eine exklusive Sonderausgabe als Geschenkkassette.
Darin sind enthalten: 1 Broschüre Murphy Meditationen I „Stille Momente mit Gott", 1 Broschüre Murphy Meditationen II „für Gesundheit, Wohlstand, Liebe und Selbstausdruck" und 3 Kassetten dieser Meditationen.

DAS GROSSE BUCH VON DR. JOSEPH MURPHY

Mehr als dreiviertel der gesamten Bevölkerung glauben an außersinnliche Kräfte wie Telepathie, Hellsehen, Kontakte mit Verstorbenen. Denn es ist inzwischen bewiesen, daß es diese Kräfte tatsächlich gibt, und daß wir von diesen unsichtbaren Kräften in vielen Entscheidungen gelenkt und geleitet werden. Ob wir dies nun wollen oder nicht! Dr. Joseph Murphy zeigt Ihnen in diesem Buch, wie Sie sich diese Kräfte zunutze machen können, um Ihr Leben erfolgreich zu gestalten. (ASW und TELE-PSI in einem Sonderband.) 500 Seiten.

DAS SUPERBEWUSSTSEIN
WIE SIE UNMÖGLICHES MÖGLICH MACHEN

Jeder Mensch kann sich erheben, wachsen und sich entfalten, unabhängig von Geburt und Herkunft, wenn er es versteht, das SUPERBEWUSSTSEIN im Innern zu berühren. Ihre Aktionen gehen vom wachbewußten Verstand aus, Ihre Reaktionen sind Sache des Superbewußtseins. 252 Seiten.

ASW
IHRE AUSSERSINNLICHE KRAFT

Jeder Mensch besitzt übersinnliche Kräfte und kann diese Tatsache jederzeit an sich erfahren. Sie können ohne Schwierigkeiten lernen, diese außerordentlichen Kräfte wie Hellsichtigkeit, Telepathie, Präkognition und Retrokognition im täglichen Leben sinnvoll einzusetzen und das mit Ergebnissen, die Sie nicht für möglich gehalten haben. 244 Seiten.

TELE-PSI
DIE MACHT IHRER GEDANKEN

TELE-PSI ist eine einfache, praktische, logische und wissenschaftliche Methode, durch deren Anwendung Sie Ihre sehnlichsten Wünsche erfüllen können. Dr. Murphy stellt hier ganz entschieden und unmißverständlich fest: wenn Sie den Instruktionen des Buches folgen, werden Wunder in Ihrem Leben geschehen. 256 Seiten.

MEHR GLÜCK UND ERFOLG DURCH DIE RICHTIGE ANWENDUNG DER GEISTIGEN GESETZE

Dieses Buch zeigt Ihnen, wie wichtig es ist, die geistigen Gesetze im Leben zu beachten und danach zu handeln. Denn diese Gesetze sind ebenso gültig wie die aus Mathematik und Physik. Dieses Buch bietet eine Vielzahl von Suggestionshilfen und Techniken, die von jedermann anwendbar sind, um unser Leben bewußt durch konstruktives Denken positiv zu verändern. 255 Seiten.

GROSSE BIBELWAHRHEITEN
FÜR EIN PERFEKTES LEBEN

Der weltberühmte Autor hat eine Vielzahl von interessanten Bibelstellen auf ihre wahre, innere Bedeutung hin untersucht. Seine Interpretationen und Erkenntnisse weichen absolut von der „Buchstäblichkeit" der Gleichnisse und Allegorien ab. Er zeigt Ihnen, daß diese Bibelwahrheiten der Schlüssel für ein perfektes Leben in Glück und Freiheit sind. 242 Seiten.

Verlangen Sie das Gesamtprogramm beim
**Verlag Peter Erd, Gaißacherstraße 18, Postfach 75 09 80,
8000 München 75; Telefon (0 89) 7 25 01 26**

IHR PROGRAMM ZUR SELBSTHILFE

MEDITATIONEN I + II

Diese Meditationen sind Musterprogrammierungen, die schon Zigtausenden von Menschen geholfen haben ihr Leben zu ihren Gunsten zu verändern. Sie sind absolut gezielt und sicher anwendbar. 54 Seiten, 70 Seiten.

KASSETTEN

Endlich sind sie da, die Kassetten mit den Murphy Meditationen I (2 Kassetten: 1. Teil und 2. Teil) sowie die Murphy Meditationen II (1 Kassette) – zur Freude aller Murphy-Fans. Überlassen Sie sich ganz diesen geübten Stimmen, mit deren Hilfe Sie an sinnvolles meditatives Arbeiten herangeführt werden. Damit verstärken Sie Ihren Erfolg bei der Selbstprogrammierung durch die Meditations-Broschüren ganz wesentlich!

AUTOGENES KASSETTENPROGRAMM
DR. JOSEPH MURPHY

■ Das Gesetz des Erfolgs
■ Wunscherfüllung

Catherine Ponder

DIE HEILUNGSGEHEIMNISSE DER JAHRHUNDERTE

Die Heilungsgeheimnisse der Jahrhunderte bestehen darin, daß jeder Mensch zwölf dynamische Geisteskräfte besitzt, die in zwölf beherrschenden Nervenzentren im Gehirn und mitten im Körper liegen. Das Buch zeigt Ihnen weiterhin, wie dieses Wissen angewendet werden muß, um jedes Leiden Ihres Körpers zu heilen. 282 Seiten.

DIE DYNAMISCHEN GESETZE DES REICHTUMS

Sie können durch DIE DYNAMISCHEN GESETZE DES REICHTUMS einen goldenen Strom von Reichtümern in Ihr Leben leiten. Dieses Buch enthüllt Ihnen, wie bestimmte geistige Einstellungen in Ihrem Leben Wohlstand hervorrufen, warum die stärkste Kraft der Welt zu Ihren Gunsten wirkt und wie man die geheimen „Gesetze für Wohlbefinden" zur Erlangung des eigenen Glücks anwendet. 349 Seiten.

IHR WEG IN EIN BEGLÜCKENDES LEBEN
(bisher erschienen unter dem Titel:
Das Wohlstandsgeheimnis aller Zeiten)

Sie können alles haben, sobald Sie das Wohlstandsgeheimnis aller Zeiten kennen- und anzuwenden gelernt haben. Dieses Buch zeigt Ihnen Seite für Seite, was es mit diesem verblüffenden Geheimnis auf sich hat, wie es angewendet wird und wie es den Weg in Ihr Leben finden kann. 265 Seiten.

BETE UND WERDE REICH

Dieses Buch möchte Sie mit vielen faszinierenden Arten bekannt machen, auf die man beten kann: durch Entspannung, Verneinung, Bejahung, Konzentration, Meditation, in der Stille, durch Erkenntnis, durch Danksagung. Sie werden sehen, es gibt für jede Lebenslage einen Weg, zu beten – der zu Stimmung und Umständen paßt – eine Methode, die unweigerlich funktioniert! Auf keine bessere Weise können Sie sich die Lebensqualität sichern, die Sie sich so sehnlich wünschen. 272 Seiten.

Dr. Kurt E. Schweighardt **FEUERLAUFEN**

Feuerlaufen hat eine alte, spirituelle Tradition. Bis zu 900 Grad Hitze strahlt die glühende Holzkohle bei diesem Ritual aus. Jeder kann die Macht des Geistes der Teilnehmer erahnen, wenn diese sie mit bloßen Füßen unverletzt überqueren. Dieses Ritual ist bei verschiedenen Völkern, so auch bei den mazedonischen »Anastenariden« ein Teil eines ganzheitlichen Heilkults. In ihm wird die Heilung des Menschen immer im Rahmen des Einswerdens mit der Schöpfung gesehen. 120 Seiten.

Verlangen Sie das Gesamtprogramm beim
**Verlag Peter Erd, Gaißacherstraße 18, Postfach 75 09 80,
8000 München 75; Telefon (0 89) 7 25 01 26**

IHR PROGRAMM ZUR SELBSTHILFE

Brunhild Börner-Kray   **DER GEISTIGE WEG – DER WEG ZUM ÜBERLEBEN**

Daß es eine höhere Wirklichkeit gibt, jenseits der Physik, davon war selbst Einstein zutiefst überzeugt. Mit dem Intellekt meistern wir die physische Welt. Unsere Daseinsberechtigung aber liegt begründet in unserer geistig-seelischen Existenz, die viele Leben durchwandert und unsterblich ist. Für jeden wahrhaft Suchenden ist das Werk dieser Autorin ein kostbares Geschenk. Nein, mehr noch: eine Offenbarung.

Hier wird klar, eindringlich und überzeugend dem Menschen sein geistiger Weg zum Überleben aufgezeigt. Der Leser wird das Buch nicht mehr aus der Hand legen, bevor er die letzte Zeile gelesen hat. 363 Seiten, Leinen.

Dan Custer   **ICH BIN – ICH KANN – ICH WERDE**

Das Wunder Ihrer Geisteskraft! Welche Aussage machen Sie häufiger: „Ich kann" oder „Ich kann nicht"? Seien Sie ehrlich, meistens bringen Sie eine negative Einstellung zum Ausdruck. Zugegeben, da spielen Frustrationen aus der Kindheit eine Rolle. Man hat uns häufig eine falsche Bescheidenheit beigebracht, Erwartungen und Wunschvorstellungen lächerlich gemacht. Dabei ist nichts so notwendig, als sich selbst zu akzeptieren als selbstbewußten Mittelpunkt, als einmalige Schöpfung, die alles ist, sein kann und sein wird. Ihre Möglichkeiten sind unbegrenzt, ob Sie nun Ihr Bewußtsein für körperliche Gesundheit und Jugendlichkeit, finanzielle Sicherheit, Entscheidungskraft oder Persönlichkeitsentfaltung einsetzen. 344 Seiten, Leinen.

MEDITATIONSPROGRAMM DAN CUSTER

■ Ich liebe den heutigen Tag:
2 Kassetten (1 Morgenmeditation und 1 Abendmeditation)

Dr. Ian Gawler   **KREBS – EIN SIGNAL DER SEELE?**
                                   VORBEUGEN UND HEILEN IST MÖGLICH

Der Autor dieses Buches kennt die Gefühle eines Krebskranken. Er war Krebspatient, und sein Arzt nannte ihm eine Lebenserwartung von 3 bis 6 Monaten. Jetzt ist er geheilt.

Wie er mit dieser Krankheit fertig geworden ist, welche Therapie angewandt wurde und warum er jetzt weiß, daß Vorbeugen und Heilen möglich ist, lesen Sie in diesem Buch, das alle angeht, nicht nur die direkt Betroffenen. Es ist Warnung und Hilfe zugleich, und was das allerwichtigste ist: es macht die Zusammenhänge transparent und verhilft uns zu einer neuen, versachlichten Einstellung gegenüber dieser gefürchteten Krankheit. 283 Seiten, Leinen.

Vernon Howard   **DURCH MYSTISCHE WEISHEIT ZU KOSMISCHER KRAFT**

Hier ist endlich ein Buch, das es wagt, das Geheimnis der Ewigkeit zu enthüllen! Ja, es ist wahr. Sie werden herausfinden, wie Sie sich „in Berührung" mit der Mystischen Gemeinschaft bringen, um die goldene Ernte von Weisheit, Verstehen, Kraft und Liebe einzubringen. Sie werden sehen, wie Ihnen das ungeheure Wissen hinter jahrhundertealten Symbolen nutzen kann, wie Sie die „versteckten Kräfte", die in Ihrem Bewußtsein schlummern, wecken und wie Sie damit umgehen können. Wer die wunderbaren Möglichkeiten des Menschenlebens nutzen möchte, wer mit seiner gegenwärtigen Lage unzufrieden ist, kann in diesem praxisbezogenen Buch eine unerschöpfliche Quelle für die Arbeit an sich selbst finden. 283 Seiten, Leinen.

D. Scott Rogo   **REISEN IN DIE UNSTERBLICHE DIMENSION**

Ein 8-Schritte-Führer für Astralreisen!
Die Astralreise, d. h. die Fähigkeit, den Körper zu verlassen, ist ein Phänomen, das schon seit langem sowohl die Wissenschaft als auch die breite Öffentlichkeit fasziniert. Wenn diese seltsame Kraft immer schon Ihre Neugier erregt hat und Sie bereit sind, diese Neugier einen Schritt weiter zu verfolgen, dann finden Sie in dem vorliegenden Buch eine vollständige Einführung in acht authentische Methoden, die nachweislich Erlebnisse der Loslösung vom Körper bewirkt haben. Ein Buch, das Ihr Denken, aber auch Ihr Leben verändern kann. 279 Seiten, Leinen.

Verlangen Sie das Gesamtprogramm beim
**Verlag Peter Erd, Gaißacherstraße 18, Postfach 75 09 80,
8000 München 75; Telefon (0 89) 7 25 01 26**